Descubrimientos 2010
PHotoEspaña

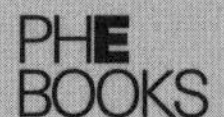

PHOTO**ESPAÑA**

De la realidad al deseo
Francisco Carpio

«PERO ASÍ NO ME BASTA:
MÁS ALLÁ DE LA VIDA,
QUIERO DECÍRTELO CON LA
MUERTE;
MÁS ALLÁ DEL AMOR,
QUIERO DECÍRTELO CON EL
OLVIDO.»
LUIS CERNUDA

Se acercan un año más los calores y colores del verano y, con ellos, una nueva edición de PHotoEspaña, la número trece. Pues bien, ya desde su mismo nacimiento en 1998, dentro de un panorama artístico general y el fotográfico en particular, poco asentado todavía para lanzar las campanas al vuelo, y mucho menos aún para recogerlas y oírlas, el Festival ha venido organizando un visionado de porfolios de fotografía bajo el nombre de «Descubrimientos PHE». Una iniciativa que brinda a fotógrafos de todo el mundo la oportunidad de mostrar sus obras y de demostrar su calidad ante una serie de expertos internacionales, procedentes de diferentes ámbitos de la fotografía, que les ofrecen sugerencias, comentarios constructivos sobre su trabajo y consejos para posibles salidas profesionales.

Durante estas trece ediciones, han participado un total de 217 visionadores internacionales de 25 países. Directores de museos, galerías y centros de arte, editores de publicaciones fotográficas, revistas y periódicos, coleccionistas, comisarios y responsables de agencias de fotografía. Michael Mack, director de Steidl Publishers, Londres; Agnès Sire, directora de la Fundación Henri Cartier Bresson, París; Eduardo Brandão, director de la Galería Vermelho, São Paulo; Rod Slemmons, director del Museum of Contemporary Photography at Columbia College, Chicago; Lesley A. Martin, editora de Aperture Foundation, Nueva York, entre otros, han aportado cada año sus experiencias y conocimientos.

La consolidación y aceptación de este proyecto han hecho que, progresivamente, aumente el número de candidatos en cada edición, así como el nivel e interés de sus perfiles. A lo largo de estos años han participado un total de 7.315 fotógrafos, pertenecientes a 76 nacionalidades distintas. Por regla general, los seleccionados poseen una trayectoria destacable, y fruto del visionado surgen exposiciones y publicaciones en libros monográficos o revistas especializadas. El creciente éxito de esta convocatoria ha llevado a organizar igualmente, en los dos últimos años, visionados de porfolios en América Latina.

El apoyo de instituciones públicas como la Comunidad de Madrid y de empresas privadas como Brugal Extra Viejo nos ha permitido organizar la actividad cada

From Reality to Desire
Francisco Carpio

"BUT LIKE THIS SUFFICES ME NOT:
FAR BEYOND LIFE,
I WISH TO TELL YOU IT THROUGHT
DEATH;
FAR BEYOND LOVE,
I WISH TO TELL YOU IT THROUGHT
LETHE."
LUIS CERNUDA

Yet again approach the heat and hue of the summer, and with them a new edition of PHotoEspaña, this time number 13. Well, ever since its first inception in 1998, within an artistic landscape, in general, and a photographic one, in particular, not quite settled enough to send shock waves across the world, and much less to set it alight, this festival has been organizing photography portfolio viewings under the name of "Descubrimientos PHE." An initiative that offers photographers from around the world the opportunity to display their work and to show their quality before a series of international experts, stemming from different aspects of photography, who make suggestions to the photographers, constructive comments about their work and advice for possible professional opportunities.

Over these thirteen years, as many as 217 international viewers from 25 countries have taken part. Museum, gallery and art center directors, publishers of photography publications, magazines and newspapers, collectors, curators and heads of photography agencies. Michael Mack — Director of Steidl Publishers, London; Agnès Sire — Director of the Henri Cartier Bresson Foundation, Paris; Eduardo Brandão — Director of the Galeria Vermelho, São Paulo; Rod Slemmons — Director of the Museum of Contemporary Photography at Columbia College Chicago; Lesley A. Martin — Editor of the Aperture Foundation, NY; among others, have offered their experience and knowledge every year.

The consolidation and acceptance of this project has seen it increase, progressively, the number of candidates in each edition, as well as the quality and interest of its profiles. Throughout these years, a total of 7315 photographers from 76 different countries have participated. As a general rule, the selected photographers have a remarkable career and, due to the viewing, exhibitions arise, monographs are published or specialized magazines devote them space. The growing success of this call for submissions has led, as well, to the organization of similar portfolio viewings in Latin America over the past two years.

The support of public institutions, such as the Community of Madrid, and of private companies, such as Brugal Extra Viejo, has allowed us to improve the organization of the event time after time. For the viewings in Latin America, such support has come from the Agencia Española de Cooperación Internacional and its Network of Cultural Centers.

vez en mejores condiciones. Apoyo que para los visionados de América Latina ha brindado la Agencia Española de Cooperación Internacional para el Desarrollo (AECID) y su Red de Centros Culturales.

PHotoEspaña cumple así con su papel de mediador dentro del sector de la fotografía, ofreciendo una infraestructura que favorece el intercambio de experiencias y conocimientos. Una singular iniciativa que da lugar a un diálogo fértil y dinámico, enriquecedor tanto para los fotógrafos como para los propios expertos y visionadores. En este sentido, Susan Kismaric, conservadora del departamento de Fotografía del MoMA de Nueva York, señaló en una entrevista de PHETV: «El visionado de PHotoEspaña me ofrece la posibilidad de conocer directamente a artistas de todo el mundo, ya que no tengo a menudo la disponibilidad de hablar con ellos». Por su parte, Brett Rogers, directora de The Photographer's Gallery, Londres, comentó: «En esta actividad se descubren talentos nuevos y atrae a una gran variedad de artistas». Descubrimientos PHE se convierte por lo tanto en una oportunidad también para los visionadores al poder acercarse a nuevas tendencias fotográficas y a autores emergentes internacionales rigurosamente seleccionados a partir de una convocatoria abierta.

El objetivo de PHotoEspaña es servir de plataforma para los fotógrafos emergentes. Por este motivo a partir del visionado se organizan otras acciones. Cada año un jurado otorga un reconocimiento, que en esta edición es el Premio Descubrimientos PHE Brugal Extra Viejo. El ganador realizará una exposición individual en la siguiente edición del Festival. El Instituto Cervantes organiza, en el marco del Festival, una muestra con una selección de los participantes en los visionados de América Latina. La Red de Centros Culturales que la AECID tiene en Latinoamérica acoge una exhibición itinerante con algunos de los autores. Por primera vez, este año una exposición recorrerá distintas ciudades de España con algunos de los participantes del Festival y la revista de fotografía documental *OjodePez* publicará en cada número una selección de diez fotógrafos.

MÁS ALLÁ DE LA VIDA

Tradicionalmente, desde su propia aparición a mediados del siglo XIX, la fotografía fue considerada una estrategia de representación cargada de una elevadísima temperatura de fidelidad y objetividad a la hora de reproducir y reflejar el mundo real. Pocos años después de su nacimiento, respetables autores como Baudelaire ya la habían estigmatizado con la etiqueta de «criada de las artes», confiándole poco más que una mera función de reproducción fidedigna, objetiva y neutra de la realidad: «Es necesario, por tanto, que cumpla con su verdadero deber, que es ser la sirvienta de las ciencias y de las artes, pero la muy humilde sirvienta, lo mismo que la imprenta y la estenografía, que ni han creado ni suplido a la literatura…»[1]. Afortunadamente (y la novela en blanco y negro y a todo color de la historia de la fotografía así nos lo ha demostrado) esa humilde sirvienta ha terminado por salirnos muy respondona, nada humilde ni sumisa, para acabar convirtiéndose en toda una Gran Dama, llena de recursos, lenguajes, imágenes y conceptos…

Por su parte, con su habitual lucidez, Joan Fontcuberta ha sabido radiografiar perfectamente este fenómeno: «La fotografía debía suplir las carencias de la mano en

Thus, PHotoEspaña fulfils its role as mediator within the field of photography, offering an infrastructure that favors the exchange of experiences and knowledge.
A singular experience that, at the same time, gives way to a fertile and dynamic dialogue, enlightening both for the photographers and for the viewers and experts themselves. In this sense, Susan Kismaric — Curator of the Department of Photography at the MoMA in New York — mentioned in an interview for PHETV "The viewing at PHotoEspaña gives me the opportunity of coming in direct contact with artists from around the world, given that I don't often have the availability to speak to them." Meanwhile, Brett Rogers — Director of The Photographer's Gallery, London — commented, "Many new talents are discovered in this event, and it attracts a great variety of artists." Therefore, Descubrimientos PHE also becomes an opportunity for the viewers to come closer to the new tendencies in photography and to up-and-coming international authors, rigorously selected from an open call for submissions.

The goal of PHotoEspaña is to act as platform for up-and-coming photographers. For this very reason, the viewings lead to the organization of other events. Each year a jury awards the Premio Descubrimientos PHE Brugal Extra Viejo, which consists in a solo exhibition on the following edition of the Festival. The Instituto Cervantes organizes, within the framework of the Festival, an exhibition with a selection of the contestants from the Latin American viewings. The Network of Cultural Centers linked to the AECID in Latin America holds a traveling exhibition with some of the artists. For the first time this year an exhibition will travel through different cities in Spain with some of the competitors from Madrid, and the magazine *OjodePez* will publish a selection of ten photographers in each of its issues.

BEYOND LIFE
Traditionally, and ever since its invention towards the middle of the XIX century, photography was considered a strategy of representation charged with a very large amount of fidelity and objectivity when it came to reproduce and reflect the real world. A few years after its appearance, respectable authors, such as Baudelaire, had already stigmatized it with the label of the "servant of the arts," attributing it little more than merely the role of the faithful, objective and neutral reproduction of reality: "It is time, then, for it to return to its true duty, which is to be the servant of the sciences and arts — but the very humble servant, like printing or shorthand, which have neither created nor supplemented literature..."[1]

However, fortunately, that humble servant has ended up being (and the black and white and full-blown color novel of the history of photography can attest to it) real mouthy, neither humble nor submissive, and has gone on to turn into a true Grande Dame, full of resources, languages, images and concepts...

Meanwhile, Joan Fontcuberta, with his usual lucidity, has been able to dissect this phenomenon perfectly: "Photography was meant to overcome the shortcomings of the hand in the production of realistic images, images that would again resemble reality and that would normally be used to retain and pass on graphic information [...] this institutionalized the belief that this new *modus operandi* would guarantee the outcome to reflect reality. Thus, the notion is born that the photographic image is essentially, imperatively, fatally, coated with a documentary nature."[2]

la producción de imágenes realistas, imágenes que restituyeran el parecido de lo real y que eran comúnmente empleadas en retener y transmitir información gráfica [...]; esto institucionalizó la creencia de que ese nuevo *modus operandi* garantizaba que el resultado era un reflejo de la realidad. Nace ahí la idea de que la imagen fotográfica está revestida esencialmente, imperativamente, fatalmente, de una naturaleza documental...»[2]. Esta vocación por captar y transmitir información gráfica como parte de un proceso de demostración —y aceptación— de la pureza documental del medio fotográfico, se mantendría, de una manera esencial, imperativa y fatal, hasta bien entrada la década de los sesenta del siglo XX.

Sin embargo, a partir de entonces, la fotografía —tras pasar su particular travesía del desierto— iría progresiva e imparablemente (re)afirmándose como un instrumento de creación visual y artística a la misma altura y legitimidad que sus otros parientes y familiares de las Bellas Artes, y liberándose de servidumbres reproductoras de la «verdad», cuya finalidad no sería en absoluto la plasmación veraz y objetiva (dos palabras, afortunadamente, casi siempre imposibles e impensables dentro del Planeta Arte) de lo sucedido, ni la impronta de lo real a través del registro fotosensible.

Así, ya no tendría que limitarse únicamente a levantar acta notarial-visual de lo sucedido ante el ojo lúcido de la cámara, el ya famoso «esto ha sido» barthesiano, para quien ese rasgo supondría precisamente el auténtico paisaje diferencial de la fotografía con respecto a otras estrategias visuales: «Nunca puedo negar en la fotografía que la cosa haya estado allí. Hay una doble posición conjunta: de realidad y de pasado. Y puesto que tal imperativo sólo existe por sí mismo, debemos considerarlo por reducción como la esencia misma, el noema de la fotografía, y su nombre será pues: "Esto ha sido"»[3]. De esta forma, irá floreciendo paulatinamente —por el arte de magia de la magia del arte— una amplia cosecha de fotógrafos determinados a aplicar el lenguaje de la fotografía a unas coordenadas de registro visual distintas de la pura y dura representación fiel de lo que consideramos real. Partiendo de unos ciertos parámetros reales y «fiables», tratarán de aprehender una realidad que pasa a través de una nueva galería de lentes: la de su cerebro, la de su imaginación, la de su pupila y, finalmente, la de su propio objetivo.

La fotografía, pues, fue consiguiendo extender un cheque en blanco respecto a las nuevas posibilidades surgidas en torno a la (re)presentación de la realidad, que aparece, cada vez con más fuerza y frecuencia, como una construcción humana y, por tanto, cultural, independientemente de su posible valor objetivo. Lo que la cámara registra, potenciado y (re)creado con la ayuda cada vez más ubicua y permanente de los nuevos procesos digitales de producción visual, no es ya la imagen de lo real sino la imagen de la imagen que creamos con nuestra propia mirada, y que acaba formando parte de un puzzle tridimensional y poliédrico en el que hay tantas realidades-verdades como miradas y voluntades. Realidades-verdades que tampoco, dejémoslo bien claro, desprecian o ignoran otras visiones más próximas a ese registro de lo real del que hemos hablado, y que coexisten y cohabitan en el cada vez más amplio, plural, complejo y polisémico territorio de la fotografía.

Así las cosas, esta nueva edición de Descubrimientos PHE, que yo deseo subtitular «De la realidad al deseo», parafraseando el famoso y hermoso poemario de Luis

This vocation for retaining and transmitting graphic information as part of
a process of demonstration — and acceptance — of the documentary purity of the
photographic medium would be upheld, essentially, imperatively, fatally, until
well into the nineteen sixties.

However, from that point onwards, photography — having gone through its very own
crossing of the desert — would (re)assert itself progressively and unstoppably as an
instrument of visual and artistic creation, on the same level and with the same legitimacy
as its other relatives and forefathers from the Fine Arts, freeing itself from servitudes
linked to the reproduction of the "truth," whose end is not at all the truthful and
objective (two words that, fortunately, are almost always impossible and unthinkable
within Planet Art) portrayal of the event, nor the footprint of what is real through the
photosensitive record.

Thus, it would no longer have to limit itself to the production of a visual-notarial affidavit
of what took place before the lucid eye of the camera, the now-famous Barthesian that-
has-been, for whom such trait would constitute precisely the true differing aspect of
photography in relation to other visual strategies: "I can never deny in Photography
that the thing has been there. There is a joint double position: of reality and of the past.
And given that such constraint exists only in itself, by reduction we must consider it the
essence, the noema, of Photography. Consequently, the name of the noema of Photography
shall be: 'that-has-been.'"[3]

Thus — by the works of magic of the magic of art — a large crop of photographers bloomed
gradually, determined to apply the language of photography to coordinates of visual
record other than those of the faithful representation of what we consider to be real.
Using certain real and "trustworthy" parameters as their starting point, they would try to
grasp another reality that goes through a new set of lenses: those of their brains, of their
imagination, of their eyes and, finally, of their own objectives.

Hence, photography managed to issue a blank check in relation to the new possibilities
that emerged around the (re)presentation of reality, which appears, ever more frequently
and ever more emphatically, as a human, and therefore cultural, construct, independent of
its objective value. What the camera records, charged and (re)created with the ever more
ubiquitous and permanent aid of new digital processes of visual production, no longer is
the image of what is real, but the image of the image we create with our own viewpoint,
which ends up being part of a three-dimensional and plural puzzle in which there are as
many truths-realities as there are viewpoints and wills. Truths-realities, we must be clear,
that do not disregard or ignore other visions, closer to such record of the real about which
we have spoken, and that coexist and cohabit in the ever more ample, plural, complex and
polysemic territory of photography.

Given this situation, this new edition of Descubrimientos, to which, paraphrasing Luis
Cernuda's famous and beautiful book of poems I wish to give the subtitle, "From Reality
to Desire", seeks to be a reflection, through the singular and plural works of a singular and
plural group of photographers, of those two great ways to see and to shoot-record, which
photography, as visual and artistic language, has always had. Reality *versus* fiction. Reality
versus desire.

Cernuda, intenta ser un reflejo, a través de las singulares y plurales obras de un conjunto singular y plural de fotógrafos, de esas dos grandes formas de ver y disparar-registrar que siempre ha tenido la fotografía como lenguaje visual y artístico. Realidad versus ficción. Realidad versus deseo.

GEOGRAFÍAS DE REPRESENTACIÓN

Dentro de la amplia variedad de registros visuales y conceptuales que levanta el acta icónico-notarial de la fotografía contemporánea, asistimos a unas líneas maestras de producción de imágenes y de producción de ideas que atraviesan y mapean el paisaje fotográfico, como auténticas curvas-huellas de nivel con las que dibujar una cartografía muy precisa, muy diversa, muy polisémica, de estas auténticas geografías de representación.

MEMORIA Y TIEMPO

«...surge Zora, ciudad que quien la ha visto una vez no puede olvidarla más, ya que tiene la propiedad de permanecer en la memoria punto por punto, en la sucesión de sus calles, y de las casas a lo largo de las calles, y de las puertas y de las ventanas en las casas [...] Pero inútilmente he partido de viaje para visitar la ciudad: obligada a permanecer inmóvil e igual a sí misma para ser recordada mejor, Zora languideció, se deshizo y desapareció. La Tierra la ha olvidado...»[4]. De la misma forma que esta ciudad invisible, que habita en la imaginación de Italo Calvino y en la fascinación de muchos, aparece y desaparece sobre el territorio húmedo y mudable del recuerdo, la memoria —que no olvidemos rima indefectiblemente con historia— también habita, y también en muchos casos desaparece, sobre el territorio emulsionado o pixelado de la fotografía más actual.

Sabemos que nuestra memoria, a diferencia de la de los animales que actúa principalmente sobre la base de sus necesidades presentes, puede además contemplar el pasado y planear el futuro. Igualmente, se ha calculado que el cerebro humano puede guardar información que llenaría unos veinte millones de volúmenes, esto es, un flujo de conocimiento equivalente al de las mayores bibliotecas del mundo... Dentro de esta —casi— impensable/imposible capacidad, poseemos lo que se denomina el almacén icónico de la memoria que se encarga de recibir, taxonomizar y conservar la percepción visual.

Así, pienso también que un buen número de estas imágenes puede ser el resultado de verter determinados fluidos de recuerdo sobre sus superficies. Recuerdos-memorias que despliegan un *continuum* espaciotemporal, partiendo de lo individual, de lo singular, para llegar a lo colectivo, a lo plural. Trayecto que, en muchos casos, acaba siendo un viaje de ida y vuelta.

La presencia-ausencia de las huellas depositadas sobre la arena sepia del tiempo por una(s) historia(s) familiar(es), preocupa y ocupa la voluntad de registro de varios de estos fotógrafos. Escenas de familia que parecen desvanecerse como lo hace el vaho sobre el cristal, pero que a la vez conservan toda la fuerza y la temperatura de lo que —parafraseando a Barthes— ha sido, y posiblemente siempre seguirá siendo gracias al arte de magia de la magia de la fotografía.

Imágenes aprehendidas con las innumerables voces del blanco y negro (los Cien Mil Hijos de San Gris en animada cantata polifónica), o con el tornasol del color sobre la

GEOGRAPHIES OF REPRESENTATION
Within the large variety of visual and conceptual records that comprise the iconic-notarial affidavit of contemporary photography, we are witnesses to masterful lines of production of images and production of ideas, which cut through and map the landscape of photography, as true contour-print lines with which to draw a highly precise, highly diverse, highly polysemic cartography of these authentic geographies of representation.

MEMORY AND TIME
"Zora has the quality of remaining in your memory point by point, in its succession of streets, of houses along the streets, and of doors and windows in the houses [...] But in vain I set out to visit the city: forced to remain motionless and always the same, in order to be more easily remembered, Zora has languished, disintegrated, disappeared. The earth has forgotten her..."[4]

Just like this invisible city, which populates Italo Calvino's imagination and the fascination of many, appears and disappears over the damp and changing territory of remembrance, memory — which, we must remember, rhymes faultlessly with history — also populates, and often also disappears, the coated or pixilated territory of the most current photography.

We know that, unlike the memory of animals, which works primarily in relation to their immediate needs, ours can also contemplate the past and plan the future. Similarly, it has been said that the human brain can store information that would fill twenty million volumes, that is, a flux of knowledge equivalent to that of the largest libraries in the world... Within this — almost — untinkable/impossible capacity, we have what is known as the iconic storage of the memory, which is in charge of receiving, classifying and preserving visual perception.

Thus, I also believe that a good number of these images can be the result of pouring given fluids of remembrance over their surfaces. Remembrances-memories that unleash a space-time *continuum*, from the individual, the singular, to the collective, the plural. A journey, which, in many cases, ends up being a round trip.

The presence-absence of the footprints left over the sepia sand of time by family tale(s) occupy and preoccupy the will to record of a number of these photographers. Family scenes that seem to fade away, just like mist on glass, but which, at the same time, keep all the force and the temperature of what — to paraphrase Barthes — has been, and possibly will always continue to be, thanks to the work of magic of the
magic of photography.

Images grasped with the innumerable voices of the black and white (the Hundred Thousand Children of St. Gray in a lively, polyphonic cantata), or with the litmus of color over the oil stain on the photo paper; but also learned through old photographs of old tales — domestic or wild — of old figures who once (Time is the most perfect and faithful of developers/fixes) were new, were the beginning of the narrative, were the magic seeds of a family tree in bloom of memories and confidences.

In fact, Foucault has already labored the notion that time transforms places and past events into documents, making speak those prints that often, in silence, say something altogether different to what they say...

mancha de aceite del papel fotográfico; pero también aprendidas a través de viejas fotografías, de viejas historias —domésticas o silvestres—, de viejas figuras que un día (el Tiempo es el más perfecto y fiel revelador/fijador) fueron nuevas, fueron principio de relato, fueron las semillas mágicas de un árbol de familia florecido a base de recuerdos y de confidencias.

De hecho, Foucault ya abundó en la idea de que el tiempo transforma los lugares y los acontecimientos del pasado en documentos, haciendo hablar a esas huellas que muchas veces dicen, en silencio, otra cosa bien distinta de lo que dicen...

FICCIONES Y ESCENIFICACIONES

«Frente a aquellos que aún consideraban el medio fotográfico como un "espejo con memoria", es decir, como un registro neutral de los acontecimientos que capturaba a través del objetivo», afirma Gómez Isla, «los nuevos creadores reflexionan sobre el aspecto fundamentalmente construido que tiene toda representación, por muy objetiva que se pretenda. De esta forma, estos creadores consideran que no existe una única realidad sino que cada imagen registrada es una versión de una realidad poliédrica que se manifiesta de modo distinto según su intencionalidad discursiva. Por todo ello, buena parte de estos autores se plantean la codificación de sus inquietudes intelectuales a través de la construcción artificial de las situaciones que fotografían, a modo de tableaux vivants, o puestas en escena minuciosamente preparadas...»[5].

Partiendo así de unos ciertos parámetros reales y «fiables», cada vez más fotógrafos, especialmente los más jóvenes, tanto en sus partidas de nacimiento como en sus corazones, capturan sus obras en el paisaje de la imaginación (que rima perfecta e inevitablemente con ficción), en lugar de hacerlo en el paisaje de lo que sucede. Y es en este paisaje, ambiguo y plausible, en el que unos cuantos de estos fotógrafos se mueven como peces creadores en el agua de las imágenes. Suelen encontrarse en las puras y duras antípodas de lo que conocemos como fotografía documental, buscando la plasmación de mundos propios, personales e intransferibles, dotados de una elevada temperatura imaginativa, ficcional y surrealizante.

De esa forma, la construcción de imágenes fotográficas poseídas por una inquietante estética, una atmósfera onírica y soñad(or)a, unos parámetros cromáticos y luminosos intensos, elevados y saturados, unos ambientes a caballo entre la realidad y la irrealidad (mágica), así como una puesta en escena cuidada, pensada y —también— muy trabajada vienen a constituir sus principales y más significativas señas de identidad artística. En algunas ocasiones, se trata de escenas cargadas de una notable cuota surreal y onírica. Son imágenes en las que casi siempre se filtra —como por una grieta invisible— una inquietante munición de extrañeza, de desasosiego, de dramática tensión a punto de explotar ante nuestros sorprendidos ojos, y de explorar los paisajes de nuestra sorprendida percepción. En otros casos, resulta mucho más difícil precisar a ciencia cierta —o mejor sería decir incierta— la válvula por la que estas construcciones visuales y conceptuales se escapan del colchón de la realidad. Podemos ver interiores habitados (¿solamente?) por la presencia de una ausencia; rostros ligeramente deformados, casi naturales (sólo casi); figuras vestidas de aparente cotidianeidad y desnudas de una total certeza; cuerpos, arbustos, nichos, humo; muebles recién salidos de una factoría de la sinrazón.

FICTIONS AND STAGINGS

"Faced by those who still believed the photographic medium to be a 'mirror of memory,' that is, a neutral record of the events it captured through the lens" — Gómez Isla asserts — "the new creators reflect about the fundamentally constructed aspect of any kind of representation, no matter how objective it is meant to be. Thus, these creators believe there is no single reality, but that each recorded image is a version of a plural reality, which is evidenced in different ways, depending on its discursive intentionality. Therefore, a good portion of these authors enunciate the codification of their intellectual queries through the artificial construction of the situations they intend to photograph, in the manner of *tableaux vivants*, or carefully prepared stagings..."[5]

Thus, using certain real and "truthful" parameters as their starting point, ever more photographers, particularly the younger ones, be that in terms of their age or their heart, capture their work in the landscape of their imaginations (which inevitably rhymes with fiction), instead of doing it in the landscape of what takes place.

And this is the landscape, ambiguous and plausible, where a few of these photographers move like creative fish in a sea of images. They are often found in the pure and simple antipodes of what we know as documentary photography, looking to express worlds of their own, personal and untransferable, equipped with high imaginative, fictional and surrealizing temperature.

Thus, the construction of photographic images that possess a disturbing aesthetic, a dreamlike and dreaming atmosphere, intense, elevated and saturated chromatic and illuminative parameters, settings halfway between the real and the (magic) unreal, as well as a careful staging, thought out and — also — highly labored, come to build their main and most significant signs of artistic identity.

On some occasions, they are scenes charged with substantial doses of the surreal and the dreamlike. They are images that almost always leak — as if through an invisible crack — a disturbing load of strangeness, of unrest, of dramatic tension about to explode before our startled eyes and to explore the landscapes of our startled perception.

On other occasions, it is much easier to pin down with a good degree of certainty — or perhaps it would be better to say uncertainty — the valve through which these visual and conceptual constructs escape the mattress of reality. We can see interiors populated (only?) by the presence of an absence; slightly deformed faces, almost natural (just almost); shapes dressed in what appears to be the quotidian and stripped of a total certainty; bodies, bushes, niches, smoke; furniture that has just come out of the factory of nonsense.

JOURNEY(S)

From Marco Polo to the fierce Vikings, going through Ibn Batouda, de Paul Morand or Valery Larbaud, until we reach the singular travelers of Romanticism (the least pedestrian and most illustrious precedent of the current race of tourists...), traveling has been a constant for mankind to find and go beyond the limits, its own and those of the Earth. Henri de Motherlant said that "of all the pleasures, traveling is the saddest." I don't know. It certainly is the most personal, the least transferable. Pleasure, sadness, search, discovery or transgression, the case remains that photography and travel have gone together — on

     FRANCISCO CARPIO

VIAJE(S)

Desde Marco Polo a los fieros *vikings* pasando por Ibn Batouta, de Paul Morand
o Valéry Larbaud hasta llegar a los singulares viajeros del romanticismo (el
antecedente menos pedestre y más ilustre de la actual raza de los turistas...),
viajar ha supuesto una constante del hombre por encontrar y traspasar límites,
los de la tierra o los suyos propios. Decía Henri de Montherlant que «de todos
los placeres, el viaje es el más triste». No lo sé. Seguramente sí que es el más
personal, el menos transferible. Placer, tristeza, búsqueda, descubrimiento
o transgresión lo cierto es que fotografía y viaje han recorrido juntos —montados
en un tándem de cuatro ruedas y dos manillares— un largo camino de encuentros
y desencuentros.

De esta manera, a través del viaje, el fotógrafo se convierte en un nuevo Doctor
Livingstone (I suppose) en busca de la mágica orografía-fotografía de unas
nuevas y emulsionadas fuentes del Nilo. Aunque no siempre el viaje físico es
el más fecundo, el más fértil. En ocasiones es mejor iniciar y documentar
un viaje inmóvil, encontrando igualmente entre las cuatro caras del mundo de
una habitación, todos los paisajes, todos los rostros, todos los cuerpos, todas las
esfinges y enigmas.

Creadores de parajes fotográficos, cazadores de territorios, notarios de una
geografía de países, paisajes y paisanajes, algunos de los fotógrafos aquí
y ahora (re)presentados, arrojan una mirada tan teñida de sus propias experiencias
que parece haber sido proyectada más sobre un mundo inventado que sobre un
mundo inventariado. Se convierten así en cómplices de esos otros viajeros inmóviles:
Thomas de Quincey, Kafka, Pessoa, Julio Verne, Kavafis, Marcel Schwob, Cunqueiro
o Lezama Lima, quien desde su aislamiento en La Habana afirmaría: «pocas
personas han podido viajar tanto como yo entre los muros y anaqueles de
mi biblioteca...»

GÉNERO E IDENTIDAD

Señala Anna María Guasch: «Hacia fines de la década de los ochenta, la batalla
feminista hasta entonces alzada sobre los conceptos de diferencia e identidad,
y cuyo fin primordial había sido conseguir que la mujer se desembarazase de la
opresión a la que estaba sometida por el hombre, pero sin llegar a desarticular
el sistema de relaciones sociales, simbólicas y psíquicas que históricamente han
construido lo masculino y lo femenino como esferas irreconciliables, se atomizó
en múltiples desplazamientos hacia el "otro diverso" (el otro sexual, étnico y racial,
principalmente)»[6].

Sin duda, lo genérico y consiguientemente la noción —y la emoción— de la identidad
se han convertido en vecinos y residentes de referencia dentro de la geo(foto)grafía
contemporánea. Modos de habitar un espacio visual-mental como es el fotográfico,
que en las últimos años han ido añadiendo a su lista de reivindicaciones «otros
otros», más allá de las iniciales batallas feministas (como decía una de sus principales
representantes, Barbara Kruger: «Tu cuerpo es un campo de batalla»). Otros como la
diferencia sexual de los travestidos, la diferencia espiritual de distintos credos,
la diferencia racial de los nacidos al otro lado de la piel-frontera blanca.

a four-wheeled tandem with two handlebars — through a long journey of discoveries and
disappointments.

Thus, through this journey, the photographer turns into a new Doctor Livingstone
(I suppose) in search of the magic orthography-photography of some new and coated
springs of the Nile. Although not always is the physical journey the most fertile.
Sometimes it is better to start and document a still journey, finding, equally, between the
four sides of the world of a room, all the landscapes, all the faces, all the bodies, all the
Sphinxes and the enigmas.

Creators of photographic sites, hunters of territories, notaries of a geography of countries,
landscapes and peoples, some of the photographers (re)presented here and now offer
a viewpoint that is so tainted by their own experiences that it seems to have been
projected over an invented, rather than an inventoried, world. Thus, they become
accomplices of those other still travelers: Thomas de Quincey, Kafka, Pessoa, Julio Verne,
Kavafis, Marcel Schwob, Cunqueiro or Lezama Lima, who, from his isolation in Havana,
would claim: "few people have been able to travel as much as I have between the walls and
shelves of my library..."

GENDER AND IDENTITY

Anna María Guasch says: "Towards the end of the eighties, the feminist battle, thus far
erected over the concepts of difference and identity, and whose primary goal had been to
rid women from the oppression to which it was subjected by man, but without going so
far as to disarticulate the system of social, symbolic and psychic relations that historically
have constructed the masculine and the feminine as irreconcilable spheres, was atomized
into multiple progressions towards the "other different" (primarily, the sexual, ethnic and
racial other)."[6]

Undoubtedly, gender, and consequently the notion — and the feeling — of identity, have
become neighbors and points of reference within contemporary geo(photo)graphy. Ways
of populating a visual-mental space, such as the photographic, which in the last years have
been added to her list of "other others", beyond the first feminist battles (such as one of
its main representatives, Barbara Kruger, said: "Your body is a battlefield"). Others, such
as the sexual difference of transvestites, the spiritual difference of different religions, the
racial difference of those born on the other side of the white border-skin.

DIGITAL REVOLUTION

From those very fist experiences, which we could call "pilot" (the first two letters of
which are also the first two of pioneer), by Nancy Burson, to the beginning of the eighties,
with the introduction of still-very-rudimentary practices of digital treatment, through
the use of even-more-rudimentary computers, much water has gone under the coated
— and subsequently pixilated — bridge of photography. The strategies of manipulation
and creation introduced by this American photographer, through *morphing* techniques
(progressive transformations from one face or element to another), would give way, along
with other nascent virtual exercises, to the appearance of a new and revolutionary reality
in photography. The digital reality-revolution. "The second shutter," as Jeff Wall would,
very (photo)graphically, define it.

     FRANCISCO CARPIO

LA REVOLUCIÓN DIGITAL

Desde aquellas primeras experiencias que podríamos llamar «piloto» (que también empieza con las dos primeras letras de pionera) de Nancy Burson a principios de la década de los ochenta, introduciendo unas todavía rudimentarias prácticas de tratamiento digital, a partir del empleo de ordenadores aún más rudimentarios, mucho ha llovido sobre la arena emulsionada —y después pixelada— de la fotografía. Las estrategias de manipulación y creación digital introducidas por esta fotógrafa americana, a través de la técnica de los *morphings* (transformaciones progresivas de un rostro o un elemento en otro), darían lugar, junto a otras gimnasias incipientemente virtuales, a la aparición de una nueva y revolucionaria realidad en fotografía. La realidad-revolución digital. «El segundo obturador», como lo definiría muy (foto)gráficamente Jeff Wall.

A partir de entonces, una nueva era en la busca y captura de la imagen fotográfica: lo que yo llamaría el amanecer de la era Photoshop, y otros autores, la post-fotografía. «...Cabría hacer emblema de PhotoShop», afirma Víctor del Río, «como modelo de producción de imágenes digitales. Tal como sugiere Lev Manovich, el momento de expansión de este tipo de software coincide con la generalización de las prácticas artísticas posmodernas [...] La disponibilidad del recurso crea una estética, contiene en sí, y esto es realmente "virtual", una obra final. Indudablemente el interés de esta nueva descendencia de imágenes debe estar en la poética del artista, al margen de que sea evidente el uso de un determinado tipo de herramientas»[7].

Ciertamente esta utilización casi ubicua y generalizada de los procesos digitales de producción fotográfica, tanto en lo que se refiere a la captura y registro, como a su manipulación y presentación, han provocado una suerte de «democratización» de efectos y sintaxis que tienden a crear una —en ocasiones casi incómoda— sensación de uniformidad. Por ello, la propia mirada (visual, emocional e intelectual) del fotógrafo es la que finalmente habrá de decantar la balanza hacia un platillo (*déjà vu*) o a hacia otro (originalidad). El ojo personal del artista contra el ojo global de la herramienta.

DOCUMENTACIONES

«Desde el punto de vista historiográfico, el fotorreportaje se ha dirigido en dos vertientes: una marcada por la técnica, la evolución de cámaras, procesos y acontecimientos, y otra que sigue los acontecimientos históricos, al modo que lo analiza Gisèle Freund, que lo hace desde un punto de vista económico y social. Otros autores como Susan Sontag o Walter Benjamin sitúan la evolución del reportaje bajo una vertiente ideológica, de mitos y acontecimientos históricos como marcadores de su rumbo, llegando a considerarlo un método de control social, como afirmaría Foucault.»[8].

La concepción de la fotografía como un ámbito de representación de la realidad y de la vida humana, a través de un múltiple filtro económico, social, histórico e ideológico ha estado —y está aún— presente en la ética de la mirada de un buen número de fotógrafos.

From that point onwards, a new era in the quest and capture of photographic images:
what I would call the dawn of the PhotShop era, and other authors call post-photography.
"...[O]ne might say that PhotoShop is exemplary" — Víctor del Río says — "as a model of
production of digital images. As Lev Manovich suggests, the moment of expansion of this
kind of software coincides with the generalization of Postmodern artistic practices [...] The
availability of the resource creates an aesthetic, contains in itself, and this is truly 'virtual',
a final work. Doubtlessly, the interest in this new offspring of images must be in the poetics
of the artist, regardless of whether the use of a specific kind of tools is evident."[7]

Certainly, this almost ubiquitous and generalized use of digital processes of photographic
production, both in terms of capturing and recording, and in terms of manipulation and
presentation, have provoked some kind of "democratization"
of effects and syntax, which tend to create a — sometimes almost uncomfortable — sense
of uniformity. Therefore, the actual viewpoint (visual, emotional and intellectual) of the
photographer is what, ultimately, will tip the scales towards one side (*déjà vu*) or another
(originality). The personal eye of the artists against the global eye of the tool.

DOCUMENTATIONS
"From a historiographical perspective, photojournalism has moved in two directions: one
marked by the technique, the evolution of the cameras, processes and events, and another
which follows the historical events, such as is analyzed by Gisèle Freund, who does it
from an economic and social point of view. Other authors, such as Susan Sontag or Walter
Benjamin, place the evolution of photojournalism on an ideological plane where myths
and historical events set its course, to the point where they consider it a method of social
control, as Foucault would call it."[8]

The conception of photography as a field of representation of reality and of human life,
through a multiple economic, social, historical and ideological filter has been — and still is
— present in the ethic of the viewpoint of a good number of photographers.

That documentary and social nature pressurizes the will and the shutter release button
to bring to the forefront of our consciousness the largest possible depth of moral field.
The strategies of the document, linked to a wish to denounce, question and reflect
about certain paradigms of political and ethical behaviors in society, become the signs
of identity of some of the photographers here represented. Migrations, estrangements,
misery, privation of liberty(ies), difference, marginalization: words to write with light
(photograph) in places where often there is no light.

NOTES
1. BAUDELAIRE, Charles. *The Mirror of Art*. Jonathan Mayne editor and translator. Phaidon Press Limited, London. 1955.
The Spanish version of this text was taken from BAUDELAIRE, Charles. *Salones y otros escritos sobre arte*. Editorial Visor, Madrid, 1996.
2. FONTCUBERTA, Joan. "Fotografía. ¿Por qué la llamamos amor cuando queremos decir sexo?" *Diccionario de Fotógrafos 1998-2007*. La Fábrica Editorial, Madrid, 2007. My translation.
3. BARTHES, Roland. *La chambre claire: Note sur la Photographie*. Cahier du Cinema Gallimard Seuil, Paris. 1980. My translation. The Spanish version of the text was taken from BARTHES, Roland. *La cámara lúcida. Nota sobre la fotografía*. Editorial Paidós, Barcelona, 1989.
4. CALVINO, Italo. *Invisible Cities*. Translated by William Weaver. Mariner Books, 1978. The Spanish version of this text was taken from: CALVINO, Italo. *Las Ciudades Invisibles*. Editorial Minotauro, Barcelona, 1983.
5. GÓMEZ ISLA, José. *Fotografía de creación*. Editorial Nerea. San Sebastián, 2005. My translation.
6. GUASCH, Anna María. *El arte último del siglo XX. Del posminimalismo a lo multicultural*. Editorial Alianza, Madrid, 2000. My translation.
7. DEL RÍO, Victor. *Fotografía objeto. La superación de la estética del documento*. Ediciones Universidad de Salamanca, Salamanca, 2008. My translation.
8. VVAA. *Historia General de la Fotografía*. Ed. Cátedra, Madrid, 2007. My translation.

    FRANCISCO CARPIO

Ese carácter documental y social presiona la voluntad y el disparador para traernos ante el primer plano de nuestra conciencia la mayor profundidad de campo moral posible. Las estrategias del documento, ligadas a un deseo de denuncia, cuestionamiento y reflexión sobre determinados paradigmas de los comportamientos políticos y éticos de la sociedad, se constituyen en las señas de identidad de algunos de los autores representados. Migraciones, extrañamiento, miseria, privación de la(s) libertad(es), diferencia, marginación: palabras para escribir con luz (fotografíar) allí donde en muchas ocasiones no hay luz.

NOTAS
1. BAUDELAIRE, Charles. *Salones y otros escritos sobre arte.* Visor, Madrid, 1996.
2. FONTCUBERTA, Joan. "Fotografía. ¿Por qué la llamamos amor cuando queremos decir sexo?". En: *Diccionario de Fotógrafos 1998-2007.* La Fábrica Editorial, Madrid, 2007.
3. BARTHES, Roland. *La cámara lúcida. Notas sobre la fotografía.* Paidós, Barcelona, 1989.
4. CALVINO, Italo. *Las Ciudades Invisibles.* Minotauro, Barcelona, 1983.
5. GÓMEZ ISLA, José. *Fotografía de creación.* Nerea. San Sebastián, 2005.
6. GUASCH, Anna María. *El arte último del siglo XX. Del posminimalismo a lo multicultural.* Alianza, Madrid, 2000.
7. DEL RÍO, Victor. *Fotografía objeto. La superación de la estética del documento.* Universidad de Salamanca, Salamanca, 2008.
8. VVAA. *Historia General de la Fotografía.* Cátedra, Madrid, 2007.

Descubrimientos 2010
Textos de / texts by
Javier Chavarría

Descubrimientos 2010
Textos de / texts by
Javier Chavarría

**FIONA
ABOUD**

SIJ AMERICANO
AMERICAN SIKH

2009

1976
BRASIL
VIVE EN
ESTADOS UNIDOS
BRAZIL
RESIDES IN THE
UNITED STATES

Licenciada en Arts, Middle Eastern Languages and Cultures, en la Columbia University de New York, su obra se ha publicado en importantes periódicos y revistas como *The New York Times Magazine*, *German Vogue* o *Time*. Ha participado en numerosas exposiciones individuales y colectivas, tanto en Nueva York como en Washington y ha sido seleccionada en diferentes certámenes como el American Photography Book 25 o el Photography Book Now, People's Choice Award, 2008.

El objetivo de este proyecto, *Sij americano*, es mostrar cómo los nuevos grupos de emigrantes se adaptan al crisol que es la forma de vida en Norteamérica. Los American Sikhs emigraron en masa a los Estados Unidos después de las masacres en India en 1984. Las fotografías reflejan su adaptación y la relacción entre los valores tradicionales y los nuevos modelos que han encontrado.

Bachelor of Arts, Middle Eastern Languages and Cultures, from Columbia University, New York. Her work has appeared in important publications, such as *The New York Times Magazine*, *German Vogue* or *Time*. She has taken part in numerous solo and group exhibitions, both in New York and Washington, and she has been selected for various awards, such as the American Photography Book 25 or the Photography Book Now, People's Choice Award, 2008.

This project, *American Sikh*, intends to show how new groups of immigrants adapt themselves to the melting pot that is American lifestyle. The American Sikhs flocked *en masse* to the United States following the massacres in India in 1984. These photographs portray their adaptation, the relation between traditional values and the new models they have encountered.

www.fionaaboud.com

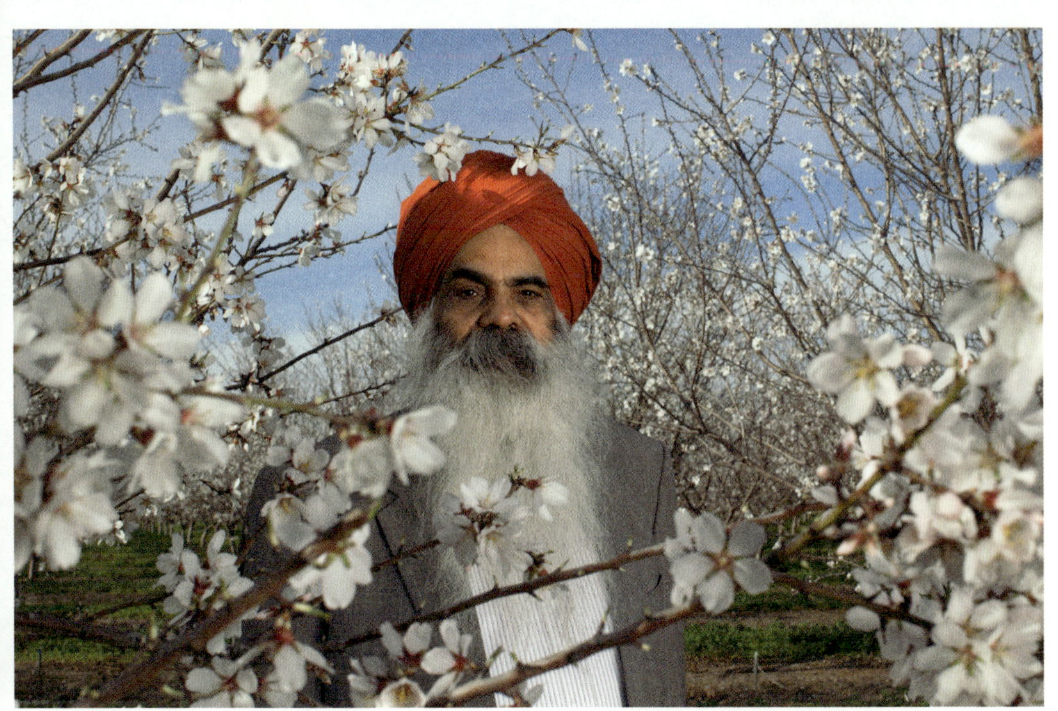

FIONA ABOUD

#002

**RODRIGO
ALBERT**

INSERCIÓN
INSERTION

2002-2009

1975
BRASIL
VIVE EN FRANCIA
BRAZIL
RESIDES IN FRANCE

Su obra fotográfica ha tenido repercusión en varios países de Latinoamérica y se ha expuesto colectiva e individualmente en Brasil, Uruguay, Colombia, Perú, Ecuador, Argentina, México y Venezuela. En Europa ha expuesto en Reino Unido, en España y en Francia, donde vive en la actualidad.

Inserción es un proyecto desarrollado entre 2002 y 2009, en la prisión de Minas Gerais. En Brasil existen dos tipos de prisiones, las llamadas «modelo ordinario» y las Apac (Asociación de Protección y Asistencia a los Condenados), en las cuales los propios reclusos se ocupan de la seguridad. En el contexto de violencia, de terribles condiciones de vida para los reclusos y de marginalidad, este proyecto trata de construir una nueva mirada sobre las personas que viven en prisión.

His photographic work has created an impact in several countries in Latin America, and has been exhibited individually or collectively in Brazil, Uruguay, Colombia, Peru, Ecuador, Argentina, Mexico and Venezuela. In Europe, he has exhibited in the United Kingdom, in Spain and in France, where he currently resides.

Developed between 2002 and 2009 *Insertion* is a project carried out at the Mins Gerais prison. There are two kinds of prisons in Brazil, the so-called "ordinary model" and the APAC (Association for the Protection and Assistance of Convicts), where the actual inmates are responsible for the prison's security. Within the context of violence, of terrible living conditions for inmates, and of marginality, this project aims to create a new way of looking at people living in prisons.

www.rodrigoalbert.com.br

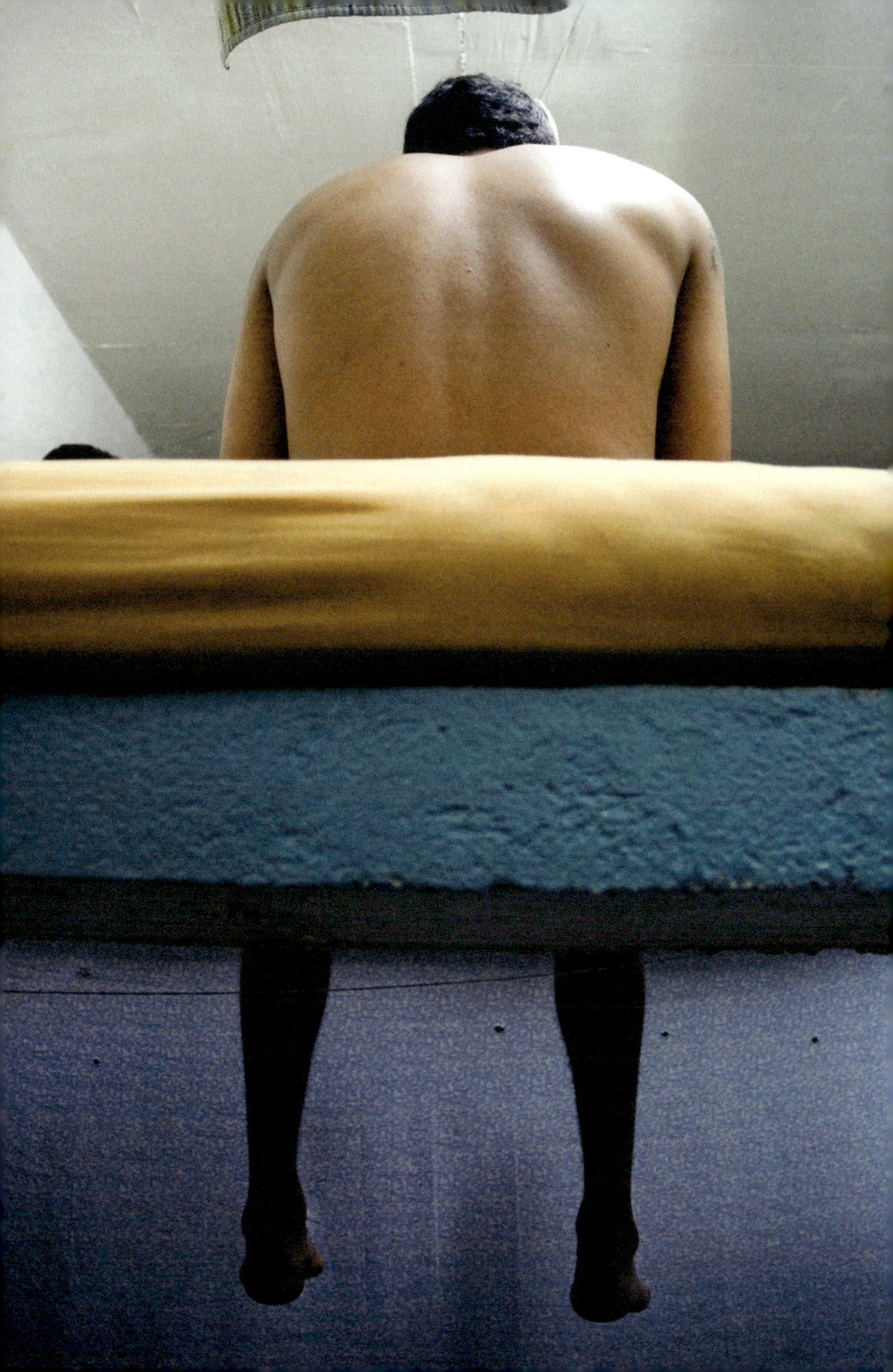

#003

CLAUDIO ALLIA

MACETEROS
FLOWER POTS

2009

1962
ITALIA
ITALY

Es un fotógrafo freelance que llegó a la fotografía desde su interés por el ojo humano y los procesos visuales. Estudió la anatomía del ojo en la Facultad de Medicina y posteriormente ha profundizado en los procesos digitales de fotografía en lo referente a la pre y a la postproducción de las imágenes. Para él existe una conexión mágica entre el ojo, el sentimiento y el pensamiento.

La obra *Maceteros,* 2009, dibuja el panorama social del valle de Mathare, que es uno de los más antiguos y también uno de los peores suburbios de Nairobi. No es una ciudad de okupas; la mayoría de los habitantes viven en chabolas de dos metros por dos metros, con tejados de chapa ondulada y por las que pagan alquiler, sin recibir a cambio ni los servicios públicos indispensables, como el agua corriente. El barrio de Mathare tiene alrededor de 64 años de antigüedad y en él han vivido de alquiler familias desde hace tres generaciones.

Freelance photographer who has come to photography via his interest in the human eye and in visual processes. He studied the anatomy of the eye while reading Medicine and subsequently looked deeper into the digital processes of photography, relating to pre and post-production of images. For him, there is a magical connection between feelings, thoughts and the eye.

His 2009 work, *Flower Pots*, draws the social landscape of the valley of Mathare, one of the oldest and worse suburbs in Nairobi. It is not a city of squatters — most of its inhabitants live in two-by-two-meter shacks with corrugated metal sheets for roofs, which they rent for prices that, in return, do not even offer them the most indispensable of public services, such as running water. The neighborhood of Mathare is roughly 64 years old, and families have already been renting there for up to three generations.

www.claudioallia.com

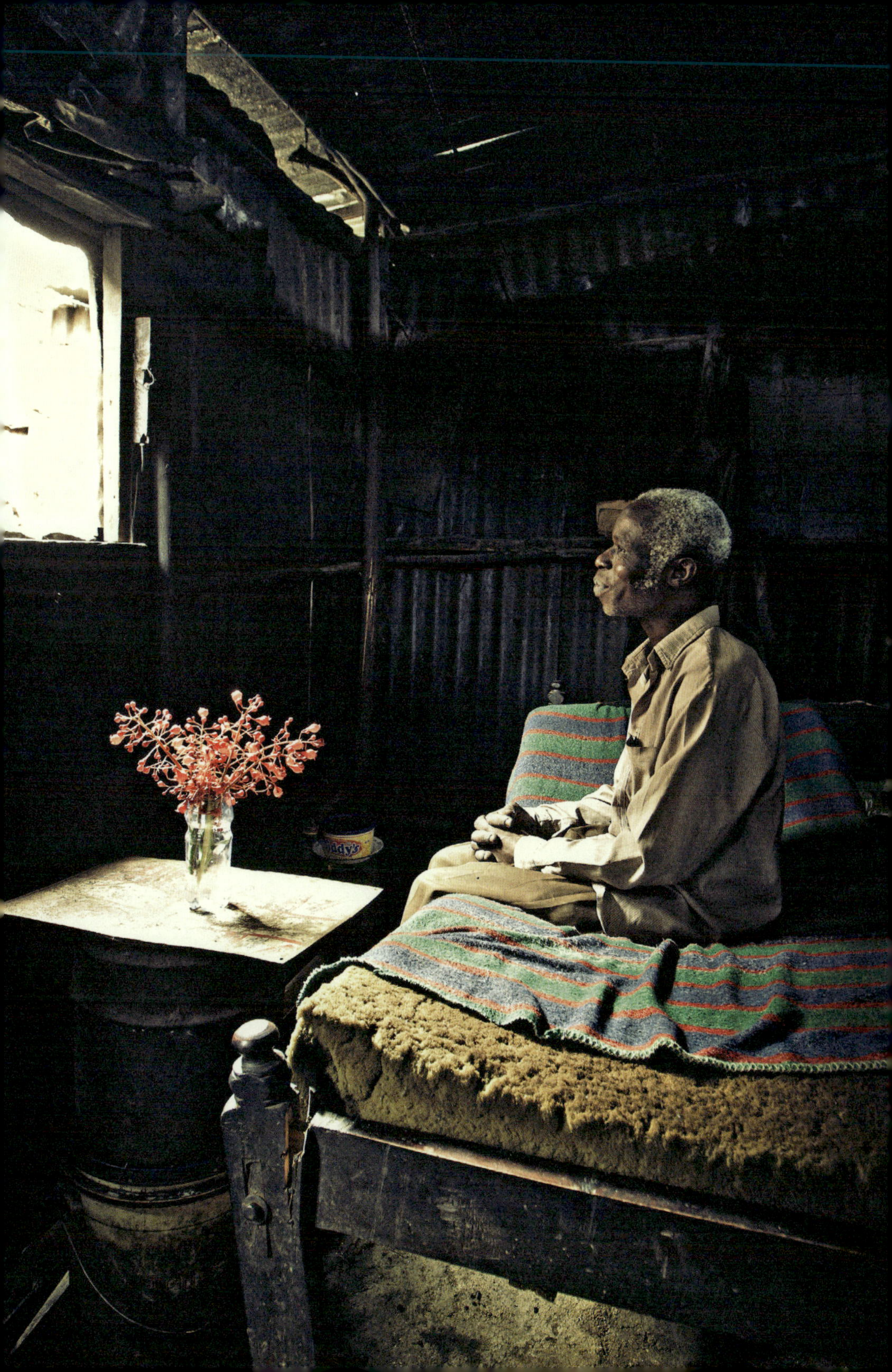

**LÍVIA
AQUINO**

**POLVO DE
LA TIERRA...**
DUST OF
LAND...

2006

1971
BRASIL
BRAZIL

Licenciada en Multimedia en la Universidade Estadual de Campinas y en Psicología en la Universidade Federal do Paraná, Aquino ha trabajado como docente de fotografía tanto para la enseñanza media como para el Centro Universitario SENAC. Su obra se ha expuesto en Brasil y en Cuba y ha recibido diversos premios.

Polvo de la tierra y la época de ese lugar, 2006, reúne imágenes tomadas en un pueblecito de pescadores en la isla de Boipeba. En ellas el hombre aparece como un paisaje con sus características en tono, en textura y en forma. La artista muestra cómo los habitantes de esta aldea se funden con su entorno, de una manera casi mimética, que ella compara con las estrategias de los animales que se protegen con su camuflaje de los depredadores.

Graduated from Multimedia Studies at the Universidad Estadual de Campinas and from Psychology at the Universidade Federal do Paraná. She has worked as a professional teacher of photography both at secondary school level and at the Centro Universitário SENAC. Her work has been displayed in a number of exhibitions in Brazil and Cuba and has been awarded various prizes.

Dust of Land and Time of Place, 2006, gathers photographs taken in a small fishing village on the island of Boipeba. They depict human bodies as a landscape, with their characteristic hue, texture and shape. The artist reveals how local people from this village blend with their surroundings, almost mimetically, which she compares to the strategy some animals adopt to protect themselves from predators and other dangers by camouflaging.

www.liviaaquino.com.br

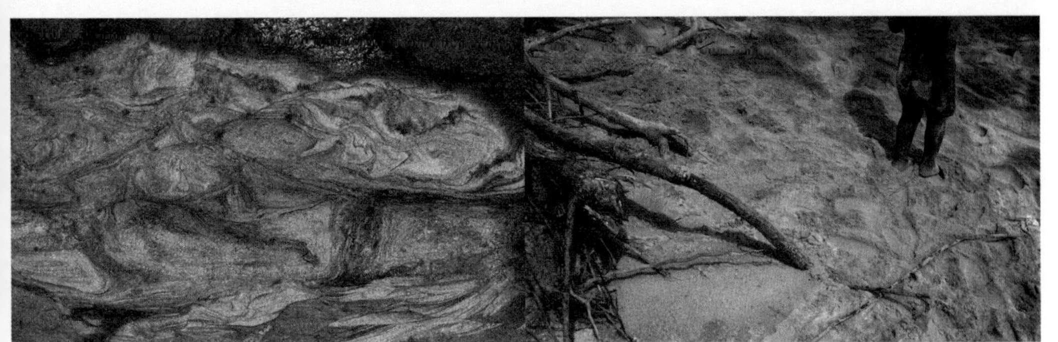

LÍVIA AQUINO

005

**TONI
AMENGUAL**

FE CIEGA
BLIND FAITH

2010

1980
ESPAÑA
SPAIN

Licenciado en Biología por la Universitat de Barcelona, posteriormente estudió fotografía en el IEFC (Institut d´Estudis Fotogràfics de Barcelona) y realizó un posgrado en fotoperiodismo en la Universitat Autònoma de Barcelona. Desde 2003 trabaja como fotógrafo independiente, como colaborador habitual de la revista *INPALMA* en Mallorca, y su trabajo se ha visto publicado en varias publicaciones nacionales, como *El Dominical* de *El Periódico de Cataluña*, o el *Diario de Mallorca*, entre otros. Además imparte clases de fotografía en el Grado Superior de Diseño y Comunicación Visual en la Escuela Superior Balear. Ha sido Premio Art Jove de Fotografía 2005 Mejor Colección y Mejor Fotografía.

Su obra *Fe ciega*, 2010, habla del culto a la divinidad en la ciudad santa de Jerusalén. Y de la búsqueda de la trascendencia y el misticismo, lo cual el artista ve como grandes interrogantes de la humanidad.

Graduated from the Universitat de Barcelona in Biology, he later read Philosophy at the IEFC (institut d´estudis fotogràfics de Barcelona) and completed postgraduate studies in Photojournalism at the Universitat Autònoma de Barcelona. He has worked as an independent photographer since 2003, contributing regularly to the magazine *INPALMA*, from Mallorca, and his work has been displayed in numerous domestic publications, such as *Dominical*, the Sunday supplement of Catalonia's *El periódico*, and *Diario de Mallorca* among others. He balances this activity with the photography lectures he gives out for the Grado Superior in Design and Visual Communication at the Escuela Superior Balear. He was awarded the prize Art Jove de Fotografía 2005 for best photograph and best collection.

His 2010 piece, *Blind Faith*, speaks about worshiping divinities in the Holy City of Jerusalem. The quest for transcendence and mysticism. That which the artist considers to be the great queries of humanity.

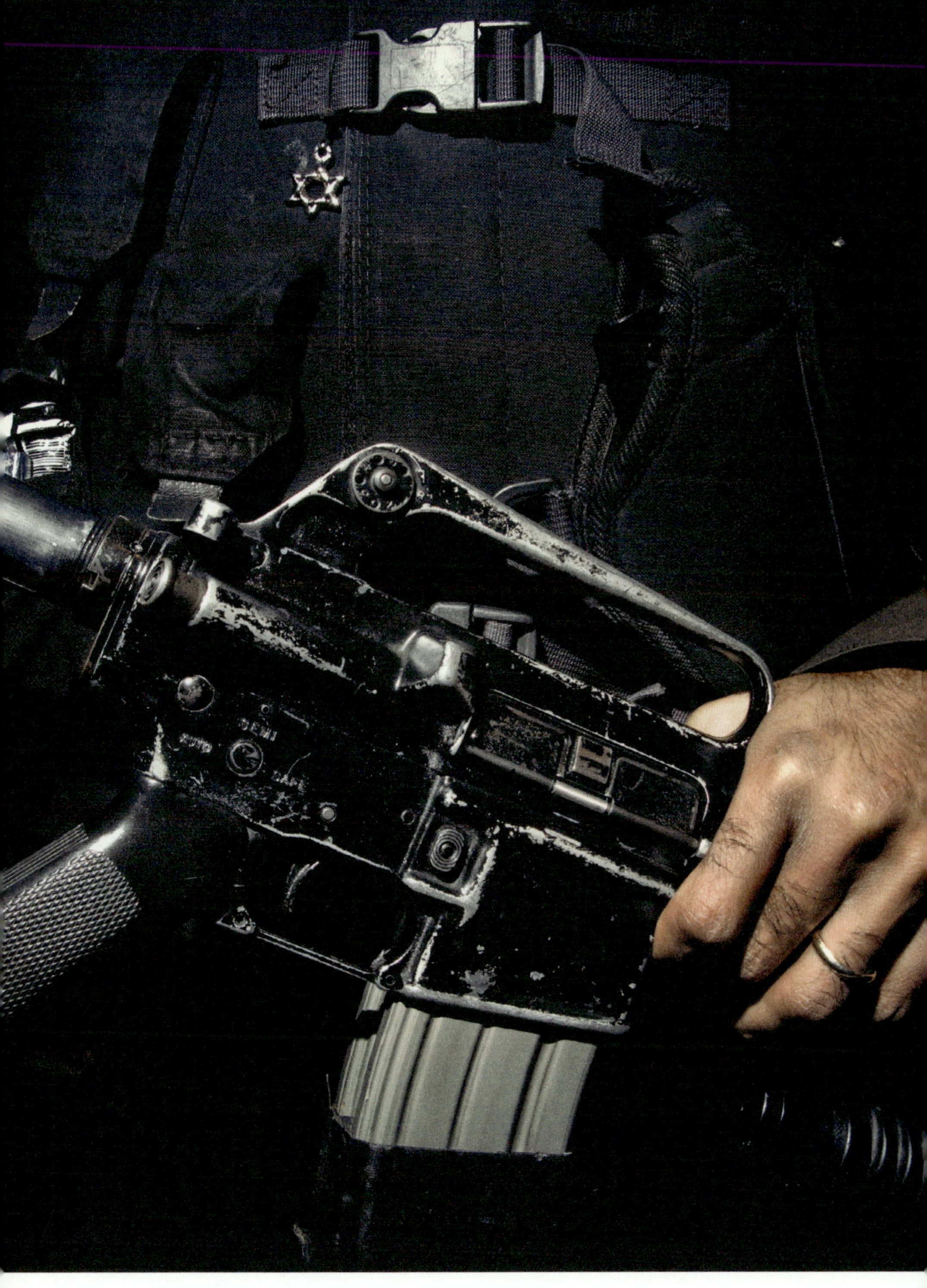

TONI AMENGUAL

ANDREA LUCÍA ARAGÓN MEJICANO

SUPER RUBIA
SUPER BLOND

2008

1970
GUATEMALA

Nacida en Guatemala, en 1970, estudió Ciencias de la Comunicación, así como Fotografía en Estados Unidos y Francia. Sus trabajos se han visto publicados en América Latina y Nueva York, Londres o Barcelona y expuestos colectivamente en su Guatemala natal, en otros países latinoamericanos (Salvador, Honduras, Costa Rica o Chile), así como en Washington DC y Nueva York o en España y en Francia.

Su proyecto *Super Rubia,* 2008, retrata las tensiones en las relaciones de poder construidas en Guatemala a raíz de la dominación europea y luego norteamericana. Una dominación que no es política, sino cultural. La artista se centra en la manera en la que se establecen clases sociales y jerarquías que pasan de generación en generación. El modelo foráneo hace que muchas mujeres que quieren verse aceptadas en estos círculos de élite se tiñan el pelo de rubio.

Born in Guatemala in 1970, she read Communication Sciences as well as Photography in the United States and in France. Her work has been published both in Latin America and in New York, London and Barcelona, and in group exhibitions in her home country, Guatemala, as well as other Latin American countries, such as El Salvador, Honduras, Costa Rica, Chile, and also in Washington, DC and New York, or in Spain and in France.

Her 2008 project, *Super Blond,* portrays the tensions that exist in the power relations built in Guatemala as the result of European, and later North American, dominance. Not political, but cultural dominance. The artist focuses on the way social classes and hierarchies are established and transmitted from generation to generation. The foreign model leads many of the women, who wish to be accepted as part of this elite, to dye their hair blond.

www.andreaaragon.com

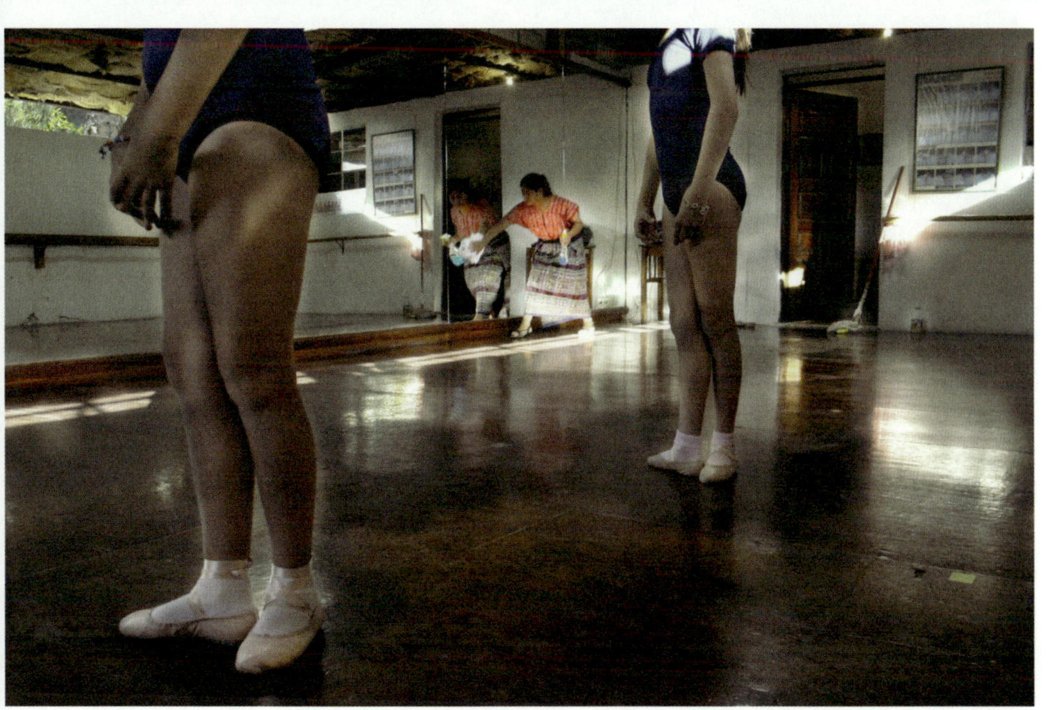

ANDREA LUCÍA ARAGÓN MEJICANO

Licenciado en Bellas Artes por la Universidad Complutense de Madrid, ha realizado diversos cursos especializados en fotografía. Su obra se ha visto en exposiciones colectivas e individuales, como *ADN* en el Círculo de Bellas Artes de Madrid.

El trabajo *Habitación 27* trata de cómo la cultura ha usado la luz para conseguir diversos objetivos. Algo tan salvaje y primitivo como la luz ha sido domesticada a lo largo de la historia de la humanidad para determinados fines, ya sean expresivos o de poder. La serie se inicia con la presencia de unos personajes en una habitación de hotel, y nos descubre que dicha habitación es un montaje y por lo tanto los personajes pasan a ser actores de una comedia. El espacio también resulta ser una escenografía y finalmente la luz se nos desvela como una mentira. Algo tan puro como la energía resulta ser una mentira dentro de otra gran mentira.

Bachelor of Arts in Fine Arts from the Universidad Complutense de Madrid, he has completed several specialized courses in photography. His work has been displayed in collective and solo exhibitions, such as ADN at the Círculo de Bellas Artes in Madrid.

Room 27 is about the ways in which culture has made use of light to achieve various goals. Something as primitive and savage as light has been domesticated throughout the history of mankind for specific purposes, be those of expression, or of power. The series begins with the presence of some characters in a hotel room, where it is revealed to us that the room is actually a stage and consequently the characters become actors in a comedy, but the space is also a setting and, finally, its lighting is exposed as a lie — something as pure as energy turns out to be a lie within another big lie.

www.nachoarias.com

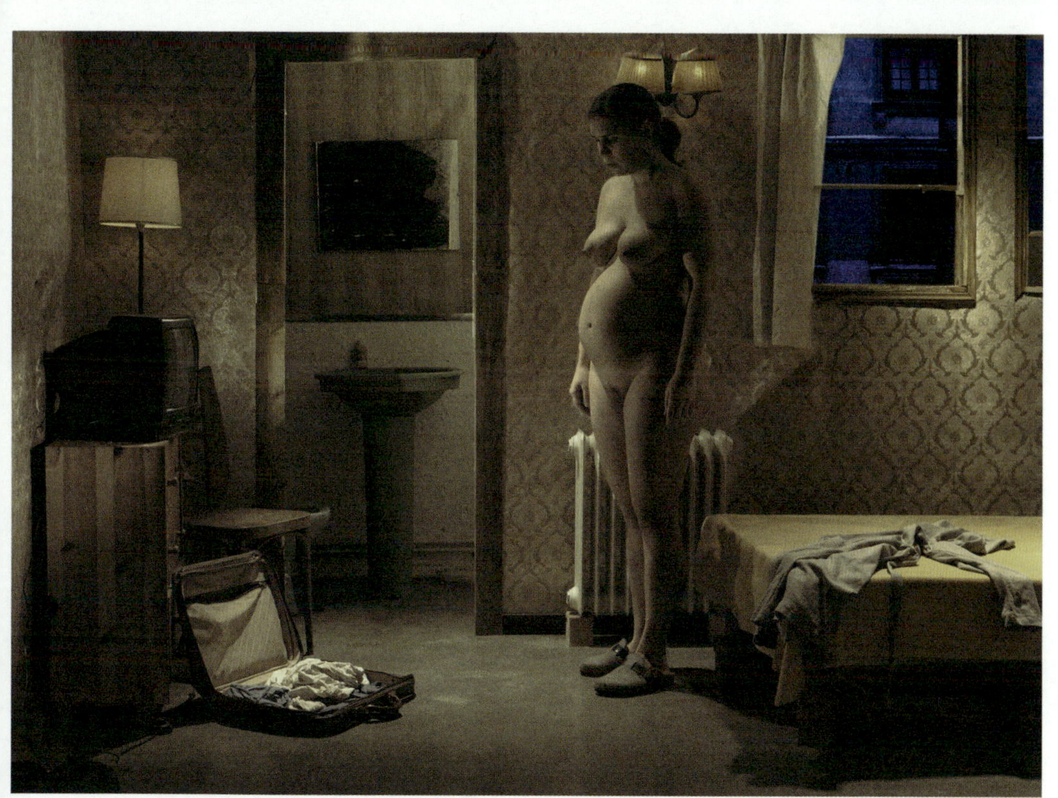

**ARIADNA
ARNÉS**

1976
ESPAÑA
SPAIN

Estudió fotografía en la Escola de Fotografía Fundació Politécnica de Catalunya y después realizó un posgrado en Fotoperiodismo en el RIT (Rochester Insitute of Technology) en Nueva York. Como artista forma parte del colectivo Phototroupe. Su obra ha sido expuesta en multitud de ocasiones en España, México, Francia o Nueva York, y ha recibido premios como la mención honorífica PX3, Prix de la Photographie de París o el Premio Caixa de Terrassa.

Estupendas 2009 es el particular universo de las mujeres de la alta sociedad barcelonesa. Ellas (que a la artista le gusta pensarlas Estupendas) compiten en una carrera hacia la belleza más mordaz; se exhiben en reuniones, bodas y eventos varios, entre abrigos de piel, collares de perlas y caras barras de labios. Su particular universo de exageración asombra a menudo a quien, desde el otro lado de la frontera de este lujo esperpéntico, intuye un choque casi ridículo entre una fuerza que quiere manifestarse y una forma que no logra contenerla.

Read Photography at the Escola de Fotografía Fundació Politécnica de Catalunya and later completed a postgraduate degree in Photojournalism at the RIT (Rochester Institute of Technology) in New York. As an artist, she was part of the collective Phototroupe. Her work has been exhibited on numerous occasions in Spain, Mexico, France and New York, and she has been awarded prizes, such as the Honorable Mention PX3, Prix de la Photographie in Paris, or the Premio Caixa in Terrassa.

Fantastic, 2009, depicts the particular universe of Barcelona's high-society women. They (of whom the artist likes to think as Fantastic) compete in a race towards the most caustic beauty; they flaunt themselves in gatherings, weddings and various events, covered in fur coats, pearl necklaces and expensive lipstick. Their particular universe of exaggeration often astounds those who, from the other side of the border of such grotesque luxury, sense the somewhat ridiculous clash between a force that seeks to manifest itself and a form that is unable to contain it.

www.estupendas.net

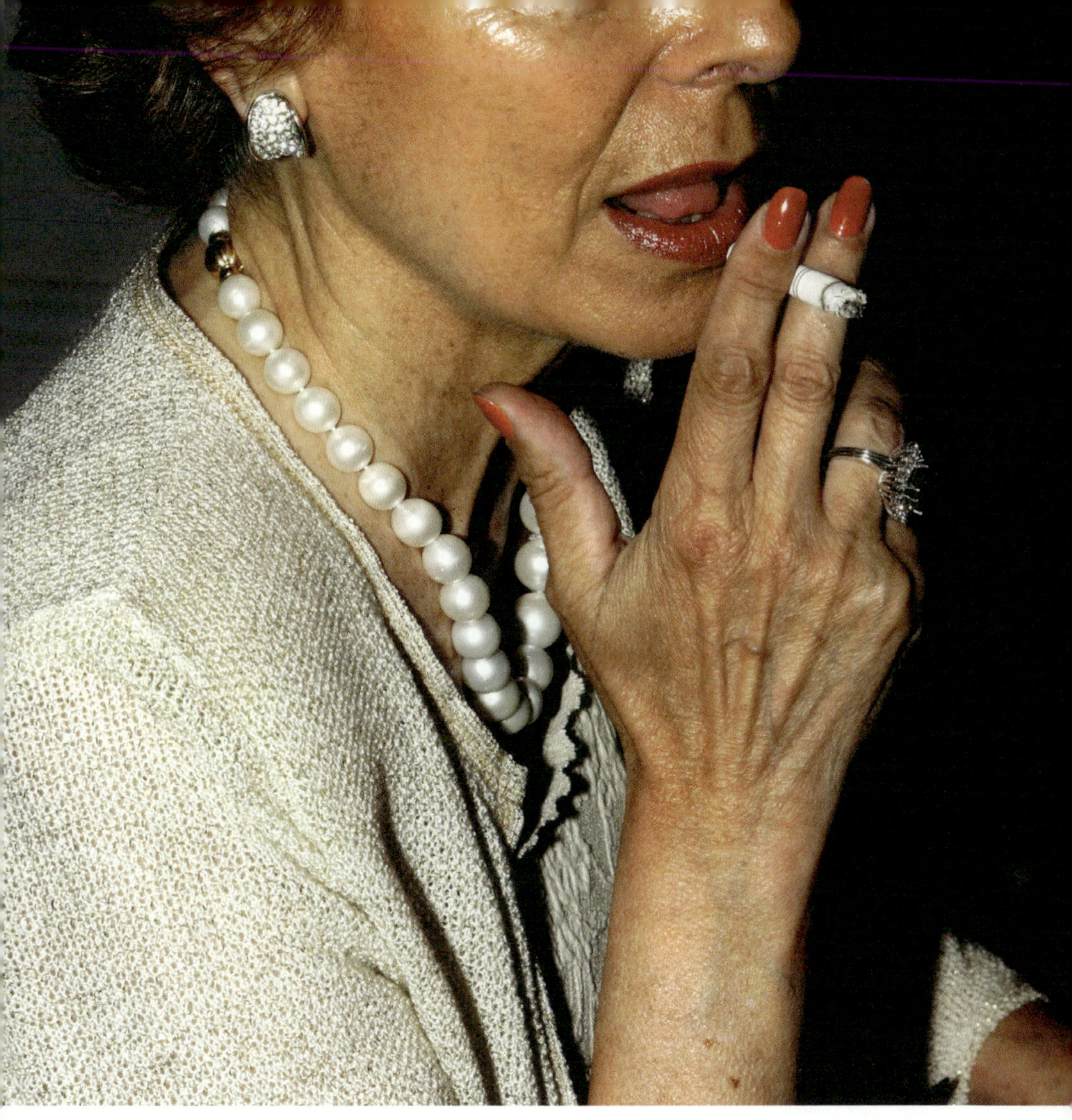

ARIADNA ARNÉS

**ANDRÉS
ASTURIAS**

**PUERTO SAN
JOSÉ: LUGAR
DE OCIO**
PUERTO SAN
JOSÉ: PLACE
OF LEISURE

2009

1978
GUATEMALA

La obra de Andrés Asturias ha podido verse en exposiciones individuales y colectivas, en Guatemala, en sedes como la Galería Carlos Woods o el Palacio Nacional de la Cultura, y en países tan diferentes como El Salvador, Honduras, España o Rusia.

Puerto San José: Lugar de ocio, 2009, forma parte de un trabajo de investigación sobre distintos lugares populares de vacaciones en el mundo. Después de haber documentado playas, parques y lugares de ocio en otros países el artista se acercó a su propia realidad en Guatemala contemplando aquello que debía ser tan cercano y que sin embargo ha podido mostrar con la distancia de un extranjero. Las fotografías retratan el bienestar de las vacaciones, pero también la relación entre ocio y pobreza que caracteriza el lugar.

Andrés Asturias' work has been showcased in many solo and group exhibitions in Guatemala, in venues such as the Galería Carlos Woods or the National Palace of Culture, and in countries as diverse as El Salvador, Honduras, Spain and Russia.

Dating from 2009, *Puerto San José: Place of Leisure* is part of a piece of research about different popular holiday destinations in the world and, after having documented beaches, parks and places of entertainment in other countries, the artist approached his own reality in Guatemala, observing that which should have been so close to him, and which he, nevertheless, was able to observe with the distance of a foreigner. The photographs portray the feel-good life of holidays, but also the pervading relation between entertainment and the poverty that characterizes the place.

www.andresasturias.com

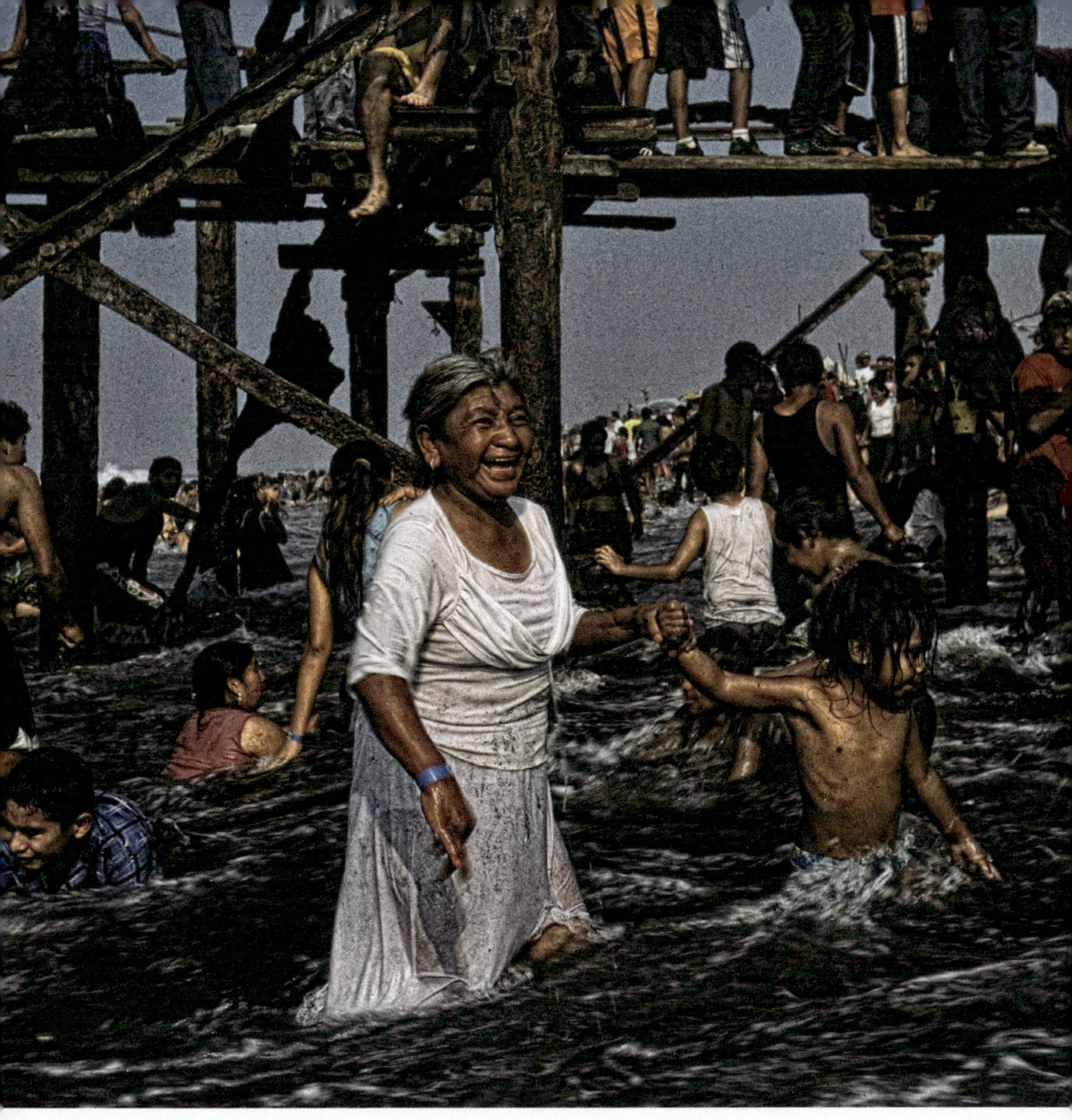

ANDRÉS ASTURIAS

Fotógrafo de profesión, ha vivido y trabajado en São Paulo, Londres y en Río de Janeiro. Participó en exposiciones colectivas de las que podemos destacar *Amrik, Un Retrato de la Presencia Árabe en Latinoamérica* que viajó por 13 países. Profesionalmente colabora con varias publicaciones brasileñas y ha publicado en *National Geographic* (Brasil, Alemania y Holanda) y en *GQ* (Portugal). Además de sus trabajos independientes, se dedica a documentar temas sociales y ambientales para Oxfam, Greenpeace y UNICEF.

**   *Garaje*, 2009: Dibujos, colores fuertes, escalinatas, pasillos oscuros, duchas improvisadas, cuerdas de tender, imágenes religiosas y de varios otros aderezos se compone el escenario de las distintas ocupaciones en el centro de Río de Janeiro. Ellos conforman este ensayo. El trabajo tiene como telón de fondo el déficit habitacional en las grandes ciudades, pero no para criticarlo o denunciarlo. Su objetivo es registrar la estética. Es un trabajo sobre la arquitectura de improvisación y sus personajes.**

Professional photographer, he has lived and worked in Sao Paulo, London and in Rio de Janeiro. He has been included in group exhibitions in Brazil and abroad, among which "Amrik, Un Retrato de la Presencia Árabe en Latinoamérica" (Amrik, A Portrait of Arab Presence in Latin America), which traveled through 13 countries, should be highlighted. In professional terms, he collaborates with several publications in Brazil and has published in *National Geographic* (Brazil, Germany and The Netherlands) and in *GQ* (Portugal). As well as his independent work, he spends his time documenting social and environmental issues for Oxfam, Greenpeace and UNICEF.

   Garage, from 2009. Drawings, strong colors, staircases, dark hallways, improvised showers, clotheslines, religious images and several other garnishes comprise the stage for the diverse seizures at the centre of Rio de Janeiro. They constitute this essay. The piece has the housing shortage prevalent in large cities as its background, but not as a means to criticize it, or even to denounce it. It aims to record the aesthetic. It is a piece about the architecture of improvisation and its protagonists.

www.gilvanbarreto.com

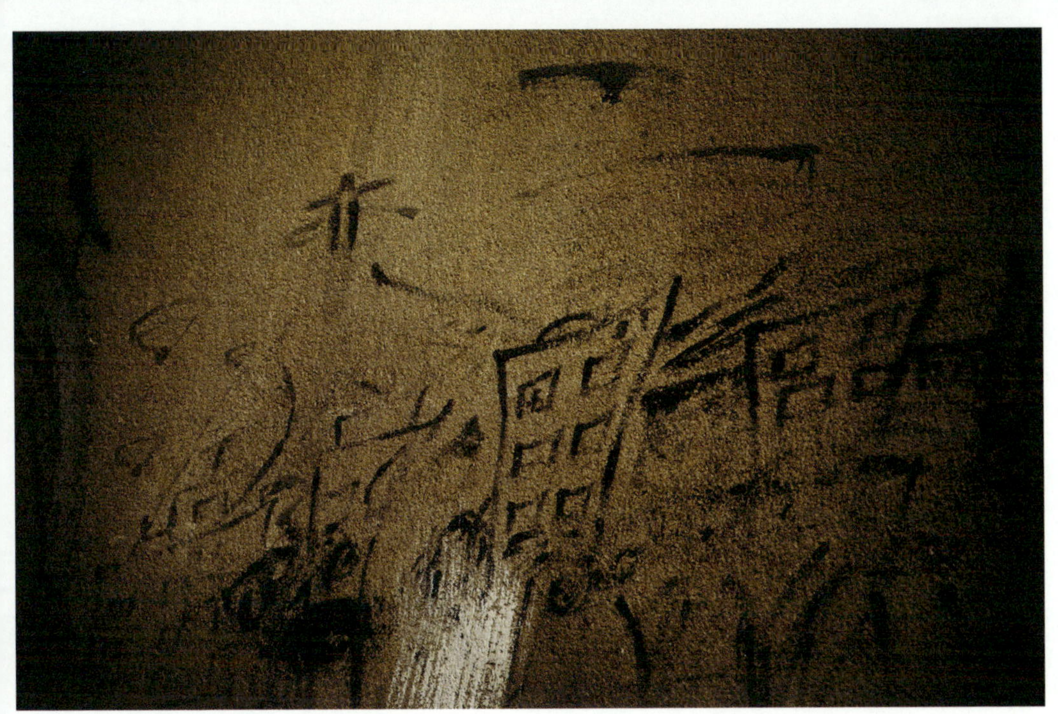

 GILVAN BARRETO

JACQUELINE BATES

LA VIDA AMERICANA
LA VITA AMERICANA

2009

1981
ESTADOS UNIDOS
UNITED STATES

Estudió fotografía, vídeo y audiovisuales en Nueva York, en la School of Visual Arts, después de haberse formado en Florencia, Italia y en Francia, en la Parsons School of Design de París. Profesionalmente ha trabajado en diferentes aspectos relativos al mundo de la fotografía, en publicaciones como *Interview Magazine* o *ArtNews* o haciendo de comisaria interna en el Whitney Museum of American Art. Su obra se ha visto en múltiples exposiciones colectivas.

La vida americana, 2009, es el trabajo actual de la artista en el que explora la ambivalencia del ideal femenino en Italia. Parte de fotografías en color de la vida contemporánea en la ciudad y las hace dialogar con imágenes en blanco y negro inspiradas en iconos del cine italiano. Su interés es el mundo privado de la familia y el papel que tiene la mujer, y la manera en la que cada generación es capaz de transformar los roles sociales asignados.

Studied Photography, Video and Audiovisuals at the School of Visual Arts in New York, after training in Florence, Italy, and in France, at the Parsons School of Design in Paris. In professional terms, she has worked in different aspects related to the world of photography, in photography departments of publications such as *Interview Magazine* or *ArtNews* and as internal curator at the Whitney Museum of American Art. Her work has been displayed in numerous group exhibitions.

Dating from 2009, *La Vita Americana* is the artist's most current work, in which she explores the ambivalence of the feminine ideal in Italy. Using color photographs of contemporary life in the city as a starting point, and engaging them in direct dialogue with black and white images inspired by icons of Italian cinema. Her interest lies in the private world of the family and in women's role within it, as well as the way in which each generation is capable of transforming previously assigned social roles.

www.jbatesphotography.com

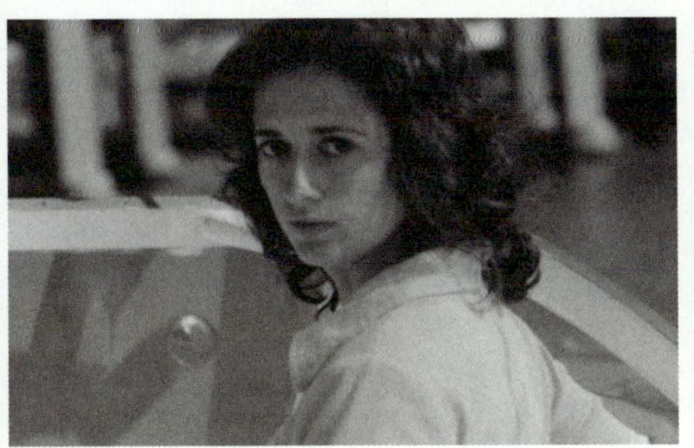 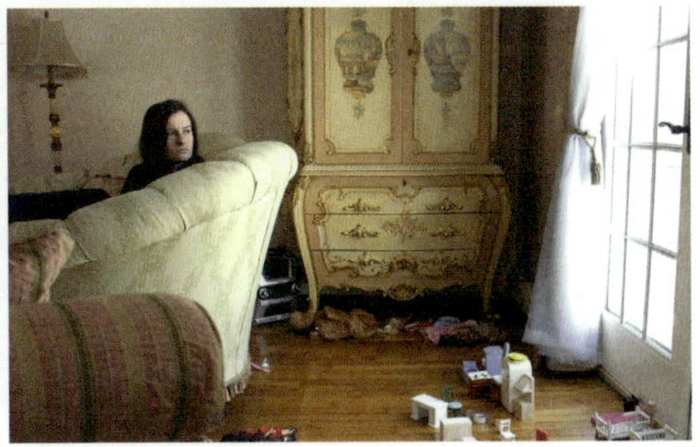

JACQUELINE BATES

**LAURA
BELÉM**

1974
BRASIL
BRAZIL

Tras estudiar Bellas Artes en la Universidade Federal de Minas Gerais, en Brasil, completó su formación con un Máster en Fine Arts, en el Central Saint Martins College of Art, Londres. Su obra se ha visto en exposiciones individuales y colectivas en Brasil, Dinamarca, Japón, Italia, Canadá, Uruguay, y en sedes tan importantes como la 51st Venice Biennale, en las salas del Arsenale, o el Toyota Municipal Museum of Art, Toyota Aichi.

Serie I - Untitled consiste en cinco fotografías que incorporan objetos encontrados y los mezcla con otros añadidos para reflexionar sobre el azar y la intervención artística. *Serie II - Natureza viva* consiste en diez fotografías en las que se muestran composiciones efímeras realizadas por la naturaleza. En ambas series hay una apropiación de elementos banales y cotidianos para verlos desde su clave más poética.

Following studies in Fine Arts at the Universidad Federal de Minas Gerais, in Brazil, she completed her training with a Masters degree in Fine Arts from Central Saint Martins College of Art, in London, UK. Her work has been displayed in group and solo exhibitions in Brazil, Denmark, Japan, Italy, Canada, Uruguay, and in venues as important as the 51st Venice Biennale, at the halls of the Arsenale, and the Toyota Municipal Museum of Art, at Toyota Aichi.

Series I - Untitled consists in five photographs that incorporate ready-mades and mix them with other additions in order to reflect about chance and the artistic intervention. *Series II - Still Life* consists in ten photographs that reveal ephemeral compositions created by nature. Both series engage in the appropriation of banal and ordinary elements to see them from a more poetic stance.

www.laurabelem.com.br

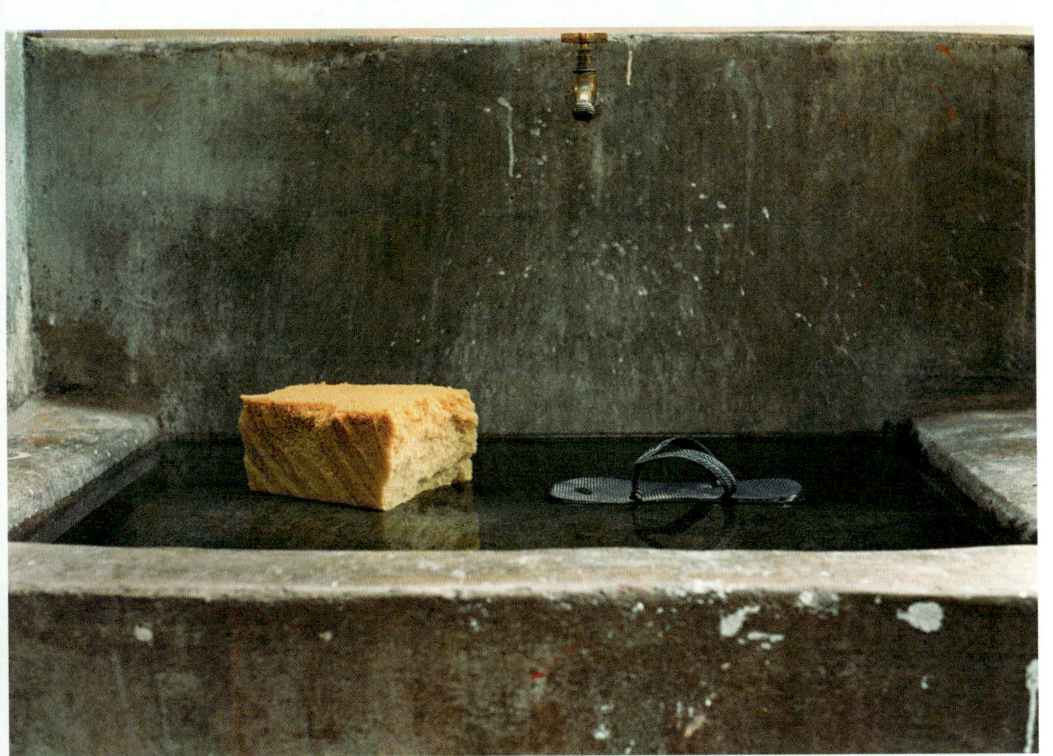

LAURA BELÉM

KINGS ROAD
KINGS ROAD

2007

1981
FRANCIA
FRANCE

Licenciada en el Instituto de Estudios Políticos de Grenoble, Francia, posteriormente realizó un máster en Artes en la University of Brighton, UK. Ha expuesto sus fotografías en Francia, Reino Unido y España y ha quedado finalista en diversos festivales internacionales como el The Guardian / Royal Photographic Society Joan Wakelin Bursary Award.

Kings Road, 2007, es una serie en la que la artista aborda el conflictivo tema de la inmigración en el Reino Unido. Ahonda en la doble moral que los gobiernos alternan en sus políticas, de la hospitalidad a la persecución, para tratar de mantener el control sobre el territorio. Como resultado, la legislación crea una zona gris en la que miles de personas esperan durante años por un potencial estatus legal. Las fotografías exploran este territorio de los desposeídos que viven en un limbo legal a la espera de una solución que nunca llega.

Graduated from the Institute of Political Studies of Grenoble, she subsequently completed a Master of Arts degree at the University of Brighton, UK. She has exhibited her photographs in France, the United Kingdom and Spain and has been finalist in several international festivals, such as the Joan Wakelin Bursary, Royal Society of Photography and Newspaper The Guardian (UK).

Dating from 2007, the series *Kings Road* addresses the controversial issue of immigration in the United Kingdom. Looking deeper into the double standards of administrations that alternate their policies on the subject, going from hospitality to persecution, as a strategy to keep hold of the control of the territory. Consequently, a grey area emerges in the legislation, where thousands of people wait for years for a potential legal status. The photographs explore this territory of the disenfranchised, who live in a legal limbo awaiting a solution that never comes.

www.veroniquebesnard.fr

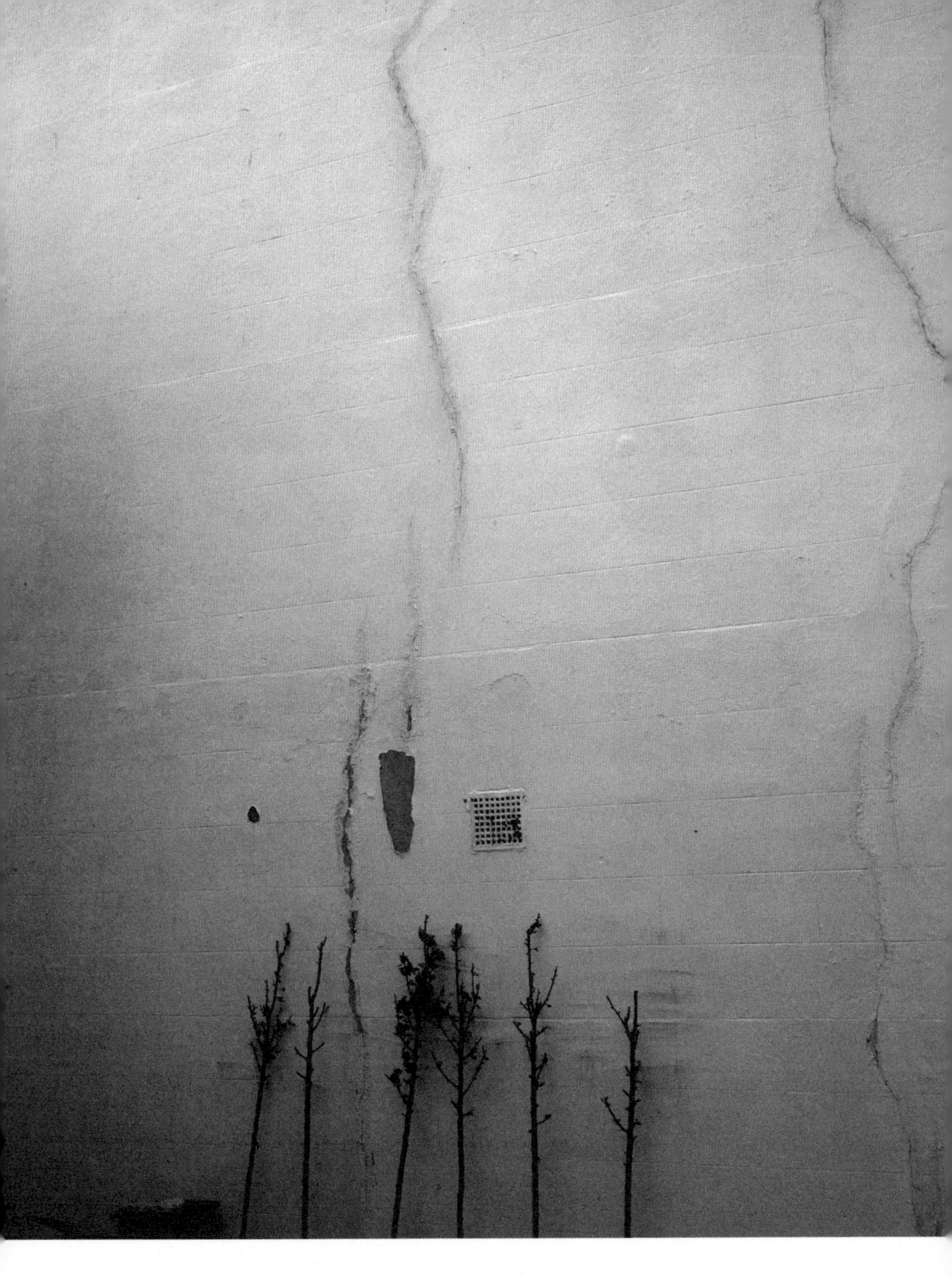

ANNA BOYIAZIS

ORFANATO DE SIDA EN ÁFRICA SUBSAHARIANA
AIDS ORPHANS IN SUB-SAHARAN AFRICA

2009

1967
ESTADOS UNIDOS
UNITED STATES

Estudió Arte en la UCLA School of Fine Art y posteriormente un máster en la Yale University School of Art. Con su obra ha participado en importantes exposiciones y eventos, como la Bienal de la Habana, en Cuba, o el Prix de la Photographie Paris PX3, en el Espace Dupon, en París, Francia, o el Istanbul Photo Festival, en Turquía, así como en diferentes países además de en Estados Unidos, México, Venezuela o Kenya. Recientemente ha sido nominada por UNICEF como Photo of the Year.

Su obra *Orfanato de SIDA en África subsahariana*, 2009, comenzó en 2006, con un trabajo documental sobre una familia que vivía en una remota aldea de Uganda. El lugar fue el epicentro original de la epidemia del SIDA: de los once hijos de esta familia, cinco de ellos tenían la enfermedad. El trabajo recoge con emoción la relación personal a la vez que es una reflexión sobre las opciones sexuales de estas comunidades.

Read Art at the UCLA School of Fine Art and, subsequently, completed a Masters degree at the Yale University School of Art. She has been part of important events, such as the Biennial of Havana, in Cuba, or the Prix de la Photographie Paris PX3, at the Espace Dupon in Paris, France, or the Istanbul Photo Festival in Turkey, as well as exhibiting in various countries outside the United States, such as Mexico, Venezuela and Kenya. Recently, she has been nominated by UNICEF for the Photo of the Year.

Her work, *AIDS Orphans in Sub-Saharan Africa*, 2009, began in 2006 with a documentary piece about a family living in a remote village in Uganda. The place was the original centre of the AIDS epidemic, and of the eleven children in this family, five of them carried the disease. The piece emotively captures the personal relation while it remains a reflection about the sexual options of this community.

www.annaboyiazis.com

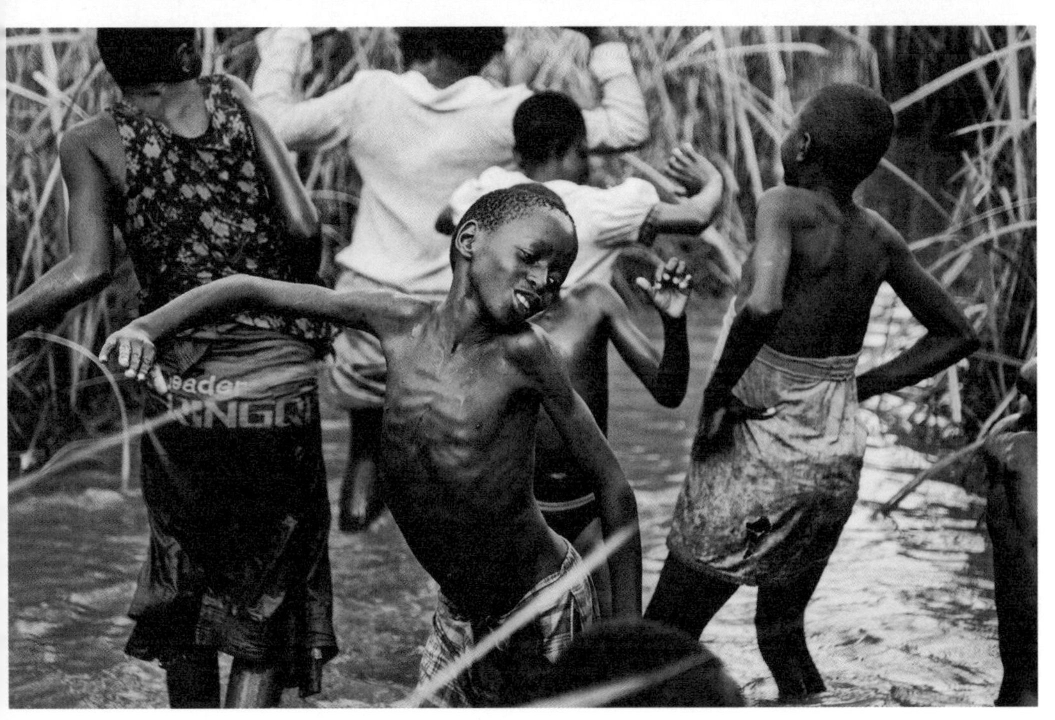

ANNA BOYIAZIS

JÖRG BRÜGGEMANN

IGUAL IGUAL PERO DISTINTO
SAME SAME BUT DIFFERENT

2008

1979
ALEMANIA
GERMANY

Se graduó en la Universidad HfK de Bremen en Diseño. Actualmente es fotógrafo freelance y pertenece a la agencia de fotógrafos de Ostkreuz en Berlín. Ha sido galardonado y finalista en numerosos certámenes fotográficos con menciones especiales como en HEY, HOT SHOT! y Magnum Expression Award. Ha expuesto en diversas galerías en Berlín, Stuttgart o Roma.

Igual igual pero distinto, 2008: Jürg visitó lugares que estaban recomendados en la guía Lonely Planet en la India, Tailandia, Laos y Colombia. Cada año millones de jóvenes del primer mundo viajan únicamente con una mochila a sus espaldas en búsqueda de paz, diversión y experiencias nuevas. Poco a poco el turismo de los mochileros se ha convertido en una industria nueva con una infraestructura turística propia.

Graduated from the HfK University of Bremen in Design, he currently is a freelance photographer and is part of the Ostkreuz agency of photographers in Berlin. He has featured as finalist and winner of several photography contests with special mentions, such as HEY, HOT SHOT! and Magnum Expression Award. He has held exhibitions in various galleries in Berlin, Stuttgart and Rome.

Same Same But Different, 2008. Jörg visited places recommended by the Lonely Planet in India, Thailand, Laos and Colombia. Millions of young people travel every year with nothing other than a backpack on their shoulders looking for peace, fun and new experiences. Slowly, backpack-tourism has become a new industry with an infrastructure of its own.

www.joergbrueggemann.com

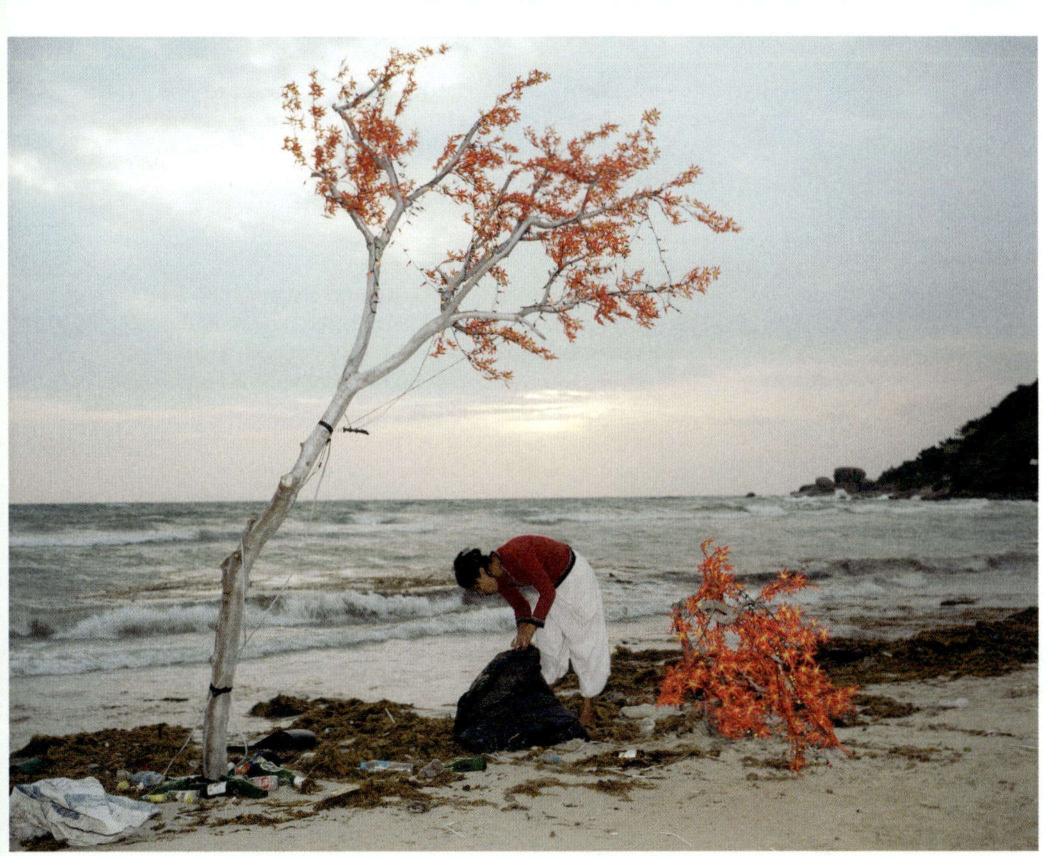

JÖRG BRÜGGEMANN

#016

**ALEJANDRO
CARTAGENA**

**SUBURBIA
MEXICANA**
MEXICAN
SUBURBIA

2008

1977
REPÚBLICA DOMINICANA
VIVE EN MÉXICO
DOMINICAN REPUBLIC
RESIDES IN MEXICO

Licenciado en Artes Visuales en la Universidad Autónoma de Nuevo León (UANL, México) ha expuesto su trabajo individualmente en el Lishui Festival de Fotografía en China así como en otras sedes en Guatemala y México y en muestras colectivas en Houston, San Francisco y República Dominicana.

Ciudades fragmentadas, de la serie *Suburbia Mexicana*, 2008: Esta serie es una aproximación al problema de desarrollo desmedido de las áreas urbanas de México. El artista se ha centrado en el área metropolitana de Monterrey, donde ha investigado teorías contemporáneas sobre el crecimiento urbano y cómo estas han ido reflejándose en el paisaje del noreste del país, con sus consecuentes problemáticas sociales, ambientales, económicas y políticas. El trabajo ha sido abordado como una investigación científica, esto es, buscando no sólo retratar superficialmente los estilos de vida, sino mostrar en profundidad lo que causa este crecimiento y algunas de sus consecuencias inmediatas.

Graduated in Visual Arts from the UANL, he has held solo exhibitions at the Lishui Festival of Photography in China, as well as in other venues in Guatemala and Mexico, and group exhibitions in Houston, San Francisco and the Dominican Republic.

Fragmented Cities. From the series Mexican Suburbia, 2008. This series is a look into the problem of unrestrained development of urban areas in Mexico. The artist has focused on the metropolitan area of Monterrey, where he has researched contemporary theories about urban growth and how these have manifested themselves in the landscape of the north-east of the country, with the social, environmental, economic and political problems that come with them. The work has been approached as a scientific research, namely, seeking not only superficially to portray the lifestyles involved, but revealing in detail the causes of this growth and some of its most immediate consequences.

www.alejandrocartagena.com

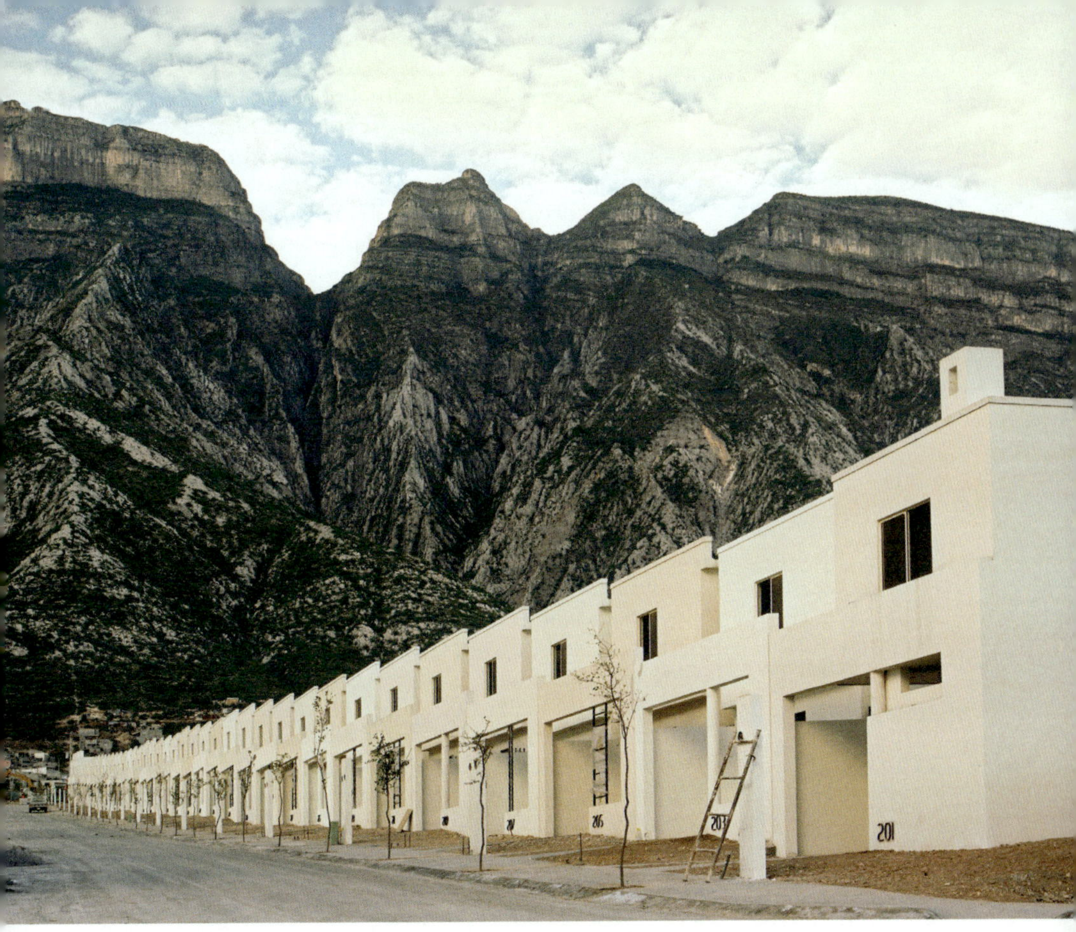

ALEJANDRO CARTAGENA

Ha realizado exposiciones individuales y colectivas en Bolivia, Brasil y Holanda, en sedes como el Museu de Arte da Pampulha y Celma, o en el Museu Bispo do Rosário de Arte Contemporânea y ha participado en festivales como la 5ª Bienal de Fotografía y Artes Visuales de Lieja entre otras, por los que ha recibido varios galardones y becas. Su obra se ha publicado en revistas como la *Foam Magazine*, *National Geographic*, o la *View Magazine*, entre otras.

Redemunho, 2007, es un trabajo documental sobre una región brasileña de clima y geografía desérticos y agrestes, en la que el agua escasea y la vida es difícil. Por este aislamiento los habitantes de la región aprenden a vivir en otro mundo, un mundo que no es palpable ni inmediato, y que tal vez tampoco es material. Es un mundo metafísico, cosmológico y fantástico. La oposición entre lo real del entorno y lo subjetivo de la conducta es el argumento de la serie de fotografías.

Has held solo and group exhibitions in Bolivia, Brazil and The Netherlands, in venues such as the Museu de Arte da Pampulha e na Celma or the Museu Bispo de Rosário de Arte Contemporânea and he has taken part in festivals such as the 5th Biennial of Photography and Visual Arts in Liège among others, for which he has received different awards and scholarships. His work has been published in magazines such as *Foam Magazine*, *National Geographic* or *View Magazine*, among others.

Redemunho is a documentary piece about a Brazilian region where the climate and the geography are wild and barren, where there is little water and life is hard. Due to this isolation, local inhabitants of this region learn to live in a different world — a world that is neither palpable nor immediate, and which might not even be material. It is a metaphysical world, cosmological and fantastic. The contrast between the reality of the surroundings and the subjective behavior constitutes the argument of this series of photographs.

www.joaocastilho.net

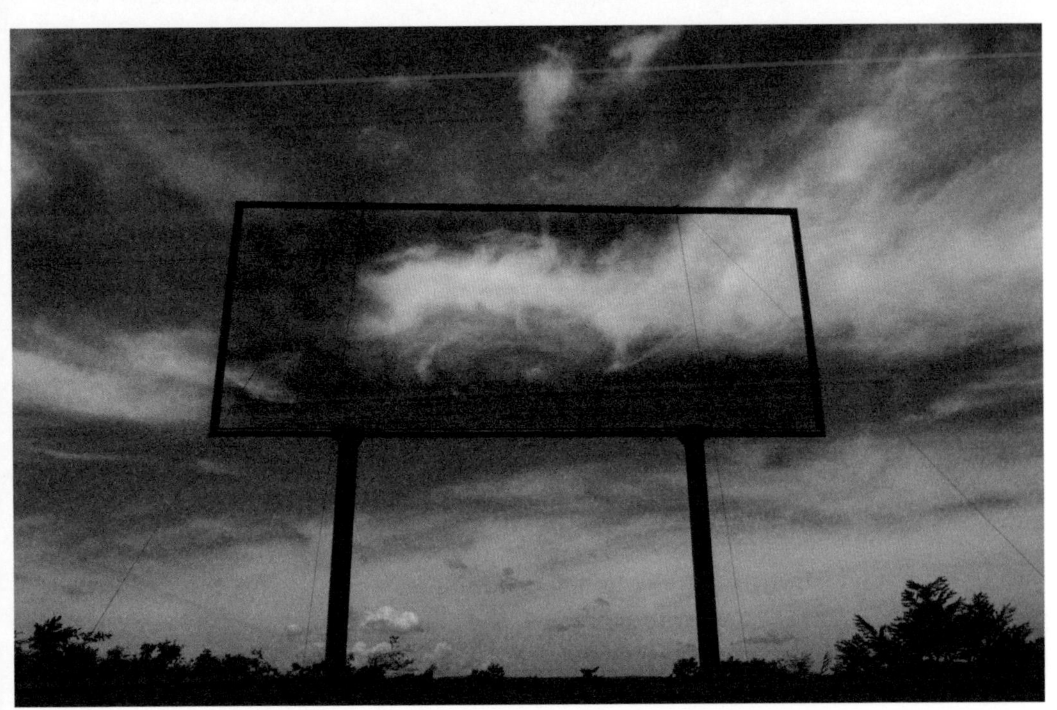

JOÃO CASTILHO

**DANIEL
CHAUCHE**

**SER UN
HOMBRE
CHAPÍN**
BEING A
CHAPÍN

2009

1951
ESTADOS UNIDOS
VIVE EN
GUATEMALA
UNITED STATES
RESIDES IN
GUATEMALA

Estudió Fotografía en la University of Florida, Estados Unidos, y trabajó como docente, siendo catedrático en la University of Central Florida. En la actualidad trabaja como artista y es propietario de un estudio fotográfico, donde también es profesor. Esta plataforma le sirve para producir proyectos de fotografía documental y para fomentar la fotografía en Guatemala. Su obra se conserva en importantes colecciones públicas, como en el Museum of Fine Arts, Houston TX., el Museum of Art, Jacksonville FL., ambos en Estados Unidos, y el Archivo de fotografía de C.I.R.M.A., Antigua, Guatemala.

**	*Ser un hombre chapín y Notas sobre la vida:* En los 34 años que el artista lleva en Guatemala ha vivido experiencias intensas que le han permitido conocer y confraternizar con la población autóctona. Sus conocimientos de antropología, su compromiso con lo retratado y una técnica fotográfica refinada son los ingredientes de una edición cuidada que ofrece algo más que un paisaje pintoresco o periodístico.**

Read Photography at the University of Florida, United States, and worked as a lecturer, teaching at the University of Central Florida. Currently he works as an artist and owns a photo-studio, where he also teaches. He uses this platform to produce documentary photography projects and to encourage photography in Guatemala. His work is featured in important public collections, such as the Museum of Fine Arts in Houston, Texas, the Museum of Art in Jacksonville, Florida and the Photography Archive at the C.I.R.M.A. in Antigua, Guatemala.

Being a Chapín and *Notes About Life*. During the 34 years the artist has spent in Guatemala, he has gone through intense experiences that have allowed him to know and befriend the local population. His understanding of anthropology, his commitment for that which he portrays and a refined photographic technique are the ingredients for a careful edition that offers something beyond a picturesque or journalistic landscape.

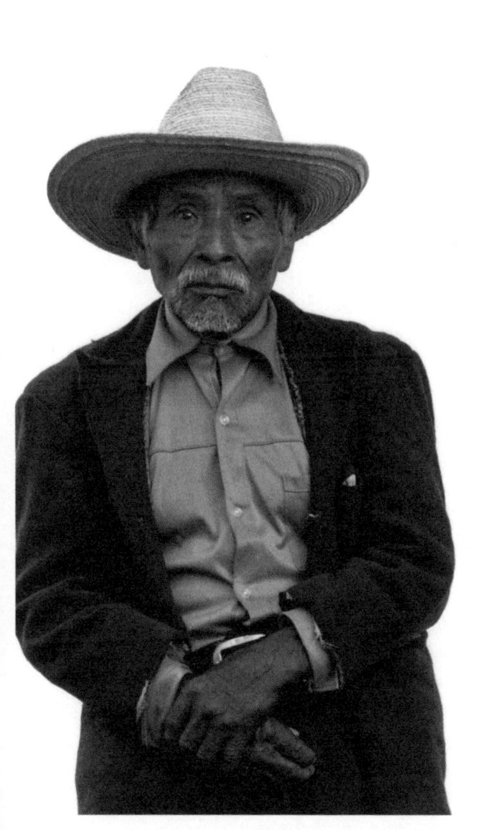 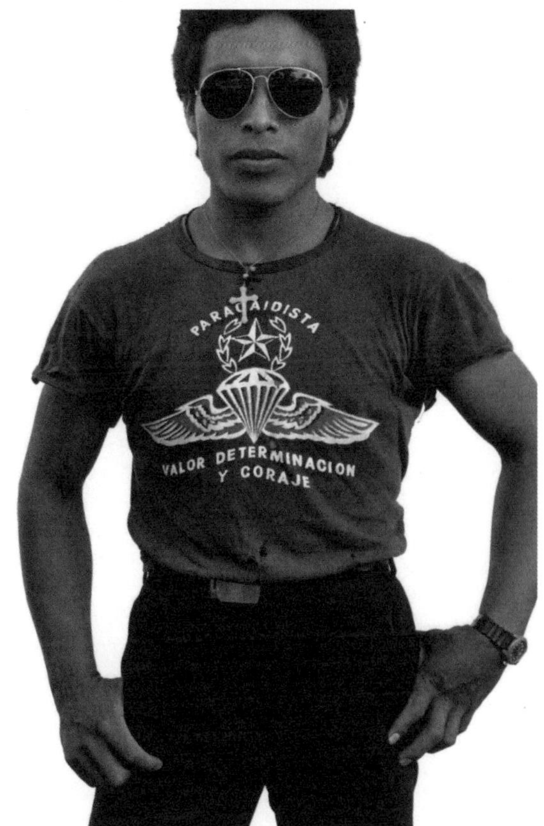

 DANIEL CHAUCHE

019

**CARLOS
CHAVARRÍA
GIRELA**

DREAMTOWN
DREAMTOWN

2009

1985
ESPAÑA
SPAIN

Se formó como fotógrafo cursando el Máster PHotoEspaña, Teorías y Proyectos Artísticos en la Universidad Europea de Madrid y ha trabajado como asistente de plató de varios fotógrafos.

El título de la obra *Dreamtown* de 2009 designa el área central de las grandes ciudades americanas; es la zona donde se concentran los principales comercios, oficinas y rascacielos, y el lugar donde conviven todas las realidades de una misma ciudad. La serie *Dreamtown* es una visión personal sobre el sentimiento de hostilidad, soledad e individualismo que se respira en las grandes urbes contemporáneas; una reflexión a través de imágenes que muestran a los ciudadanos como parte heterogénea de la propia ciudad que habitan. Los protagonistas de las fotografías se muestran a menudo solos, de espaldas, envueltos en una atmósfera casi onírica que hace referencia a la realidad del llamado «Sueño Americano» y a cómo en multitud de ocasiones no acaba convirtiéndose en realidad.

Trained as a photographer by taking part in the Master PHotoEspaña, Theories and Artistic Projects at the Universidad Europea in Madrid, and he has worked as studio assistant to a number of photographers.

The name of his 2009 piece, *Dreamtown*, designates the central area of large cities in America — it is the zone where the main offices, businesses and skyscrapers are located, and the place where all the realities of a single city coexist. The series *Dreamtown* is a personal vision of the hostile, lonely and individualistic feeling that pervades large contemporary cities; a reflection through images that show citizens as a heterogeneous portion of the city where they live. The protagonists of the photographs are often depicted on their own, facing backwards, caught in an almost-dreamlike atmosphere that relates to the reality of the so-called "American Dream", and how on many occasions it never comes true.

www.carloschavarria.com

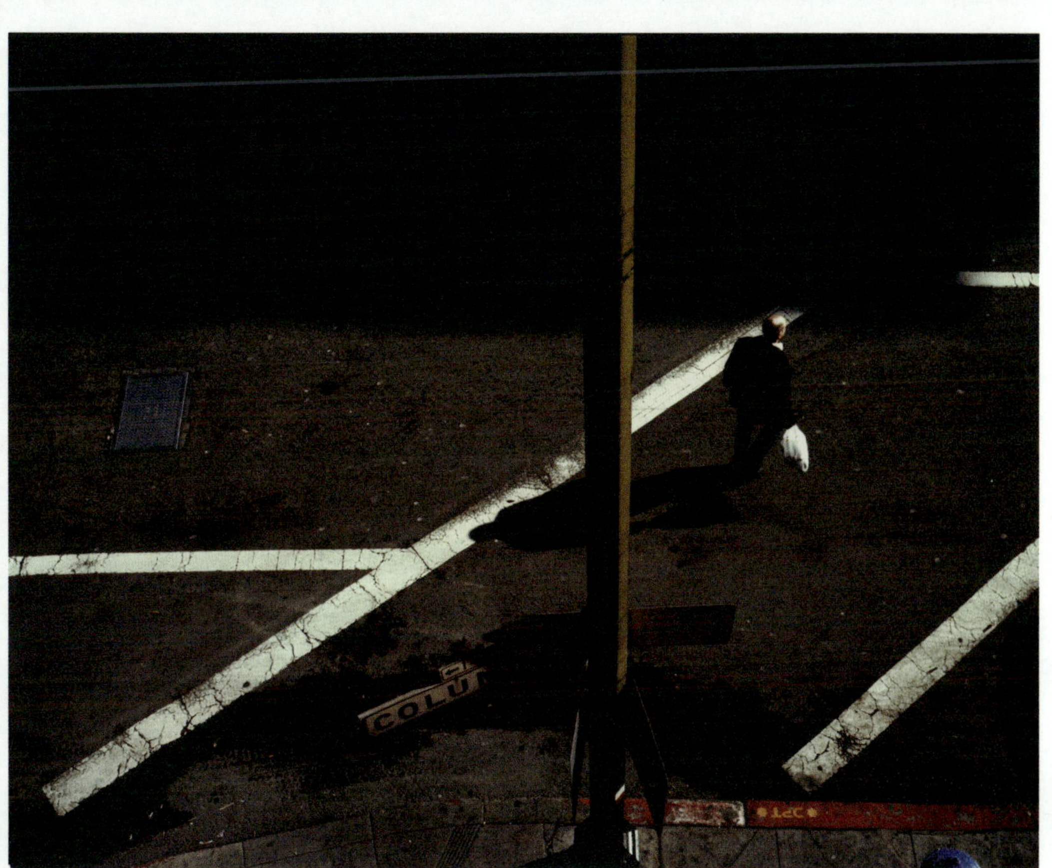

CARLOS CHAVARRIA GIRELA

020

CIA
DE FOTO

**NUESTRA
GUERRA**
OUR WAR

2008

BRASIL
BRAZIL

CIA DE FOTO es el nombre de un colectivo artístico fundado en el año 2003, en el que se experimenta y se ensaya con el medio fotográfico. Su intención es exponer ideas artísticas realizadas en procesos colectivos. Su trabajo se ha expuesto a menudo en Brasil y también en el Netherlands Fotomuseum de Rotterdam, Holanda, el Festival de Sete en Francia, y en diversas sedes de Londres, Miami, Nueva York, México DF, Jakarta y París, entre otros.

Nuestra guerra, 2008: Tomando como objeto de su estudio la guerra, pero desde la perspectiva de no haber vivido nunca una situación de conflicto, el colectivo reformula el tema desde los iconos difundidos. Una versión «en transmisión» desde la difusión de sus signos. Con una estética de guerra reproducen la vida diaria, de manera que ante estos iconos cada espectador interpreta su propio conflicto. Es la lucha por ser y existir. La crónica de cada día.

CIA DE FOTO is the name of an artistic group established in 2003, which promotes experiments and trials in the medium of photography. Its intention is to exhibit artistic concepts produced through collective processes. Its work has often been exhibited in Brazil, and also abroad, such as at the Netherlands Fotomuseum in Rotterdam, The Netherlands, the Festival de Sete in France, and in various venues in London, Miami, New York, Mexico DF, Jakarta, Paris, among others.

Our War, 2008. Placing war at the heart of their inquiry, but from the point of view of never having gone through a bellicose conflict, the group reformulates the issue from the icons disseminated. A version "in transmission" from the dissemination of its signs. Daily life is reproduced with an aesthetic of war, such that, faced with these icons, each spectator interprets their own conflict. It is the struggle to be and to exist. Every day's chronicle.

www.ciadefoto.com.br

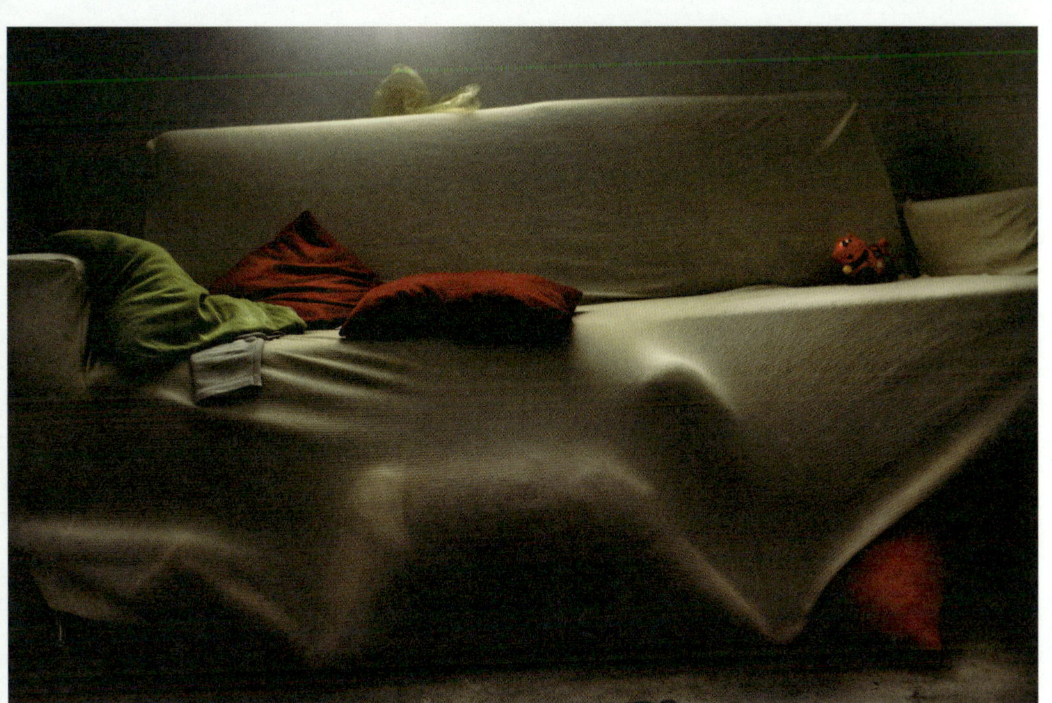

CIA DE FOTO

021

**SEBASTIÁN
CONEJO
GUTIÉRREZ**

D, DESCONOCIDOS
U, UNKNOWN

2009

1974
ESPAÑA
SPAIN

Instalado en Barcelona, se forma como fotógrafo realizando cursos de fotografía en el Instituto de Estudios Fotográficos de Cataluña, además de realizar talleres con diferentes artistas. Su obra se ha expuesto individualmente en salas de Barcelona y en la Universidad de Cádiz, entre otras.

D, Desconocidos, 2009. Las letras D/P, diligencias previas, marcan las lápidas de los nichos del cementerio de Algeciras donde están enterrados los inmigrantes sin identificar que perdieron la vida en el mar cuando intentaban alcanzar la costa española. Hasta 2007 se calcula que en los cementerios españoles había enterrados más de 350 africanos anónimos de los que no se conocían el nombre, la edad o la procedencia. Estas tristes tumbas son la huella visible de una cruda realidad, y es que según la Asociación Proderechos Humanos de Andalucía sólo en 2007 pudieron perder la vida 3.500 inmigrantes intentando llegar a las costas españolas.

Based in Barcelona, he trained as a photographer attending photography courses at the Instituto de Estudios Fotográfico de Cataluña at the CEV, and participating in workshops with various artists. His work has been exhibited individually in halls in Barcelona and at the University of Cádiz, among other venues.

U, Unknown, 2009. The letters D/P, *diligencias previas* (preliminary proceedings), can be seen on the stones of the niches at the Algeciras cemetery, where the unidentified immigrants who lost their lives out at sea in their attempt to reach the Spanish coastline are buried. Up to 2007, as many as 350 anonymous Africans, whose names, place of origin and age were unknown, were thought to be buried in Spanish graveyards. These sad tombs are the visible mark of a crude reality, where, according to the Association for Human Rights in Andalusia, approximately 3500 immigrants might have lost their lives just in 2007, trying to reach Spanish shores.

www.sebastianconejo.com

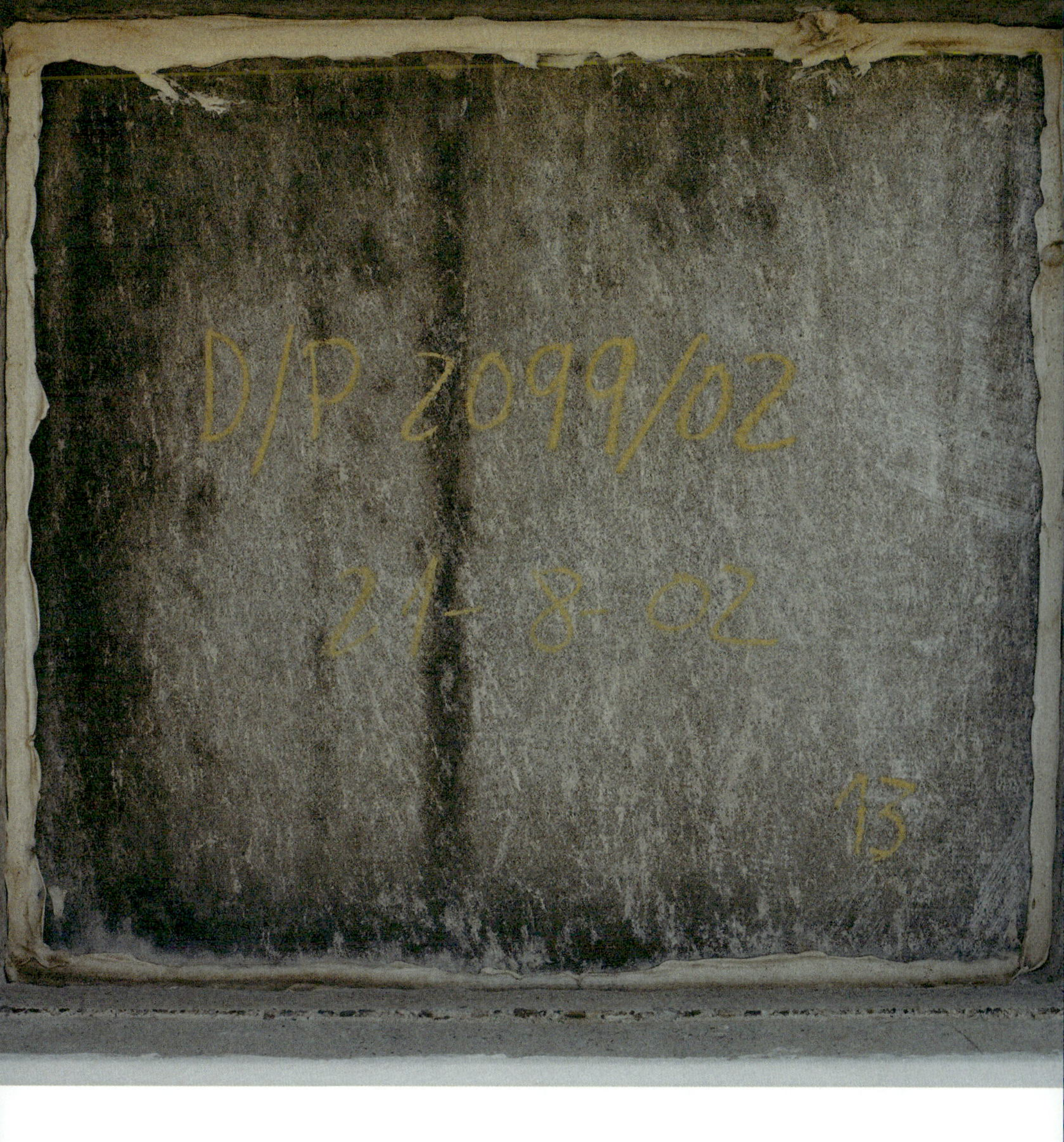

SEBASTIÁN CONEJO GUTIÉRREZ

**LIVIA
CORONA**

**DE PERSONAS
Y CASAS**
OF PEOPLE
AND HOUSES

2009

1975
MÉXICO
VIVE EN
ESTADOS UNIDOS
MEXICO
RESIDES IN THE
UNITED STATES

Graduada en el Art Center College of Design de Nueva York y becada por el John Simon Guggenheim. Su trabajo actual toca temas relacionados con la sociología mexicana, la convivencia y las relaciones vecinales.

De personas y casas, 2009, es un ejemplo de cómo la artista entreteje las diversas categorías en las que realiza su trabajo. Pasando del fotoperiodismo a la ficción, sus fotografías muestran en qué medida un fotógrafo es capaz de actuar en un entorno social, creando no sólo ilustraciones, sino activando y comprometiendo al espectador desde su personal punto de vista. Sus «historias» muestran a través de las fotografías las peculiaridades de los protagonistas, sus características y la atmósfera de sus espacios.

Graduated from the Art Center College of Design in New York and recipient of a scholarship by the John Simon Guggenheim. Her work deals with issues related to Mexican sociology, coexistence and neighborly relations.

Of People and Houses, 2009, is an example of the way in which the artist entwines the different disciplines involved in her work, ranging from photojournalism to fiction; her photographs show the extent to which a photographer can act within a social surrounding, creating not only illusions, but activating and engaging the spectator from her personal point of view. Through the photographs, her "histories" display the peculiarities of their protagonists, their special characteristics, and the atmosphere of the spaces.

www.liviacorona.com

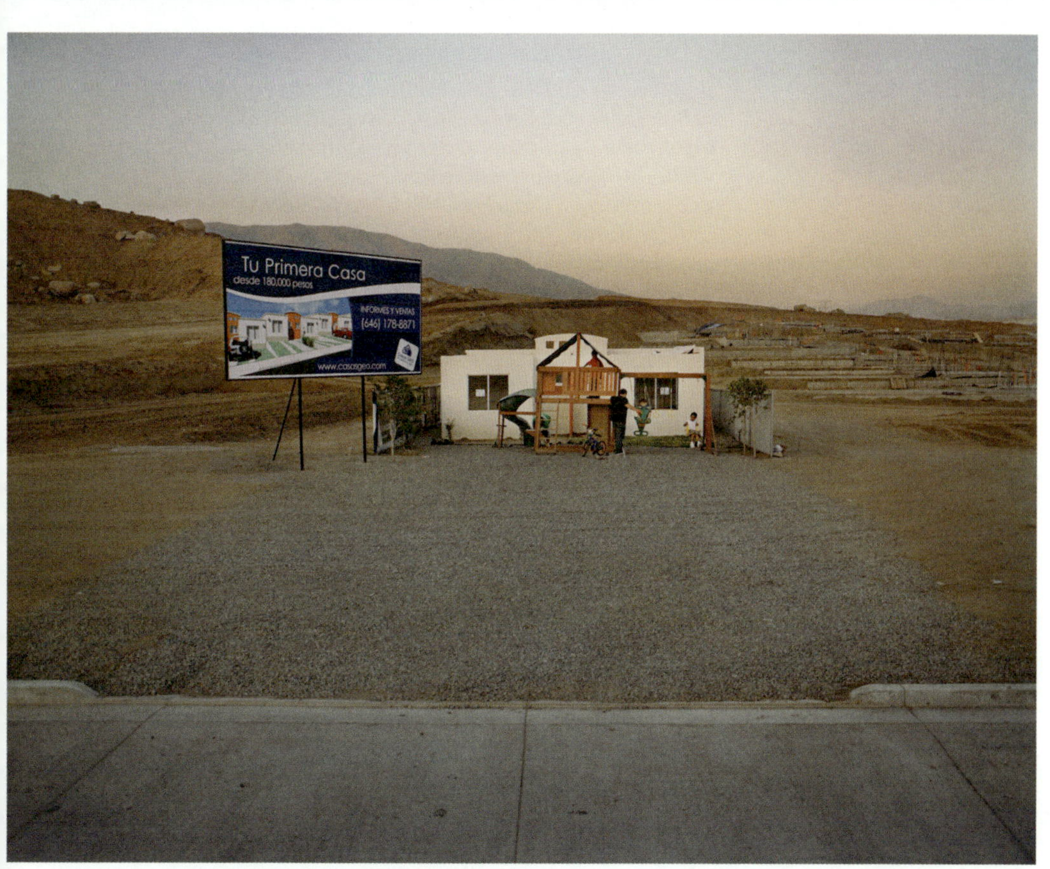

 LIVIA CORONA

#023

**TOMÁS
CORREA
GUIMERÁ**

COTIDIANA
EVERYDAY

2009

1974
ESPAÑA
SPAIN

Después de realizar los estudios de Imagen y Sonido, se trasladó a Berlín donde profundizó en la rama de fotografía. Ha sido ganador en varios concursos fotográficos y ha realizado diversas exposiciones individuales y colectivas en Canarias, Madeira y Azores.

Cotidiana, 2009, es un proyecto con el que se pretende profundizar en las diferencias y similitudes de las vidas de una persona con Síndrome de Down y de otra persona sin este trastorno genético. En la serie se presenta una «rutina impuesta». Una vida cargada de actividades que transmite tranquilidad y seguridad, aunque la posibilidad de evolución queda algo diluida. Con sus imágenes el artista se pregunta si es eso realmente lo que una persona con Síndrome de Down anhela en su vida, si desean llevar una vida como la del resto. El proyecto se complementa con un blog en el que se recoge la vida cotidiana de la protagonista de la historia: www.cotidiana.org

Following studies in Sound and Image, he moved to Berlin, where he furthered his interest in the field of photography. He has won several photography competitions and has held various solo and group exhibitions in the Canary Islands, Madeira and the Azores.

Everyday, 2009, aims to delve into the similitude and differences in the lives of a person with Down syndrome and another person without the genetic disorder. The series portrays an "imposed routine." A life filled with activities, which projects tranquility and safety, even though the prospect of evolving remains somewhat diluted. Through his images, the artist queries whether that is what someone suffering from Down Syndrome really wants, whether they long to lead a life like everyone else's. The project is complemented by a blog, where the daily life of the protagonist of the tale is recorded: www.cotidiana.org.

www.tomascorrea.com

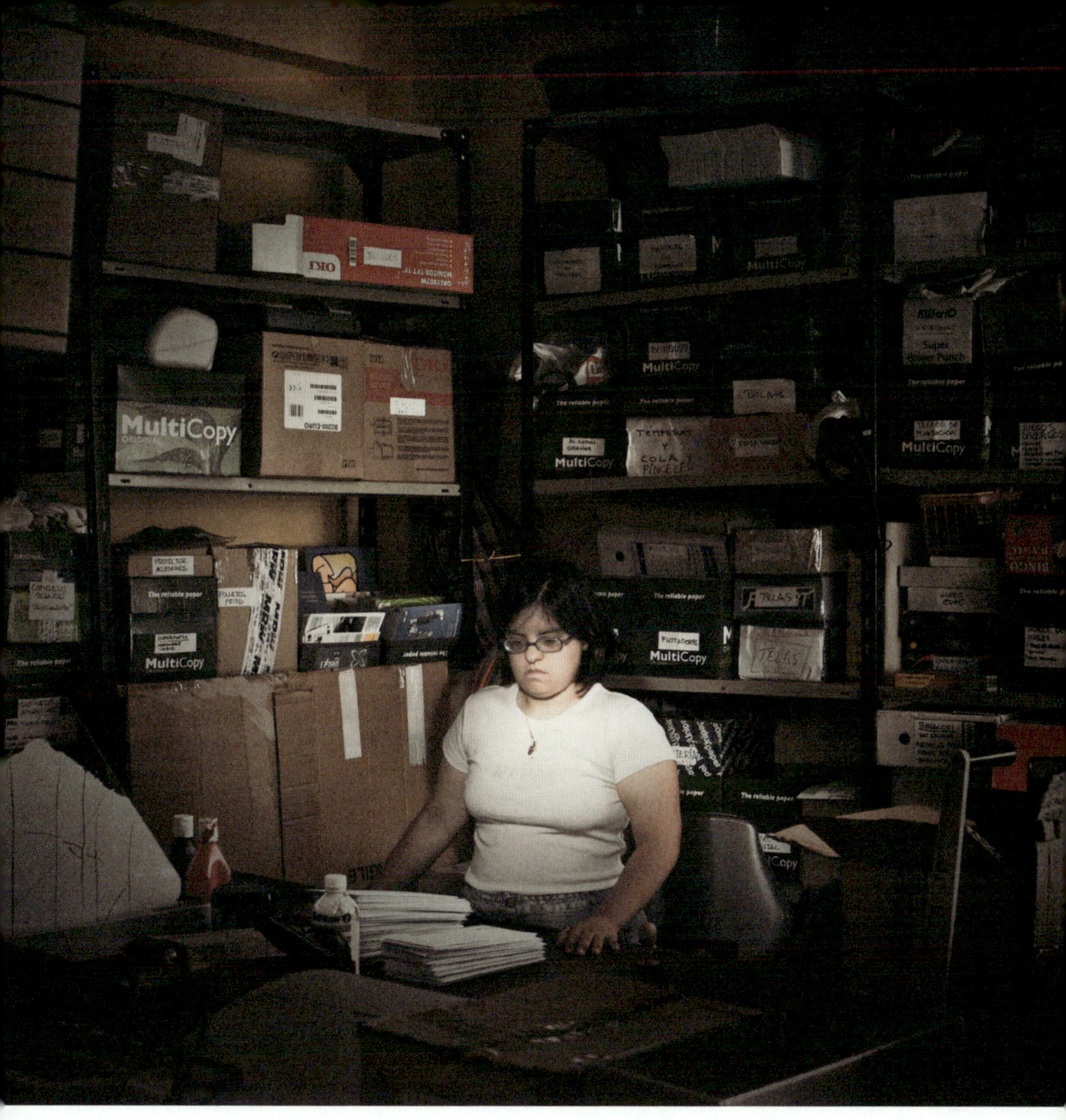

TOMÁS CORREA GUIMERÁ

PATRICIO CROOKER

GUERREROS
WARRIORS

2009

1975
BOLIVIA

Es graduado en periodismo por la Texas Christian University. En ese estado empezó también su actividad profesional como fotoperiodista y ganó diferentes premios y menciones. Crooker ha participado en varias exposiciones individuales y colectivas, tanto en Bolivia, como en Estados Unidos y Brasil.

El punto de partida para *Guerreros* fue realizar un retrato colectivo de los 1.800 excombatientes de la Guerra del Chaco que todavía vivían en Bolivia cuando comenzó el proyecto en el 2005. La mayoría tenía entonces más de 90 años. La idea era rendir un homenaje a estos hombres que defendieron su país, pero además estas imágenes muestran la diversidad de Bolivia y de su gente. Estas fotografías no sólo muestran rostros de una generación sino también una mentalidad que está en extinción y que ha sido protagonista de los grandes cambios que viene viviendo Bolivia desde el siglo XX.

Graduated in Journalism from the Texas Christian University, where he started his professional career as a photojournalist and was awarded various prizes and recognitions. Crooker has held several solo and group exhibitions, both in Bolivia, as well as in the United States and in Brazil.

The starting point of *Warriors* was making a group portrait of the 1800 former militiamen of the Chaco War, most of them already in their 90s, who still lived all over Bolivia at the time of the beginning of the project, in 2005. The idea was to pay tribute to these men who fought for the defense of their country, but most of all, these images show the diversity that exists in Bolivia and its people. These photographs not only display the faces of a generation, they also reveal a mentality that faces extinction, and that has featured as protagonist of the great changes that Bolivia has experienced since the XX century.

www.patriciocrooker.com

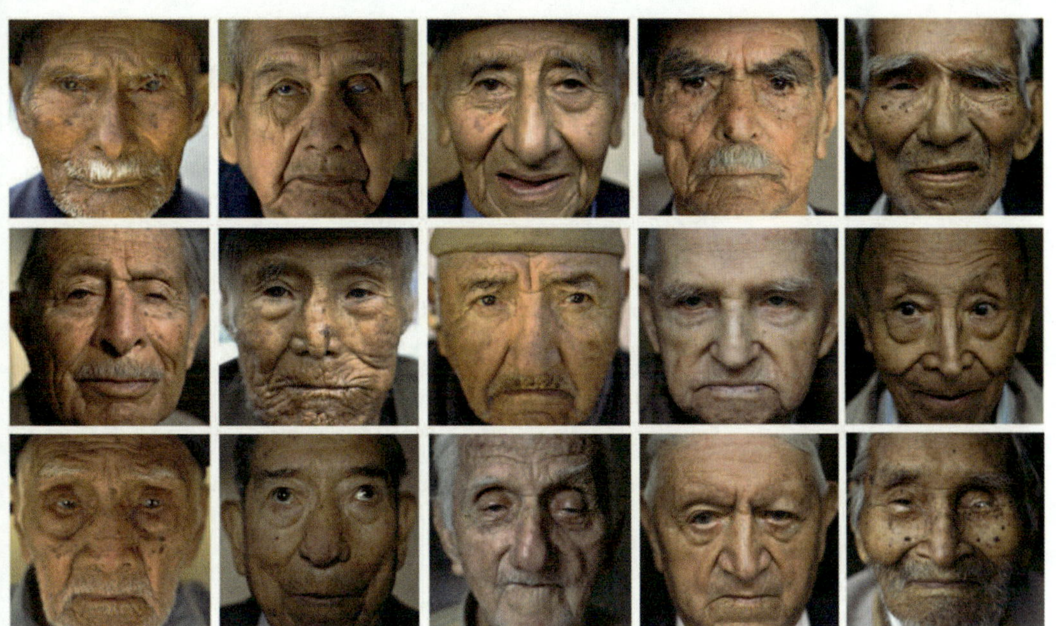

PATRICIO CROOKER

025

**RODRIGO
CRUZ**

**VIOLENCIA
EN MÉXICO**
VIOLENCE IN
MEXICO

2009

1974
MÉXICO
MEXICO

Licenciado en Artes Visuales en la Universidad Nacional Autónoma de México, ha participado en el proyecto expositivo y editorial *Laberinto de Miradas: Fricciones y Conflictos en Iberoamérica* organizado por la Casa América Cataluña y la Agencia Española de Cooperación Internacional para el Desarrollo-AECID. Su obra se ha publicado en prestigiosos diarios como *The Wall Street Journal* o la edición española de *National Geographic*.

Violencia en México, 2009: Este reportaje aparentemente muestra el día a día de lo que se ve y escucha en los medios impresos y la televisión en México, pero de fondo, aborda un problema que parece endémico en este país y que ha tomado gran protagonismo desde que el presidente Felipe Calderón declaró la guerra a los cárteles de la droga que habían sitiado al país. Desde el 2006, varias ciudades de México se convirtieron en epicentro de este conflicto violento y prolongado entre los cárteles de la droga, los traficantes de personas, la policía, los agentes federales y los ciudadanos que todos los días se encuentran atrapados y en la mayoría de los casos indefensos.

Graduated from Visual Arts from the Universidad Nacional Autónoma in Mexico, he has been part of the exhibition and publishing project *Laberinto de Miradas: Fricciones y Conflictos en Iberoamérica*, organized by the Casa América Cataluña and the Agencia Española de Cooperación Internacional para el Desarrollo-AECID. His work has been published in renowned publications such as *The Wall Street Journal* and the Spanish version of *National Geographic*.

Violence in Mexico, 2009. Seemingly, this report displays what can be seen and heard in the TV and print media in Mexico on a daily basis, but beyond that, it addresses a problem that appears to be endemic in the country and that has adopted center stage ever since President Felipe Calderón declared war on the drug cartels that had besieged the country. Since 2006 several cities in Mexico have become the epicenter of this violent and prolonged conflict between drug cartels, human traffickers, the police, federal agents and citizens, who everyday find themselves trapped and, most of the time, helpless.

www.rodrigocruzphoto.com

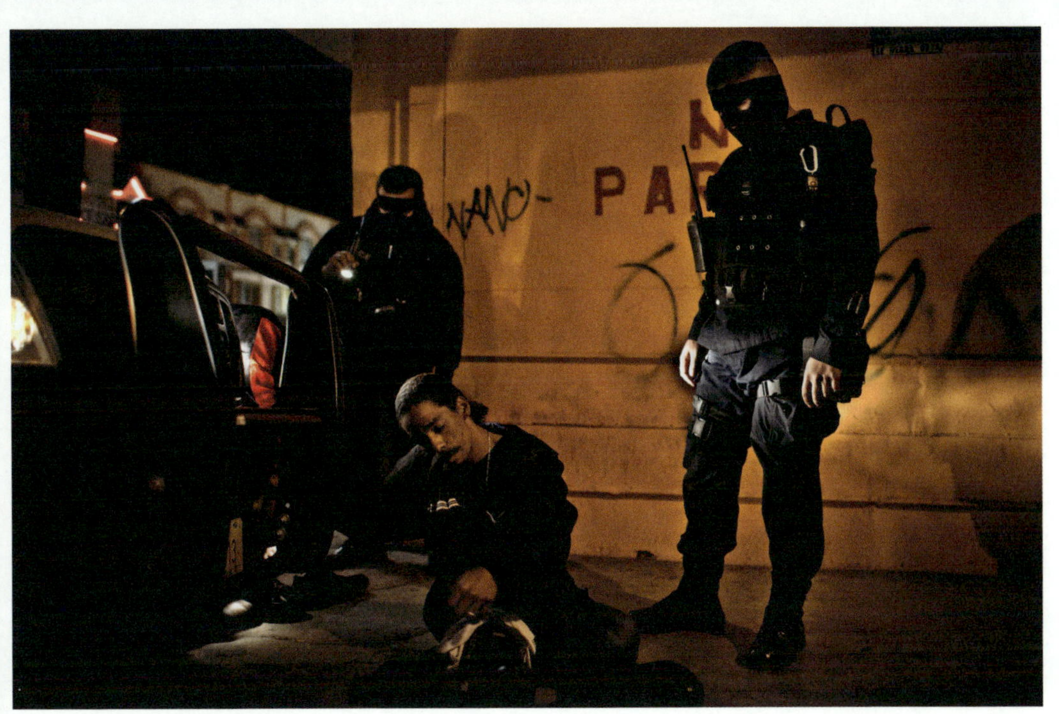

RODRIGO CRUZ

026

CUATRO MIRADAS

LIBROS DE RECUERDOS
MEMORY BOOK

2009

ESPAÑA
SPAIN

Cuatro Miradas es una ONG de reciente creación formada por cuatro periodistas y documentalistas. Su objetivo fundamental es usar el reportaje documental como una herramienta para acercarse a interpretaciones diferentes de nuestro entorno y cambiar las realidades injustas que se producen constantemente. Sus proyectos abarcan la problemática de países como Tanzania y Uganda y hablan de temas como las mafias que trafican con cuerpos, los enfermos de sida, el secuestro y el reclutamiento de mujeres, los refugiados de Tindouf o la malaria. En África, el SIDA ha abierto un gran hueco generacional, una pandemia que sigue hoy en día cobrándose miles de vidas.

Libros de recuerdos es parte de la respuesta que a través de _Nacwola_, una ONG de mujeres ugandesas, y _Kiwakuki_, una ONG de mujeres tanzanas, pretenden fomentar la autoconfianza entre los niños que quedan huerfanos.

Cuatro Miradas is a recently formed NGO, integrated by four journalists and documentary producers. Its primary objective is to use the documentary format as a tool to approach different interpretations about our surroundings and to change the unfair realities that constantly arise. Their projects deal with problems in countries such as Tanzania and Uganda and speak about issues such as organized crime dealing with bodies, people infected with AIDS, kidnappings and recruitment of women, refugees in Tindouf or malaria.

In Africa, AIDS has opened a wide generational gap, a pandemic that still today claims thousands of lives, and _Memory Book_ is part of the answer that, through Nacwola, an NGO of women from Uganda, and Kiwakuki, an NGO of women from Tanzania, seeks to build self-confidence among children who have been orphaned.

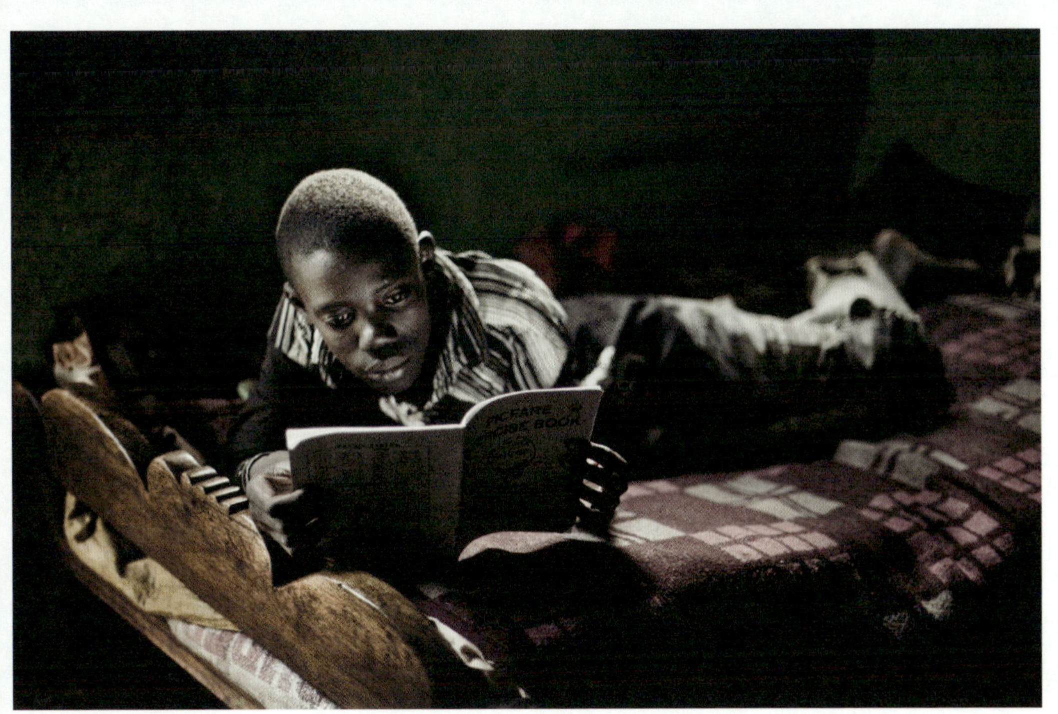

CUATRO MIRADAS

027

**MARIANA
D. SÁENZ**

DESPUÉS DE
ANTES
AFTER BEFORE

2009

1984
COSTA RICA

Licenciada en Fotografía en la Universidad Veritas de San José, Costa Rica, en 2009. Como experiencia laboral ha impartido talleres de fotografía y otras materias. Su obra se ha expuesto en muestras colectivas con el Colectivo Fotográfico Nómada (www.colectivonomada.com) y ha aparecido publicada en libros y catálogos, como el de la exposición en conmemoración del aniversario del Museo de Arte y Diseño Contemporáneo de San José.

Después de antes, 2009, es un ritual de búsqueda, propuesto por la autora, que remite a sensaciones relacionadas de forma directa con el corazón. Es la idea de crearle un espacio a lo que no tiene tiempo definido. Cargado de sensaciones como la desorientación y un cierto romanticismo por los espacios no resueltos.

Bachelor of Arts in Photography from the Universidad Veritas de San José de Costa Rica in 2009. In terms of work experience, she has delivered workshops about photography and other subjects. Her work has been displayed in group exhibitions with the Colectivo Fotográfico Nómada (Nomad Photography Group) (www.colectivonomada.com) and has been included in books and catalogues, such as the one accompanying the exhibition that took place to commemorate the anniversary of the creation of the Museo de Arte y Diseño Contemporáneo in San José, Costa Rica.

After Before, 2009, is a ritual of search put forward by the author, which refers to sensations directly related to the heart. It is an initiative to create a space for that which has no given time. Loaded with sensations such as disorientation and with a certain romanticism for unresolved spaces.

www.iremosviendo.blogspot.com

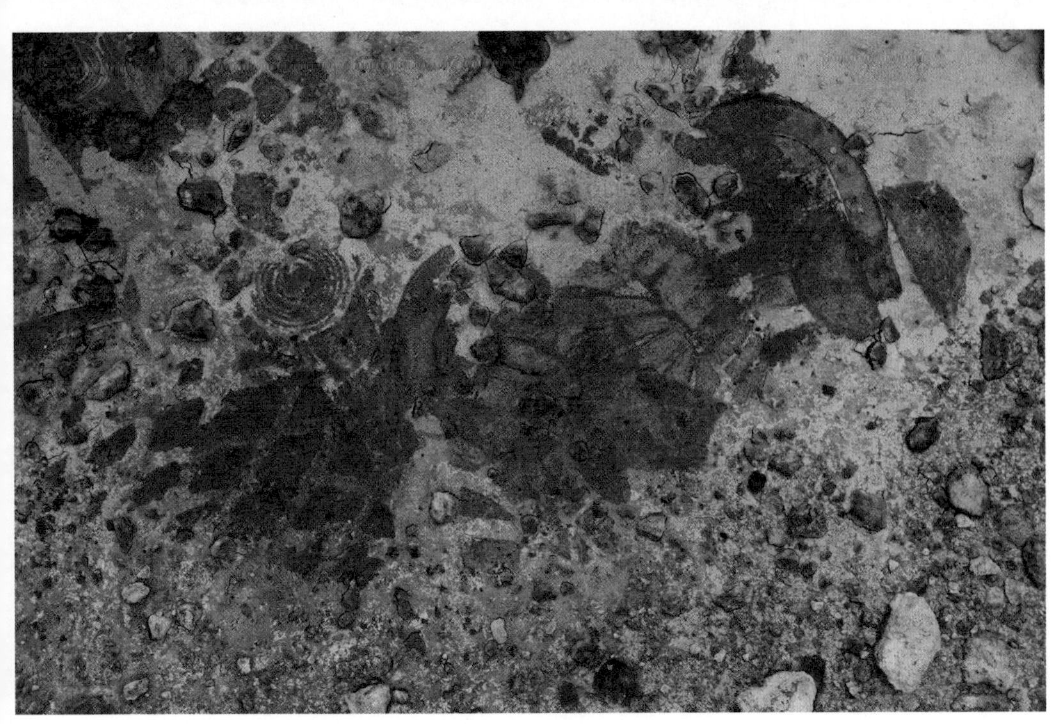

MARIANA D. SÁENZ

**CÉCILE
DECORNIQUET**

**INGENUAS
Y SEÑORAS**
INGENUES
& LADIES

2009

1983
FRANCIA
FRANCE

Su obra se ha expuesto en múltiples exposiciones colectivas e individuales, así como en diversos eventos como el Puls'Art 2010, International Manifestation of Contemporary Art, Le Mans, Francia y se ha visto recogida en diferentes publicaciones en Alemania, Francia, Corea y España.

Ingenuas y *señoras*: se trata de dos series que cuestionan los límites de la representación y muestran, como en un sueño, un mundo manchado de fantasía y poesía. Con una mirada que no es ni nostálgica ni melancólica, la artista viste y maquilla a estas pequeñas mujeres para fotografíarlas como si fuesen damas victorianas. Su mirada tiene la inspiración de los grandiosos retratos de Valérie Belin y, sin duda, de la magia del personaje de Caroll, Alice Liddell.

Her work has been displayed in various group and solo exhibitions, and in a number of events, such as Puls'Art 2010, International Manifestation of Contemporary Art, Le Mans, France; it has also been featured in an array of different publications in Germany, France, Korea and Spain.

Ingenues & Ladies are two series that question the limits of representation and that display, like in a dream, a world tainted with fantasy and poetry. Adopting a point of view that is neither nostalgic nor melancholy, the artist dresses and applies make-up on these tiny women in order to photograph them as if they were Victorian ladies. Her vision is inspired by the wonderful portraits of Valérie Belin and, no doubt, by the magic of Carroll's character, Alice Liddell.

www.cecileetlaurent.com

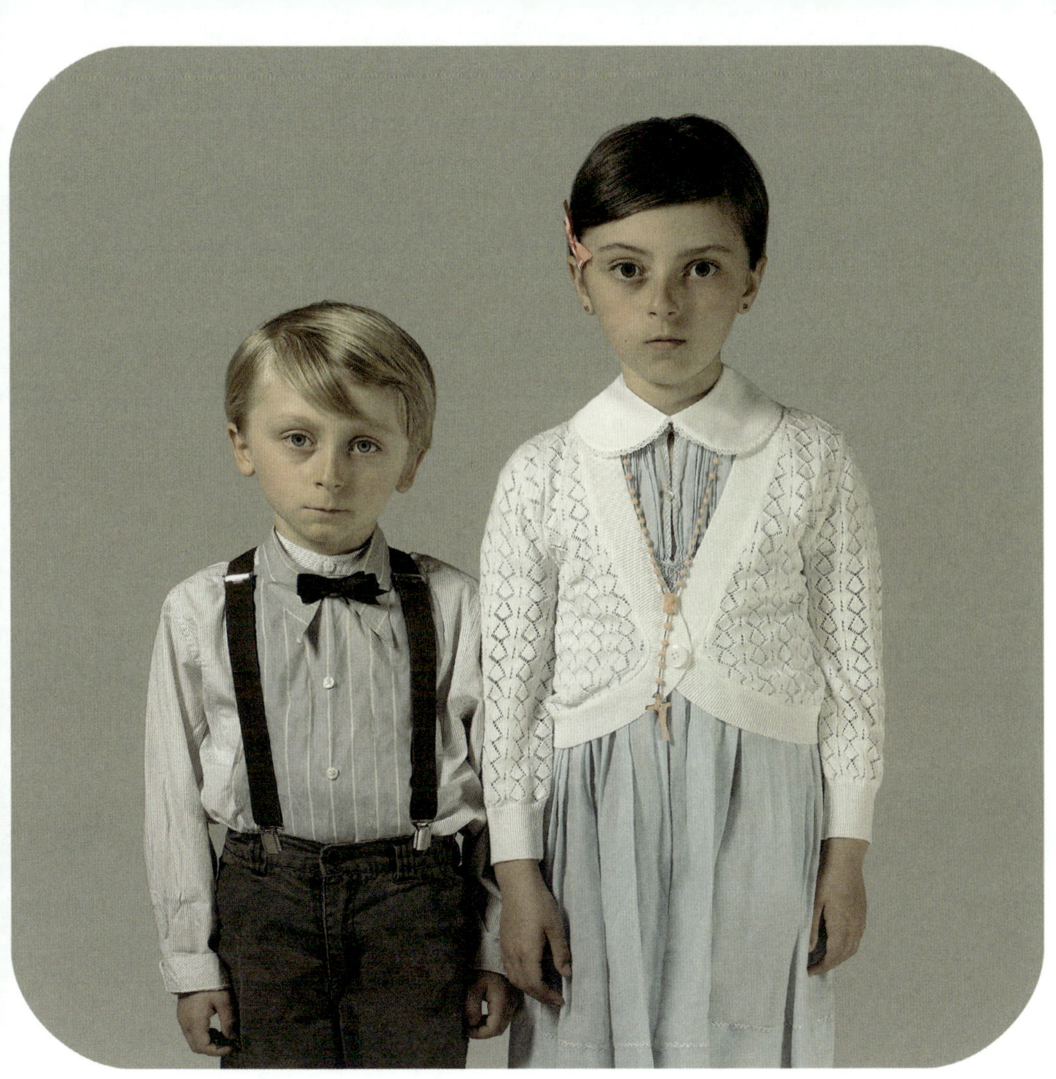

 CÉCILE DECORNIQUET

REFUGIO
SHELTER

2008

1972
ISRAEL
VIVE EN
ESTADOS UNIDOS
ISRAEL
RESIDES IN THE
UNITED STATES

Como fotógrafo independiente, colabora con revistas internacionales como *Newsweek, Glamour, Le Monde, The British Journal of Photography, fotoMAGAZIN* y *Stern*, entre otros, tocando siempre temas de carácter humanitario, sociales y culturales. Su obra se ha expuesto en Nueva York, Cleveland, Houston, Medellín y Düsseldorf.

Refugio, 2008, es una mirada sobre la vida de las personas que sufren las consecuencias de los conflictos bélicos. Civiles que se ven obligados a abandonar sus vidas, sus trabajos y sus hogares. Durante los últimos años un número creciente de refugiados africanos comenzaron a entrar en Israel con la esperanza de encontrar un futuro mejor. Los desplazados sortean un peligroso viaje por el desierto, con riesgo continuo de ser blanco de los disparos de los soldados egipcios cuando cruzan sus fronteras. Cerca de 18.000 refugiados viven en Israel. De ellos, unos 3.000 están en campos de refugiados. El resto encontró refugio en aldeas rurales y en las ciudades.

Collaborates as freelance photographer with international magazines, such as *Newsweek, Glamor, Le Monde, The British Journal of Photography, fotoMAGAZIN, Stern*, among others, always addressing humanitarian, social and cultural issues. His work has been exhibited in New York, Cleveland, Houston, Medellín and Düsseldorf.

Shelter, 2008, is a look at the life of people who suffer the consequences of armed conflicts. Civilians who are forced to abandon their lives, their jobs and their homes. In recent years, a rising number of African refugees have entered Israel in the hope of finding a better future. The people displaced negotiate a perilous journey through the desert, with the constant threat of being shot by Egyptian soldiers as they cross the border. Roughly 18,000 refugees live in Israel. Some 3,000 of them are in refugee camps, the others have found shelter in rural villages and in the cities.

www.natandvir.com

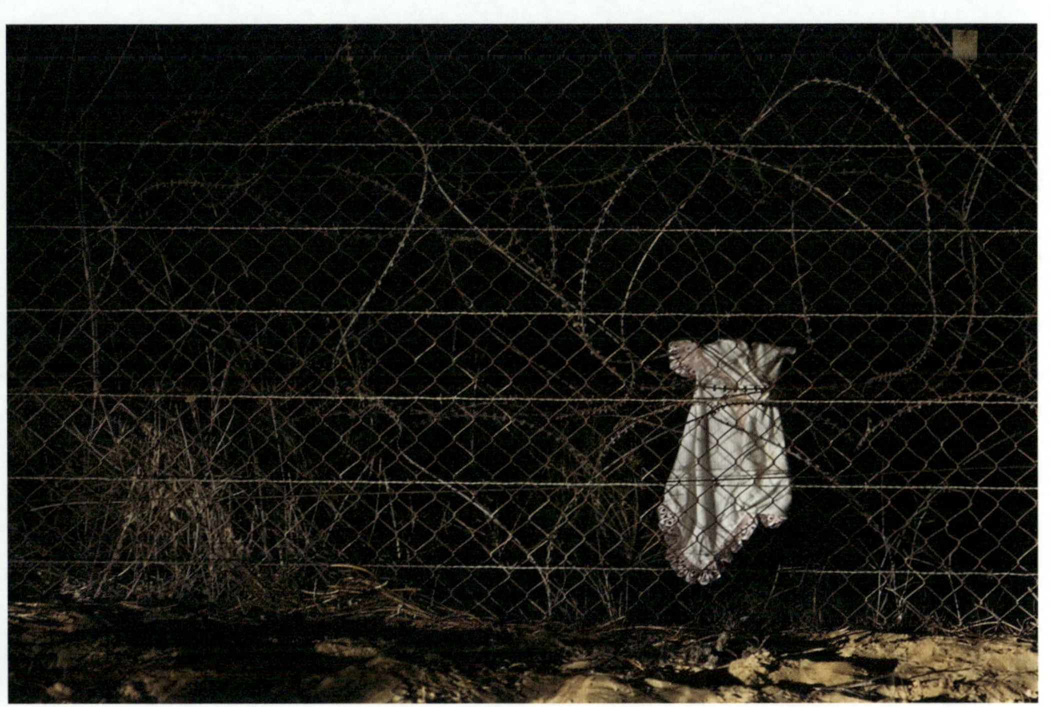

NATAN DVIR

**PETROS
EFSTATHIADIS**

LIPARO
LIPARO

2009

1980
GRECIA
GREECE

Licenciado en fotografía por la University for the Creative Arts, Farnham, Surrey, ha expuesto individualmente en Grecia y colectivamente en su país y en España.

Liparo, 2009, el título del proyecto, es el nombre de una pequeña localidad en el norte de Grecia. Las fotografías se basan tanto en eventos reales como en la surrealista vida diaria de la pequeña comunidad que pasa de lo real a los mitos, las fantásticas historias locales y los deseos no cumplidos. Algunos de los retratos parodian los antiguos estereotipos de retratos de estudio fotográfico, otros reflejan a los aldeanos con sus trajes de gala que contrastan absurdamente con el entorno rural. Los paisajes y los detalles de los aperos de labranza crean un clima pintoresco típicamente rural.

Graduated in Photography at the University for the Creative Arts, Farnham, Surrey, UK, he has held solo exhibitions in Greece and group exhibitions both in his native country and in Spain.

Liparo, 2009, owes its title to a small locality in northern Greece. The photographs use both real events and the surrealist routine of ordinary life in this small community, which ranges from the real to the mythic, with fantastic local tales and unfulfilled longings. Some of the portraits parody the ancient stereotype of photo-studio portraits; others reveal the villagers in their formal outfits, which contrast absurdly with their rural surroundings. Landscapes and details of the farming tools create a typically rural, picturesque climate.

www.pocproject.com

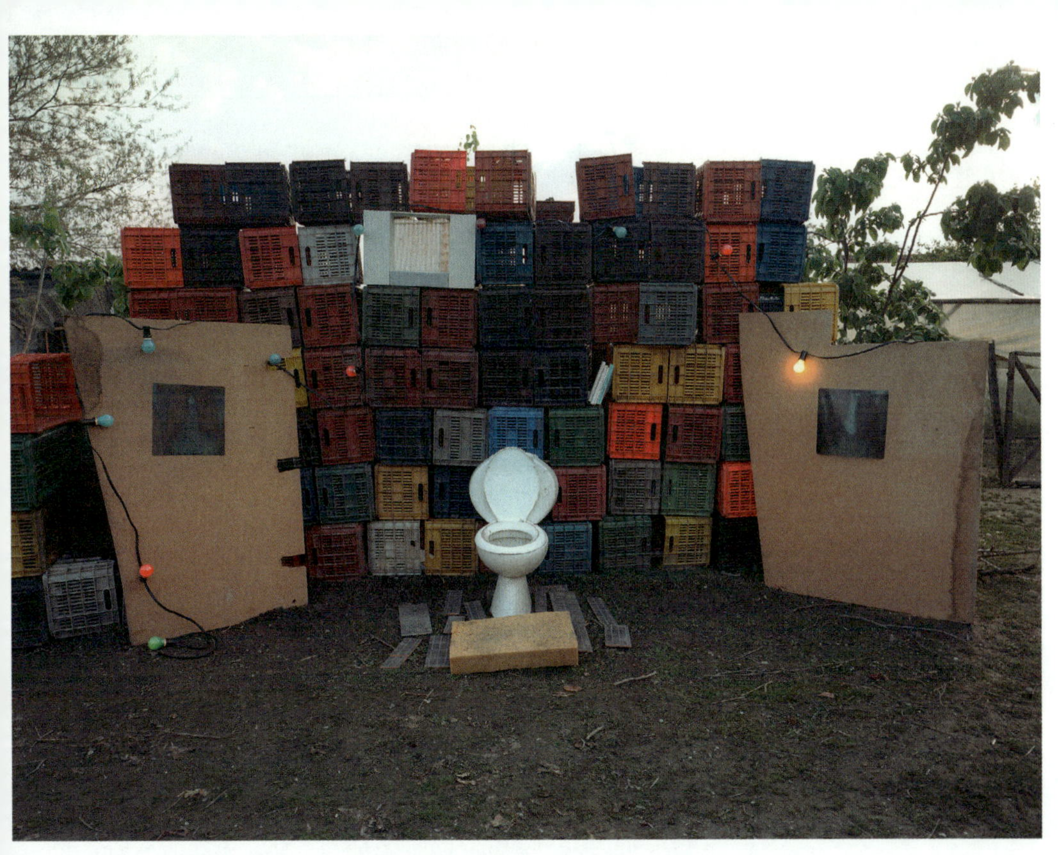

PETROS EFSTATHIADIS

031

**FABIÁN
ESPAÑA
RIVERA**

Estudió fotografía periodística en la Escuela de Comunicaciones Alpes en Santiago de Chile. Profesionalmente ha colaborado con los periódicos más significativos de la región de Coyhaique y ha sido corresponsal gráfico de los diarios *El Mercurio* y *La Tercera*, de Santiago de Chile. También ha trabajado para importantes instituciones en Coyhaique.

La balada de José y Valeria: Espacios escondidos, 2009, es un trabajo fotoperiodístico, en el cual una familia muestra, frente a la pobreza en la que viven, una serie de valores como la confianza o la amistad. El trabajo tiene el objetivo de transmitir con sus imágenes precisamente estos valores que a muchos le son desconocidos. El fotógrafo lo expresa así: «pone a prueba su capacidad de levantar el manto en los espacios escondidos, con la romántica esperanza, que surge de una balada viva, no cantada, de un anhelo común de superación y progreso en todos los ambientes socioculturales.»

Read Journalistic Photography at the Escuela de Comunicaciones Alpes in Santiago de Chile. In professional terms, he has collaborated with the most important newspapers in the Coyhaique region, and has acted as graphic reporter for the daily papers *El Mercurio* and *La Tercera*, in Santiago de Chile. He has also worked for important institutions at the Municipality of Coyhaique.

The Ballad of José and Valeria: Hidden Spaces, 2009, is a piece of photojournalism where a family displays strong values, such as trust and friendship, despite the state of poverty in which it is mired. The work aims to convey precisely these values, alien to so many, through its images. In the words of the photographer: "it puts to the test the capacity to lift the veil from hidden spaces, with the romantic expectation, raised from a living, unsung, ballad, to find a common longing for betterment and progress in all socio-cultural aspects."

www.flickr.com/photos/fabian_espaa

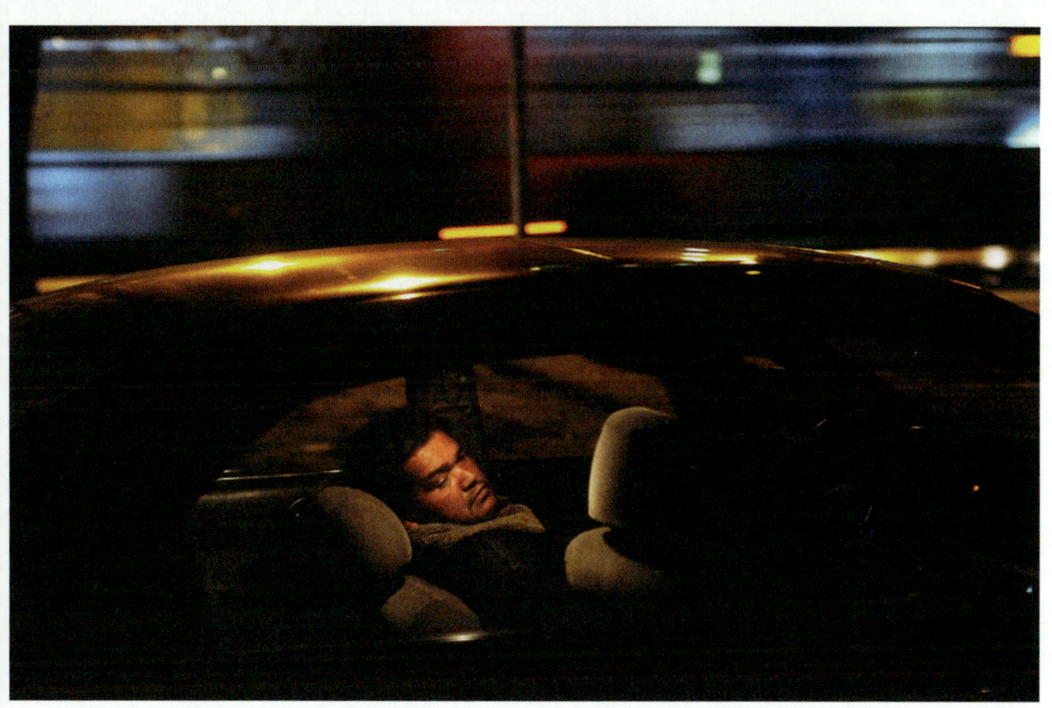

FABIÁN ESPAÑA RIVERA

032

**OLIVIER
FERMARIELLO**

**UN PARECIDO
DE FAMILIA**
FAMILY
RESEMBLANCE

2009

1975
ITALIA
VIVE EN
ALEMANIA
ITALY
RESIDES IN
GERMANY

Nacido en Italia, pero de origen francés, ha viajado y vivido en diferentes países europeos, por lo que es lógico que su trabajo verse sobre el tema de la identidad y la memoria, usando para ello el vídeo y la fotografía. Mira a los otros para tratar de autodefinirse, por lo que su trabajo fotográfico bascula entre la distancia y la intimidad.

Un parecido de familia, 2009, es un proyecto personal que trata de buscar respuestas sobre sus orígenes. Y de las diferentes influencias de culturas distintas que ha recibido en su crecimiento y en su desarrollo como persona. Como un homenaje privado a sus progenitores, la selección de imágenes cuenta la historia de sus orígenes ligados a lugares psicológica y emocionalmente.

Born in Italy from French ancestry, he has lived and traveled in various European countries, which explains his work's focus on the issues of identity and memory, using to that effect both video and photographs. He looks at others to try to define himself. Hence, his photography is poised between intimacy and distance.

Family Resemblance, 2009, seeks to find answers about his origins. The different influences he has received from various cultures throughout his development as a person. As a private tribute to his progenitors, the selection of images tells the story of his origins, psychologically and emotionally linked to places.

www.olivierfermariello.com

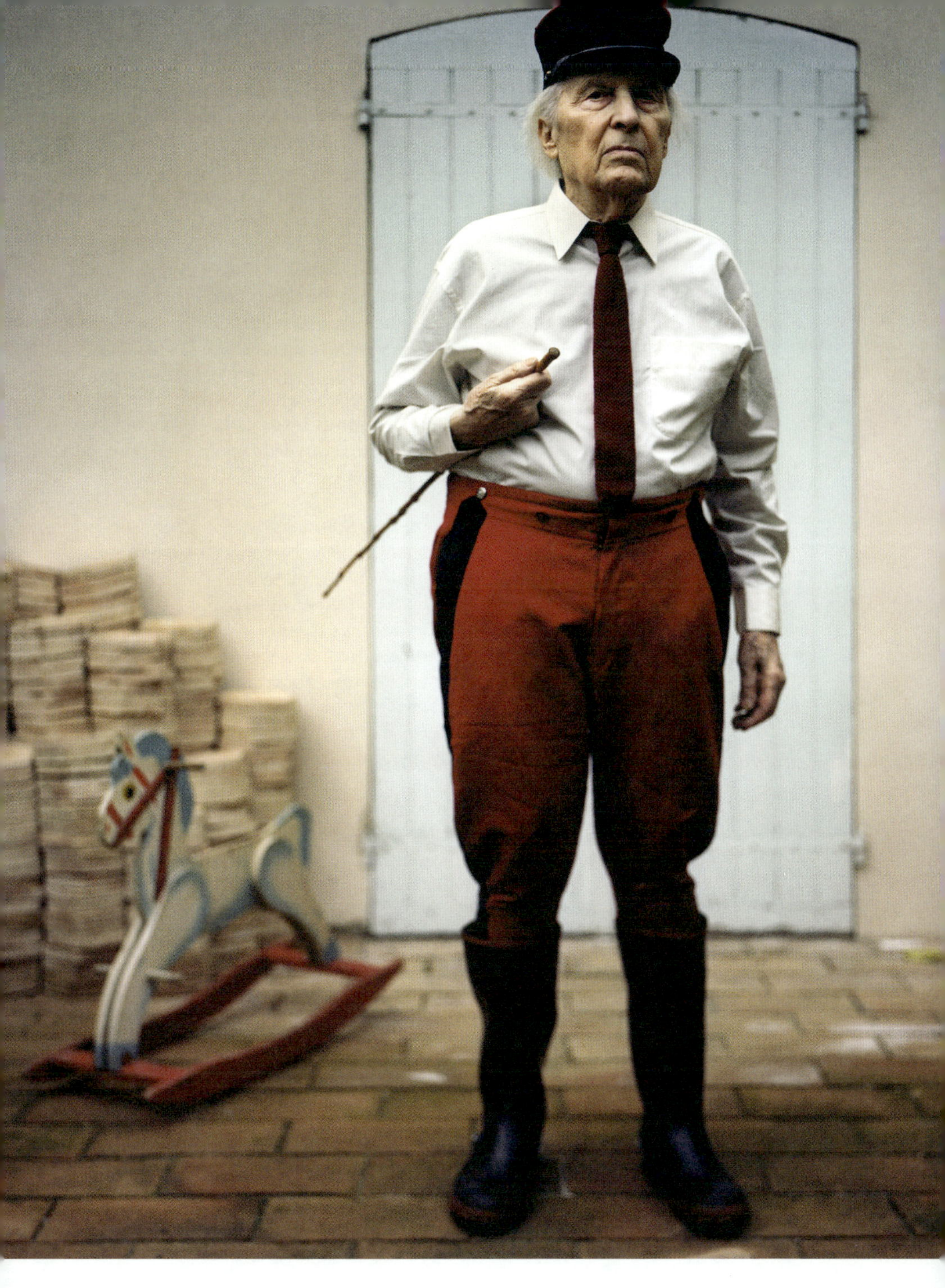

OLIVIER FERMARIELLO

033

**EMMANUEL
FERNÁNDEZ**

**ENSAYO
DEL CALOR
Y HUMANOS**
ESSAY ON
COLOR AND
HUMANS

2007

1985
ARGENTINA

Fotoperiodista argentino que inició sus estudios en la Asociación de Reporteros Gráficos de la República Argentina. En la actualidad colabora con diversos medios de su país como el diario *La Nación*, *Diarios y Noticias* y *Telam*, entre otros.

Su proyecto *Ensayo del calor y humanos*, 2007, va acompañado de un fragmento del cuento *La casa de Asterión* de Jorge Luis Borges que resume la idea del trabajo: «Sé que me acusan de soberbia, y tal vez de misantropía, y tal vez de locura. Tales acusaciones (que yo castigaré a su debido tiempo) son irrisorias. Es verdad que no salgo de mi casa, pero también es verdad que sus puertas (cuyo número es infinito) están abiertas día y noche a los hombres y también a los animales. Que entre el que quiera. No hallará pompas mujeriles aquí ni el bizarro aparato de los palacios, pero sí la quietud y la soledad».

Argentinean photojournalist who started his studies in photography at the Asociación de Reporteros Gráficos de la República Argentina. Presently he collaborates with various publications in Argentina, such as the newspaper *La Nación*, *Diarios y Noticias*, *Telam*, among others.

His 2007 project *Essay on Heat and Humans* is accompanied by a fragment of Jorge Luis Borges' short story *The House of Asterion* (*La casa de Asterión*), which reveals in a nutshell the concept behind the piece: "I know I'm accused of arrogance, perhaps also misanthropy, and perhaps madness. Such accusations (which I shall punish in due course) are laughable. It is true I don't leave my house, but it is also true that its doors (the number of which is infinite) are open day and night to men and also to animals. May anyone who wishes to enter come through. Here you will find not womanish pomp, nor the bizarre workings of palaces, but quiet and solitude."

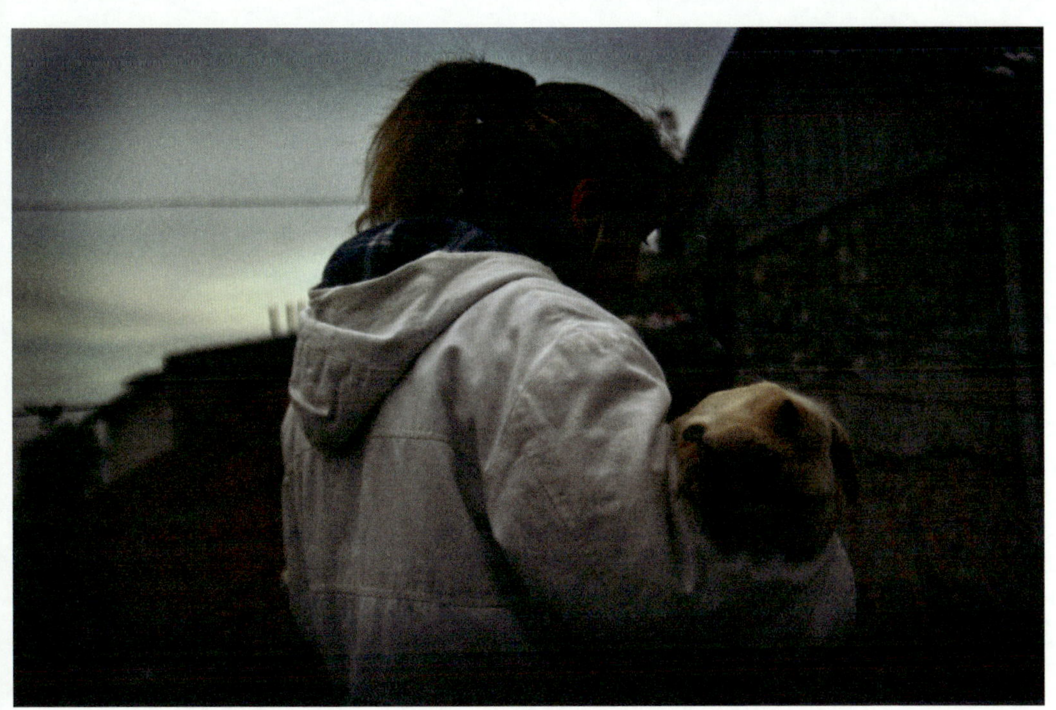

EMMANUEL FERNÁNDEZ

MARCO FERRARIS

**EL FIN DE
LA REALIDAD**
END OF REALITY

2009

1978
ITALIA
ITALY

Graduado en Psicología en Italia y con una tesis sobre la percepción visual, ha practicado siempre la fotografía por pasión y por aprendizaje. Ha completado su formación realizando estudios de iluminación profesional en EFTI, Madrid. Su actividad profesional comenzó como retratista y haciendo reportajes. Su trabajo artístico se ha expuesto desde el 2005 asiduamente en varias sedes italianas.

El fin de la realidad nació con el deseo de discernir la cuestión entre realidad y ficción en la fotografía. La serie completa consiste en 80 imágenes presentadas en dípticos que crean asociaciones entre imágenes de personas reales que se vinculan con modelos que posan simulando acciones que se vuelven sombras en una nueva realidad.

Graduated in Psychology in Italy with a thesis about visual perception, he has always practiced photography as a passion and a means of learning. He completed his training when he studied Professional Lighting at the EFTI in Madrid. His professional activity began as a portraitist and covering stories. His artistic work has been exhibited frequently in Italy since 2005 in different venues.

End of Reality, 2009. This project began with the desire to determine the issues between reality and fiction in photography. The series consists of 80 images presented in the form of diptychs that create associations between images of real people which are linked to models who pose, simulating actions that become shadows in a new reality.

www.marcoferraris.it

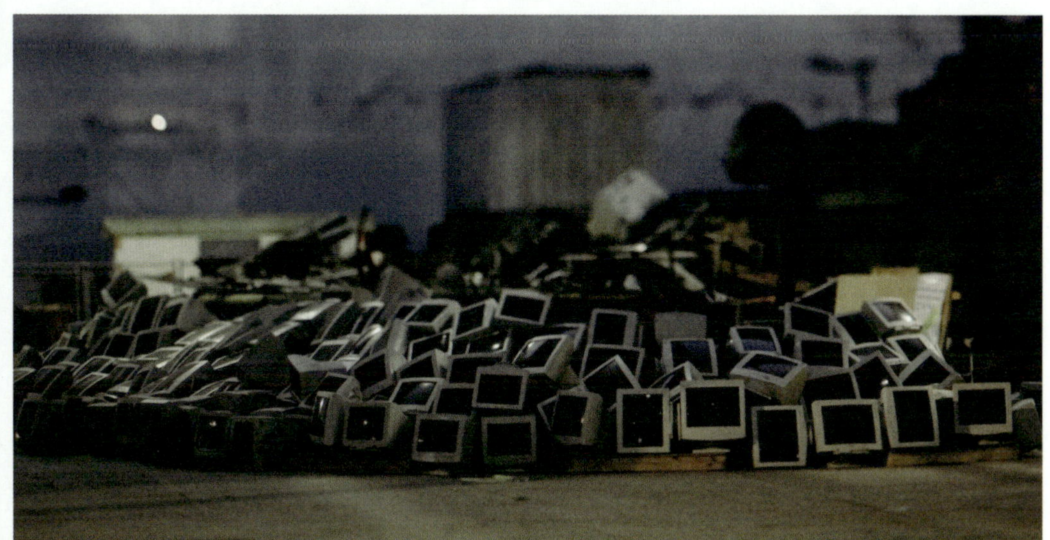

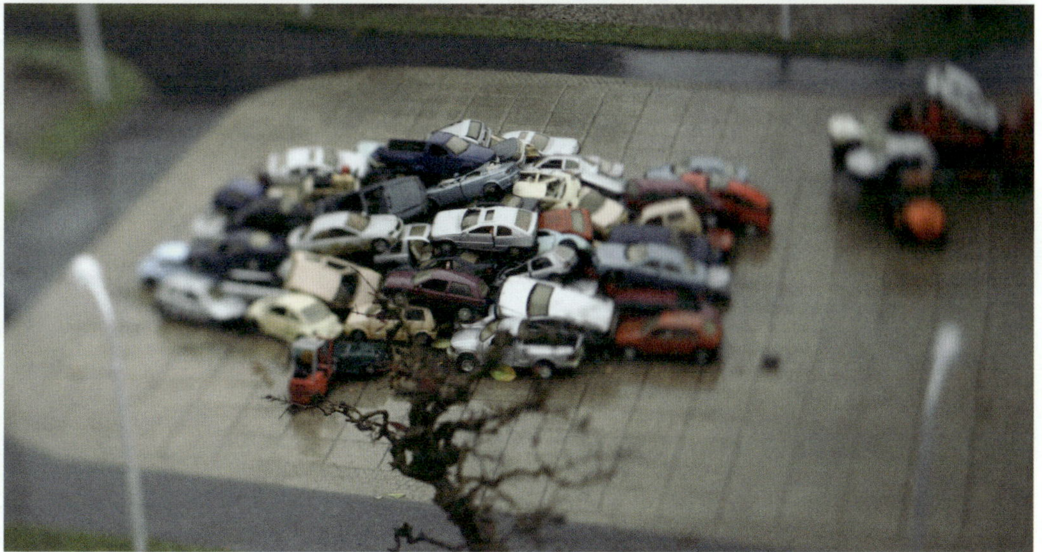

MARCO FERRARIS

#035

**HARRY
FISCH
GABOR**

**CONVICTOS
Y OTRAS
HISTORIAS**
CONVICTS AND
OTHER STORIES

2009

1952
FRANCIA
VIVE EN ESPAÑA
FRANCE
RESIDES IN SPAIN

Fotógrafo autodidacta, formado en la fotografía analógica en los años 70, retoma su actividad en los 90 con la aparición de las técnicas de fotografía digital.

Convictos y otras historias es una serie que retrata el mundo de los presidiarios, sus miradas perdidas, la tristeza amenazante. Se trata de un *reality* en el que las imágenes contienen la verdad del momento en el que el ser humano se enfrenta a su nueva condición de convicto. Es una exploración de la emoción que genera la autenticidad fotográfica junto con la impostura de la manipulación digital. Retratos des-compuestos formados por retazos de imágenes reales de presos en los que partes de diferentes individuos se componen en un nuevo retrato robot. Los retratos de convictos ('Mug Shots' en la terminología americana) son tradición en la cultura anglosajona en la que el derecho a la información — quiénes son los convictos y qué aspecto tienen — prima sobre el derecho a la intimidad.

Self-taught photographer, trained in analog photography of the 70s, he resumed his career in the 90s, with the irruption of digital photography techniques.

Convicts and Other Stories. The series depicts the world of inmates, their lost gazes, the threatening sadness. It is a "reality show" whose images contain the truth of the moment when a human being faces his/her new condition as a convict. The exploration of the emotion produced by the authenticity of the photograph along with the deceit produced by digital manipulation. De-composed portraits formed by pieces of real images of convicted inmates, where portions of different individuals combine to create a new robot portrait. Pictures of convicts (known as 'Mug Shots' in America), are a tradition in Anglo-Saxon culture, where the right to be informed — of the identity and aspect of the convicts — goes before the right to have privacy.

www.harryfisch.zenfolio.com

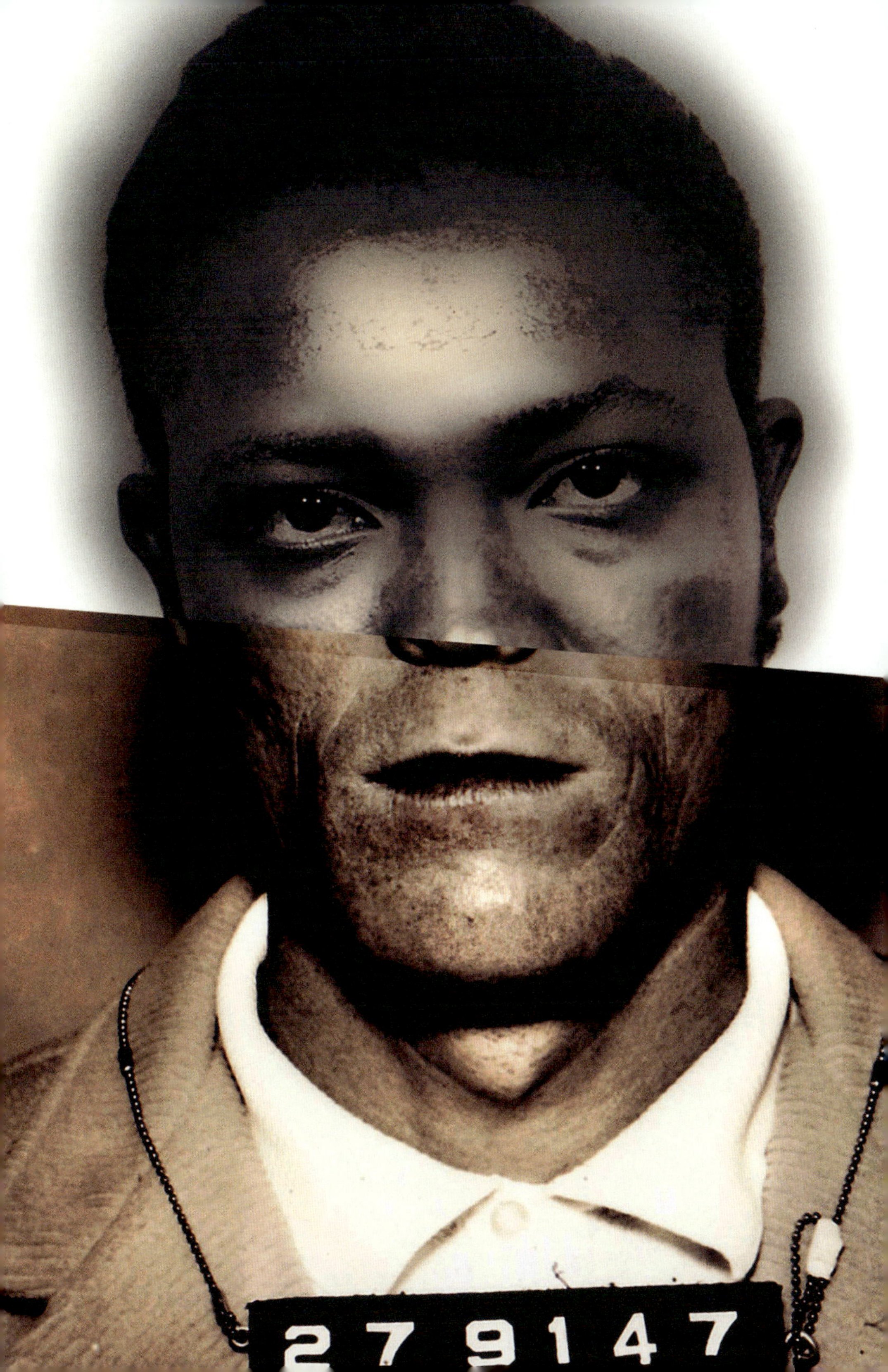

279147

MIKE FLEMING

POR SI ACASO UNA VEZ MÁS
ONE MORE TIME FOR JUST-IN-CASE

2009

1980
ESTADOS UNIDOS
UNITED STATES

Licenciado en fotografía en la Drexel University, Philadelphia, Estados Unidos, ha trabajado como fotógráfo oficial del Philadelphia Museum of Art, y como asistente, codirector y comisario en el estudio de fotógrafos profesionales. Su obra se ha visto publicada en revistas y en libros, entre los que podemos destacar *The Generational: Younger Than Jesus* publicado por Phaidon en 2009. Sus fotografías han sido expuestas en galerías de arte de Philadelphia y Nueva York.

Por si acaso una vez más, de 2009, es su trabajo actual en el que investiga la idea de que el mundo es demasiado infinito para poder ser comprendido por una persona. Estas fotografías modestas conmemoran lo minúsculo y lo microscópico, reclamando la importancia del impacto del individuo sobre un mundo cada vez más complejo y que avanza a una velocidad cegadora.

Graduated in Photography at Drexel University, Philadelphia, United States. He has worked as official photographer for the Philadelphia Museum of Art and as assistant, co-director and curator in studios of professional photographers. His work has been published in books and magazines, among which we should mention *The Generational: Younger Than Jesus* (Phaidon, 2009). His photographs have been exhibited in Philadelphia and New York in art galleries.

His current work, *One More Time For Just-In-Case*, 2009, looks into the idea of the world being too infinite for one person to comprehend it. These modest photographs pay tribute to the minute and the microscopic, asserting the importance of the impact of an individual upon an evermore complex world that moves forward at blinding speed.

www.mikeflemingphotography.com

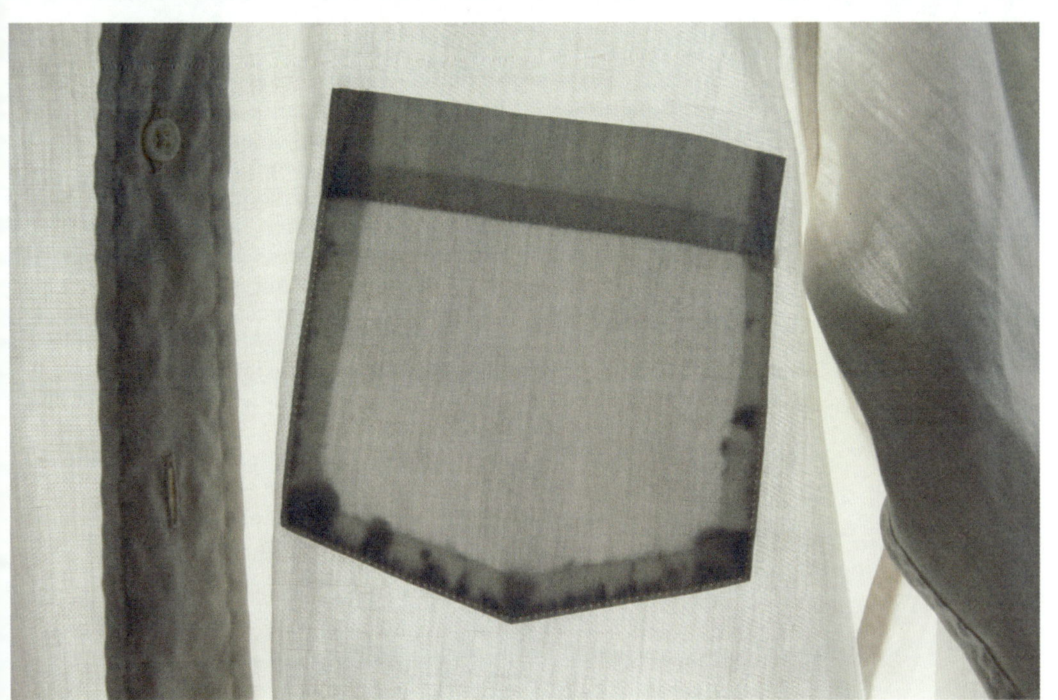

MIKE FLEMING

037

MARGARITA FRACTMAN

PERSIANA AMERICANA
WINDOW SHADES

2006

1974
ARGENTINA

Becada en 1996 para estudiar en el International Center of Photography (ICP), Nueva York, su trabajo se expuso en forma individual en la Alianza Francesa, y en la Fotogalería Milion, ambas en Buenos Aires, y participó de distintas muestras colectivas en Argentina y en México. Su trabajo forma parte de la colección del Museet for Fotokunst, Dinamarca. Ha recibido diferentes becas, entre ellas una del British Council. Profesionalmente alterna su colaboración con revistas internacionales con la docencia en Universidad de Palermo, Buenos Aires.

Persiana americana, 2006, trata de un juego fotográfico en el que la artista lleva al extremo la condición vouyerística de la fotografía, espiando a través de la persiana de su apartamento. Quieta en la oscuridad mirando por la rendija durante horas. «Me divertía -dice la artista- la idea de inmiscuirme en la vida cotidiana de la cuadra y sus sub-mundos, salir de cacería sin moverme, sin interferir en la escena.»

Recipient of a scholarship in 1996 to study at the International Center of Photography (ICP) in New York. Her work was displayed in a solo exhibition at the Alliance Française and at the Fotogalería Milion, both in Buenos Aires, and she was part in a number of group exhibitions in Mexico and in Argentina. Her work is included in the permanent collection of the Museet for Fotokunst in Denmark. She has been awarded several scholarships, among others by the British Council. In professional terms, she balances collaborations to international publications with her position as lecturer at the Universidad de Palermo in Buenos Aires.

Window Shades, 2006, is a photographic game in which the artist exploits the limits of the voyeuristic condition of photography, looking through the window shades in her apartment. Sitting still in the darkness, looking through the opening for hours. "I was drawn" — the artist confesses — "to the idea of getting involved in the daily life of the block and its sub-worlds, of going on a hunting trip without moving, without interfering in the scene."

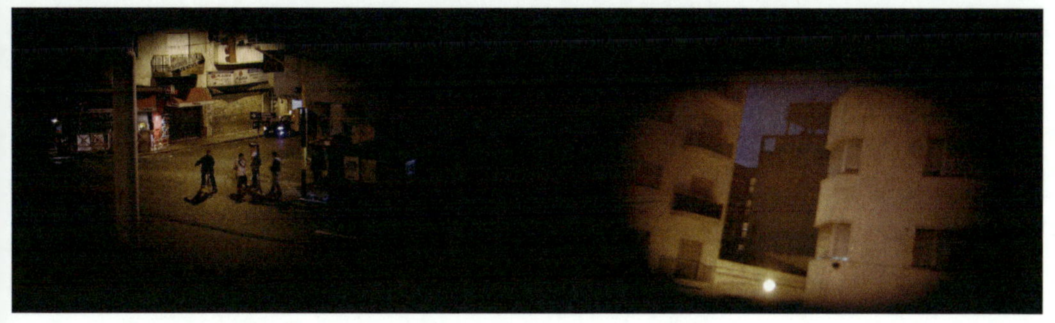

MARGARITA FRACTMAN

038

**SEBASTIÁN
FRIEDMAN**

**FAMILIA Y
DOMÉSTICA**
FAMILY AND
MAID

2003

1973
ARGENTINA

Su obra fotográfica se ha podido ver en varias exposiciones individuales y colectivas en Argentina, Indonesia, España, Estados Unidos, Alemania, Brasil y Bélgica, en sedes como la Biblioteca Nacional de Argentina, el Center for Photography en Woodstock, el Instituto Iberoamericano de Berlín o el Instituto Cervantes de Bélgica. Ha sido premiado en varias ocasiones en certámenes, en becas y en residencias de artistas.

Familia y doméstica, 2003, es una serie que reflexiona sobre el rol que desempeñan las asistentas del hogar. El empleo doméstico es una instancia laboral única, donde empleador y empleada conviven bajo un mismo techo y donde inevitablemente circula el afecto. En la serie, la frase «es como de la familia» funciona como leit motiv ya que encierra la verdadera fragilidad del vínculo. En los retratos vemos a la empleada doméstica en dos de sus universos, el de su familia laboral y el de su propia familia.

His photography has been displayed in several solo and group exhibitions in Argentina, Indonesia, Spain, United States, Germany, Brazil and Belgium, in venues such as the National Library in Argentina, the Center for Photography in Woodstock, United States, the Instituto Iberoamericano in Berlin or the Instituto Cervantes in Belgium. He has been rewarded repeatedly in contests, scholarships and artist's residences.

Family and Maid, 2003, is a series that reflects about the role of housemaids. Housekeeping is a unique instance of labor, where employer and employee cohabit under the same roof and where, inevitably, affection ensues. The sentence "part of the family" works as a *leitmotiv* in the series, since it comprises the true fragility of the bond. In the portraits we see the housemaid in two of her universes, the one that corresponds to her work-family, and the one that corresponds to her own family.

www.sebastianfriedman.com

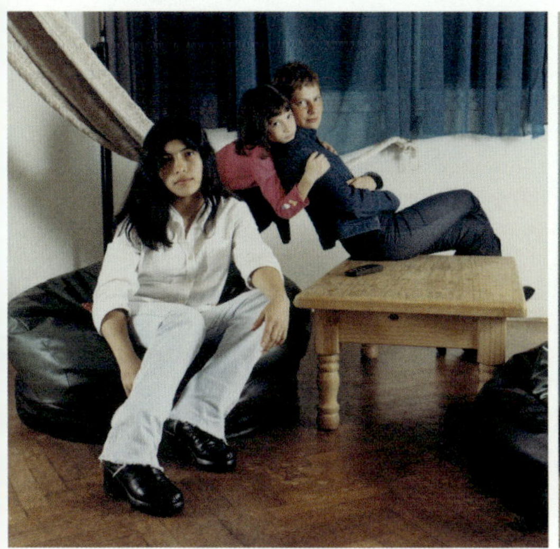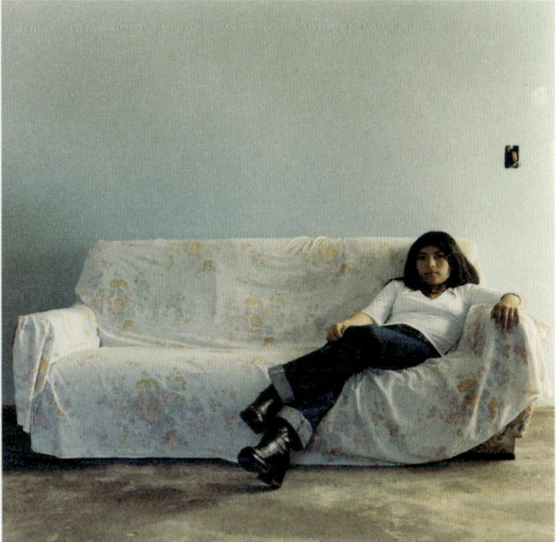

**MIGUEL
FUKUTOMI**

LA CASA
THE HOUSE

2009

1979
PORTUGAL

Se licencia en Multimedia, en la especialidad de fotografía, en el Instituto Politécnico de Porto, y posteriormente realiza un máster en Image Design, en la Facultad de Bellas Artes de la Universidad de Oporto. Su obra se ha expuesto recientemente en Portugal.

La casa, de 2009, es un proyecto que parte de fotografías encontradas en una casa abandonada. A partir de estas imágenes el artista tuvo el deseo de reconstruir las vidas de estas personas, sus relaciones y sus experiencias. El trabajo trata de ligar el pasado con el presente, creando un intervalo, una intromisión en la que nuestra presencia es una extraña ficción.

Graduated in Multimedia, in the area of Photography, from the Polytechnic Institute of Porto, he subsequently completed a Masters degree in Image Design at the Fine Arts Faculty of the University of Porto. His work was recently exhibited in Portugal.

The House, 2009, takes photographs found in an abandoned house as the starting point of the project. Confronted with them, the artist felt the urge to reconstruct the lives of these people, their experiences and their relationships. The piece seeks to link the present to the past, creating an interval, an interference in which our presence is a bizarre fiction.

www.projectotraco.net

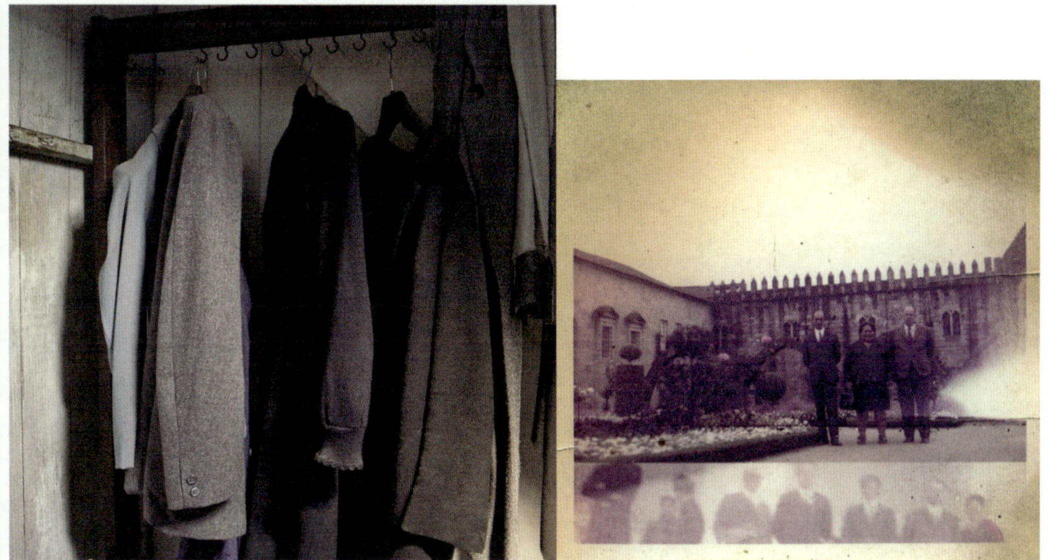

06. Box-room with jackets, 2008 + Non Subtitled
photograph, found and photographed, **2008-2010**

Tras licenciarse en Economía General realiza un MBA Internacional de 3 años en 3 destinos distintos: Oxford, Madrid y París. Durante los 2 últimos cursos redacta una tesis sobre la «Especulación en arte». Completa su formación fotográfica asistiendo a varios cursos y talleres en París y Madrid, como el Máster EFTI de Fotografía «Concepto y creación». Ha participado en diversas exposiciones colectivas y proyectos fotográficos y desde 1993 compagina esta pasión por la fotografía con su trabajo como directora de marketing de una revista en Madrid.

Esencia, 2010: Tomando como punto de partida el díptico de los duques de Urbino de Piero Della Francesca, la artista medita sobre la idea de esencia como ser y como forma; figuras en una posición sobreelevada con un amplio paisaje. Los paisajes topográficamente improbables que hacen referencia simbólica a los dominios de Urbino se convierten en espacios públicos y reales. El perfil de forma se transforma en perfil de fondo. Retratos realistas que no buscan idealizar los rasgos, son fragmentos de una esencia.

Following her degree in General Economy she completed an International MBA over a period of three years in three different locations: Oxford, Madrid and Paris. Over the final two years she produced a thesis about "Speculation in Art." Her training in photography was completed when she attended several courses and workshops in Paris and Madrid, such as the EFTI Master in Photography "Concept and Creation." She has been part of several group exhibitions and photography projects and, since 1993, she combines her passion for photography with her position as Director of Marketing for a magazine in Madrid.

Essence, 2010, takes the diptych of The Dukes of Urbino, by Piero Della Francesca, as the starting point, for the artist's meditation about the notion of essence as being and as shape; figures placed on a raised position before a wide landscape. The topographically improbable landscapes, which make symbolic reference to the domain of Urbino, become real and public landscapes. The profile of the shape becomes a profile of the background. Realist portraits that do not aim to idealize features are fragments of an essence.

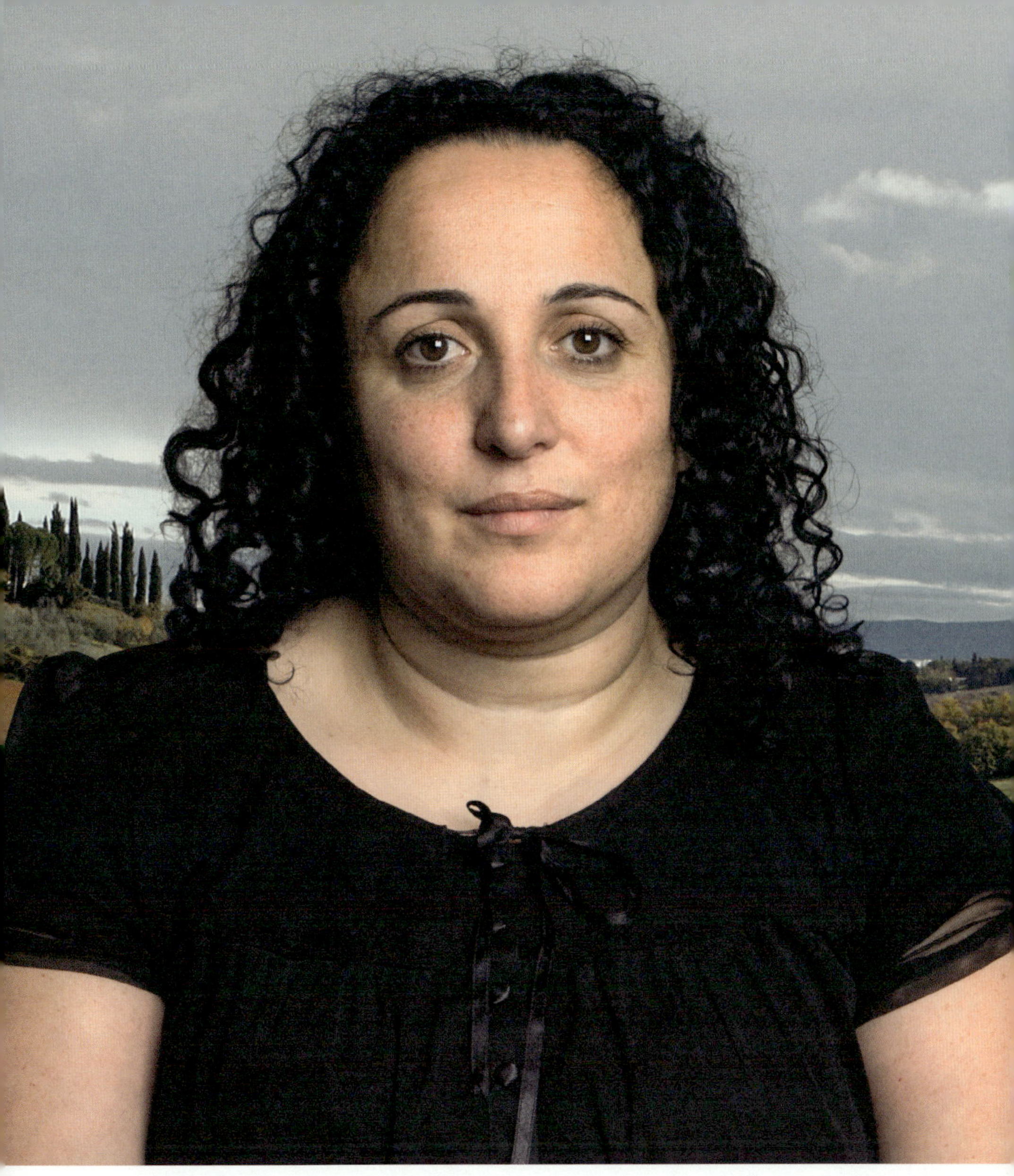

ANA GALÁN

Garapa es un colectivo formado por tres fotógrafos licenciados en periodismo. Como colectivo se ocupan de producción multimedia y se plantean el uso de la imagen en diferentes plataformas. Lo que les une también es su interés por trabajar en grupo para buscar nuevas formas de uso de las herramientas.

Para vivir, 2008, más que un trabajo sobre las moradas o sobre el acto mismo de habitar es un trabajo sobre la dignidad. Parte de un hecho concreto acaecido en São Paulo en Febrero de 2009, cuando once familias fueron desalojadas de un inmueble por la policía. El trabajo recoge los tres meses anteriores y los tres meses posteriores a la acción policial, mostrando las diferentes vías de subsistencia que han tomado las personas desalojadas. La obra se estructura en dípticos que muestran el antes y el después para estas familias.

Garapa is a group constituted by three photographers graduated in Journalism. As a group they are concerned with multimedia production and propose the use of images in different platforms. Their interest in working together as a group to look for new ways to use tools is one of the elements that bring them together.

More than about homes, or the actual act of living, _To live_ (2008) is a work about dignity. Taking as its starting point a specific event occurred in Sao Paulo on February 2009, when eleven families were evicted by the police from a property, the piece records the three months that preceded the initiative by the police, and the three months that followed it, to show the different forms of subsistence adopted by the ousted people. The work is structured in diptychs that show the before and after for these families.

www.garapa.org

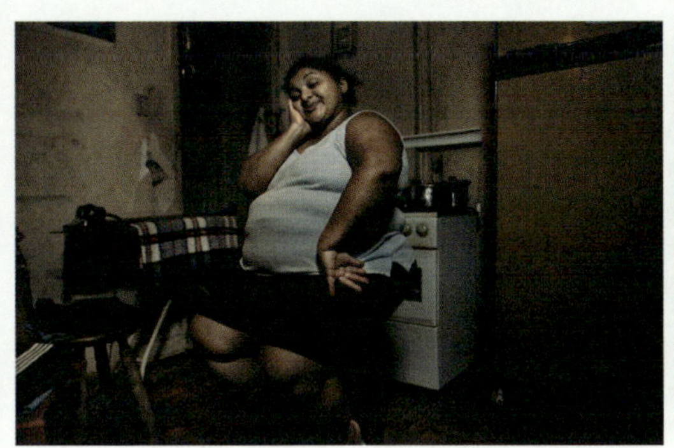 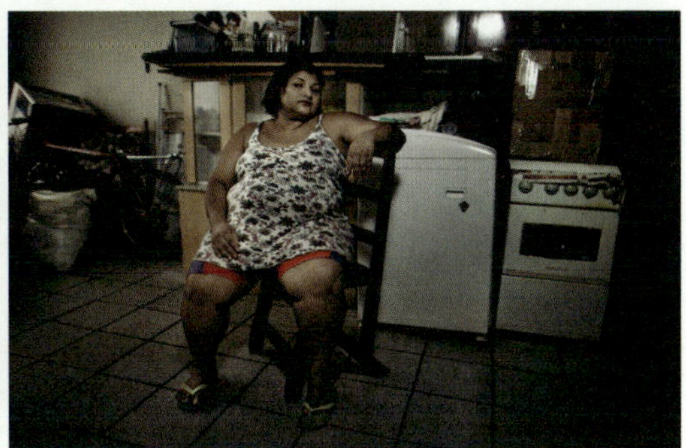

GARAPA

**ALEJANDRA
GARRIDO
BECERRA**

FUERA
OUT

2009

1984
ESPAÑA
SPAIN

Licenciada en Bellas Artes por la Facultad Complutense de Madrid, ha completado su formación como fotógrafa con el Máster en fotografía EFTI y con diversos talleres con artistas en Madrid. Su obra se ha visto en diversas exposiciones colectivas y en festivales, como el BAC, Festival de Arte Contemporáneo, Barcelona 09.

La obra _Fuera_, 2009, reflexiona sobre la disyuntiva de la identidad ofreciendo simultáneamente diversas opciones de un mismo estado. El retrato se convierte en un no-retrato. Deja de ser un elemento de autorreconocimiento y se convierte en rostros que huyen de lo establecido, que se mueven y se revelan, que no quieren ser reconocidos. Dentro de este juego de opuestos nos encontramos que, ante la aparente indefensión de los retratados es el movimiento el que les permite tomar las riendas de su presencia, les libera de su máscara y les permite reconocerse en el presente.

Graduated in Fine Arts from Facultad Complutense in Madrid, she completed her training as a photographer with a Master degree in Photography at the EFTI and with various workshops with artists in Madrid. Her work has been exhibited in different group shows and festivals, such as BAC.Festival de Arte Contemporáneo.Barcelona.09.

Out, 2009, reflects about the issue of identity, simultaneously offering several options of a single state. The portrait becomes a non-portrait. It ceases to be an element of self-recognition and becomes countenances that run away from what is established, that move and reveal themselves, that do not wish to be recognized. Within this game of opposites, we find that, faced with the apparent helplessness of those portrayed, movement is precisely what allows them to take the reins of their presence, what liberates them, and allows them to recognize themselves in the present time.

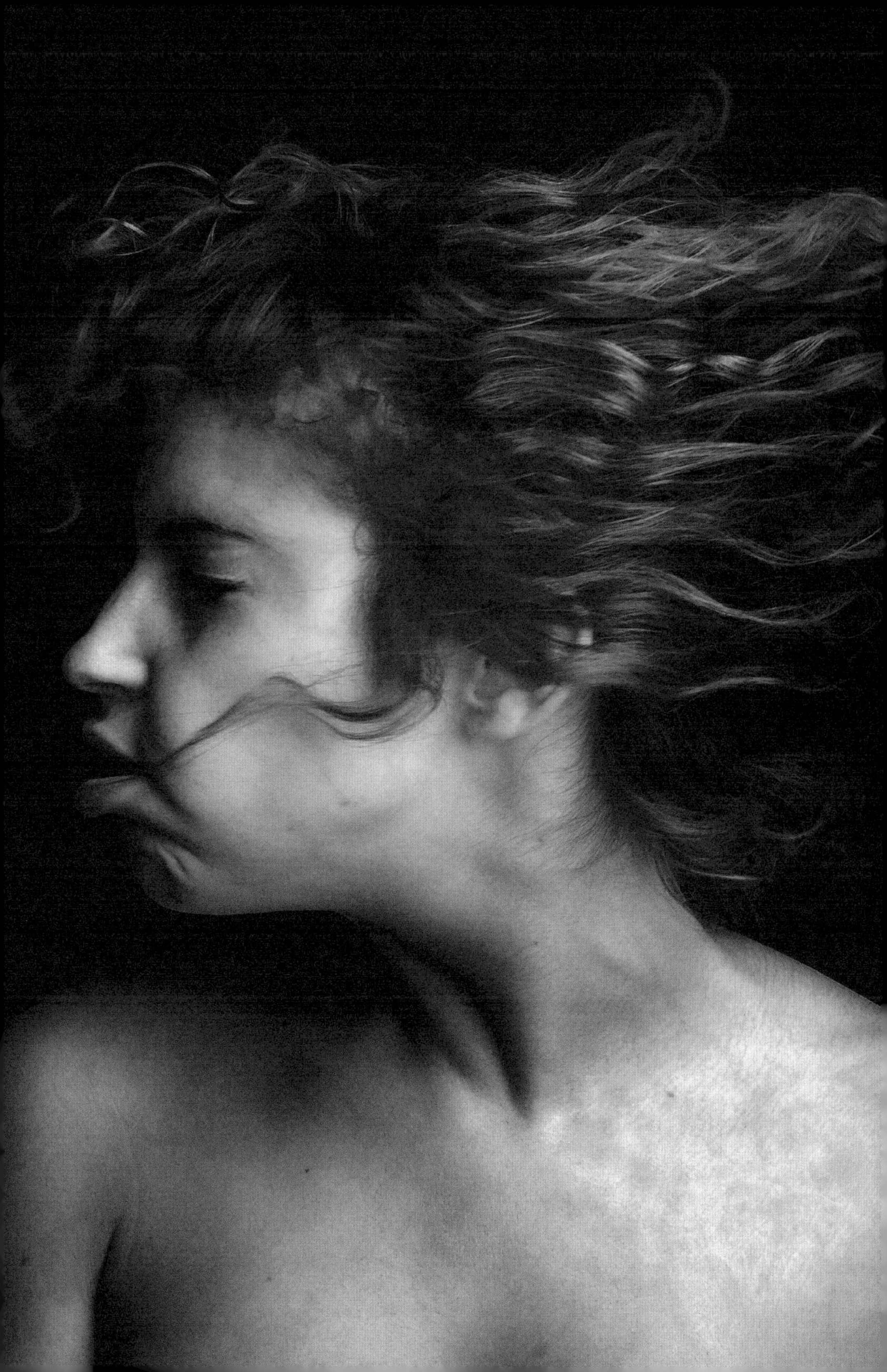

043

**DAFNE
GENTINETTA**

B BOY ROKE
B BOY ROKE

2008

1977
ARGENTINA

Licenciada en Ciencias de la Comunicación por la Universidad de Buenos Aires, Argentina, completa su formación como fotógrafa con el Joop Swart Masterclass 2009, organizado por la World Press Photo Foundation, Ámsterdam, Holanda. Profesionalmente, en la actualidad trabaja para la agencia de noticias alemana DPA, Latinoamérica, así como para otros periódicos como el *New York Post*. Y varios diarios nacionales.

**   *B Boy Roke*, 2008: Las fotografías se insertan en un proyecto global llamado *Catan*, que aborda la identidad y situación social actual de los suburbios que se encuentran en la periferia de las grandes ciudades de América Latina. Esta serie pertenece a una de las historias del proyecto: *B Boy Roke*, sobre un bailarín de break dance, cuyo desarrollo se ve condicionado por el contexto humilde y marginal en el que le tocó crecer. Pero que a su vez transita la adolescencia como cualquier joven de su edad: un período de experimentación, padecimiento y juego.**

Graduated in Communication Sciences from the Universidad de Buenos Aires, Argentina, her training as a photographer was completed at the Joop Swart Master Class 2009, organized by the World Press Photo Foundation, Amsterdam, The Netherlands. In professional terms, she currently works for the German news agency DPA Latin America, and for other newspapers, such as the *New York Post*. She also works for local newspapers.

    B Boy Roke, 2008. The photographs are inserted into a global project called *Catan*, which addresses identity and the social situation of suburbs found on the periphery of large cities in Latin America. This series pertains to one of the stories included in the project: *B Boy Roke*, a break-dancer whose development is conditioned by the humble and marginal context within which he was forced to grow. But, at the same time, he goes through adolescence, just like any other young person his age: a period of experimentation, hardship and play.

    DESCUBRIMIENTOS 2010. PHOTOESPAÑA

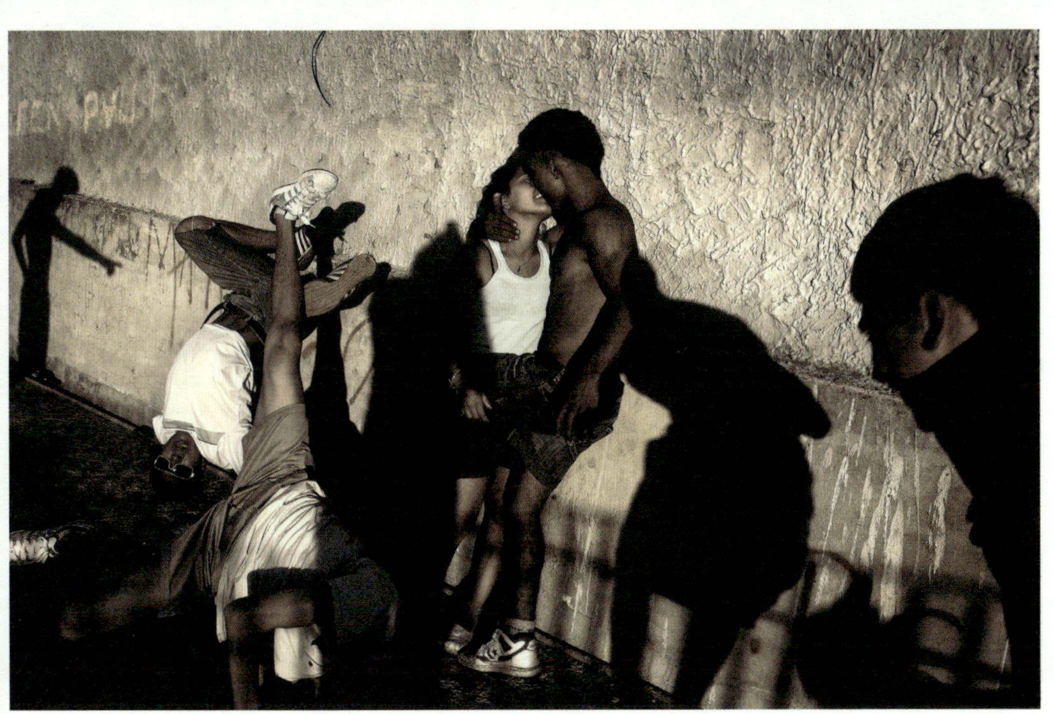

DAFNE GENTINETTA

**EVANGELOS
GEORGAS**

VIAJE
JOURNEY

2009

1980
GRECIA
GREECE

Licenciado en Leyes, Ciencias Políticas y Sociología, comenzó a estudiar fotografía de forma autodidacta y posteriormente con el fotógrafo de la Agencia Magnum Nikos Economopoulos. Desde entonces ha sido nominado o premiado en diversos concursos entre los que destacan el primer premio en el European Central Bank Annual Photography Award, o el primer premio en la Bienal de Tesalónica, en 2008.

La obra *Viaje* es un diario de su estancia en la India, en la que contrasta el estereotipo pintoresco que tenía antes de partir, desde una mirada muy mediatizada y condicionada, con el resultado del viaje. Se dio cuenta que después de tres meses y cerca de mil fotografías, el resultado del viaje no fue un compendio de folclores ajenos, sino un recorrido por sus gustos y por sus impresiones. El viaje se convirtió en introspección y conocimiento. Primer premio Gazes at the City organizado por FNAC y Mes de la Fotografía del Festival de Fotografía de Atenas en 2009.

Graduated in Law, Political Sciences and Sociology, he began to learn photography on his own before joining Magnum Agency photographer Nikos Economopoulos. Since then, he has been nominated to or awarded several prizes, among which stand out the first prize at the European Central Bank Annual Photography Award, or the first prize at the Biennial of Thessalonica in 2008.

Journey is a travel diary of his trip to India, which contrasts the picturesque stereotype he had before departing, from a highly mediated and conditioned point of view, with the outcome of his journey. He realized that, after three months and roundabout one thousand photographs, the outcome of the trip was not a collection of alien folklores, but a journey through his tastes and through his impressions. The journey became a journey of introspection and knowledge. First prize of the Gazes at the City contest organized by FNAC and the Month of Photography by the Photography Festival of Athens in 2009.

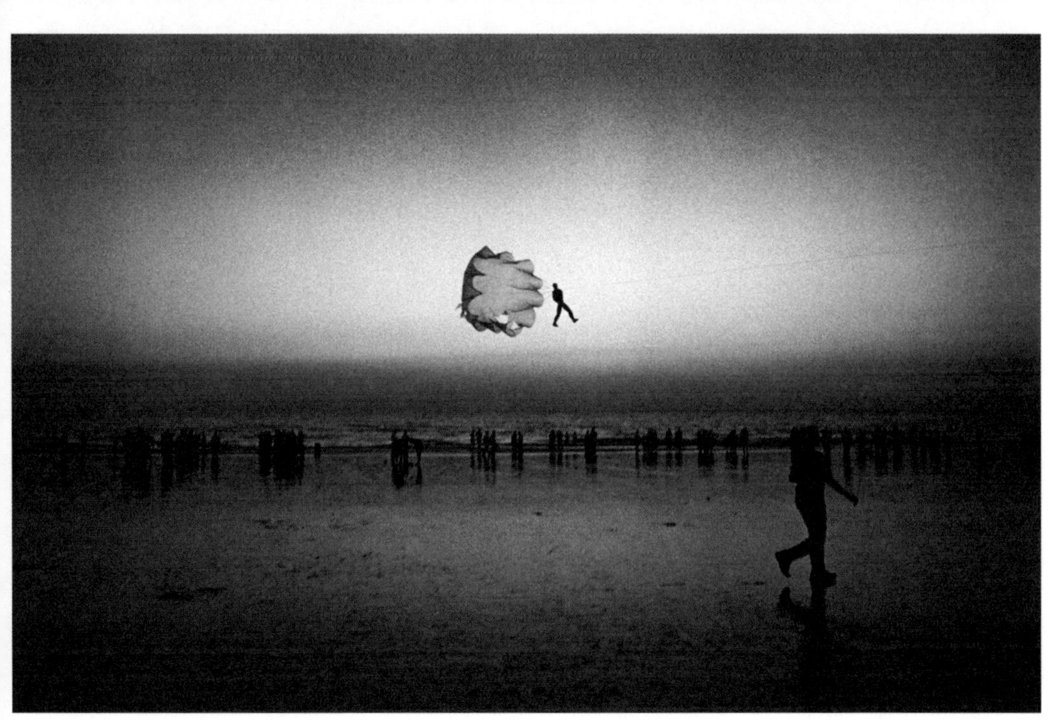

          EVANGELOS GEORGAS

Después de estudiar FPI en Imagen y Sonido, en la especialidad de Fotografía, y FPII en la especialidad de Medios Audiovisuales, amplió su formación con un módulo de realización de audiovisuales. Profesionalmente ha trabajado como director de fotografía, operador de cámara, ayudante de cámara, CCU, jefe técnico HD y en la actualidad trabaja como freelance en diferentes producciones cinematográficas, tanto de ficción como documentales.

Patinando paisajes, 2009: Los elementos que componen el proyecto son paisajes y skate. La serie habla de cómo conviven desde una visión personal del artista que acentúa el carácter efímero del skate y la grandiosidad del paisaje. Más alla de lo concreto que pueda resultar esta actividad, este proyecto es una reflexión sobre el tiempo, sobre lo efímero que es un instante (en cualquier actividad humana) y lo que permanece y es modelado por el tiempo de otra manera en la naturaleza. Para su autor, nada mejor que la cámara de fotos, que congela en una imagen los dos elementos, para ver cómo cada uno lucha contra el tiempo de una manera muy diferente.

After completing FPI. in Image and Sound, specializing in Photography, and FPII. Specializing in Audiovisula Media, he furthered his training with a module about Production of Auviovisuals. In professional terms, he has worked in audiovisuals as Director of Photography, Camera Operator, Camera Assistant, CCU, Chief HD Technician, and presently he works as a freelance in several cinematographic productions, both documentaries and fiction.

Skating Landscapes, 2009. The elements that comprise this project are landscapes and skating. The series speaks about how they cohabit, from a personal view of the artist that emphasizes the ephemeral nature of skating and the grandiose nature of the landscape. Beyond how specific this activity might appear, the project is a reflection about time, about how ephemeral is the instant (of any human activity), and how what remains, what is otherwise shaped by time, is nature. For the artist, nothing like a still camera, which freezes both elements in a single instant, to see how each of them struggles against time in very different ways.

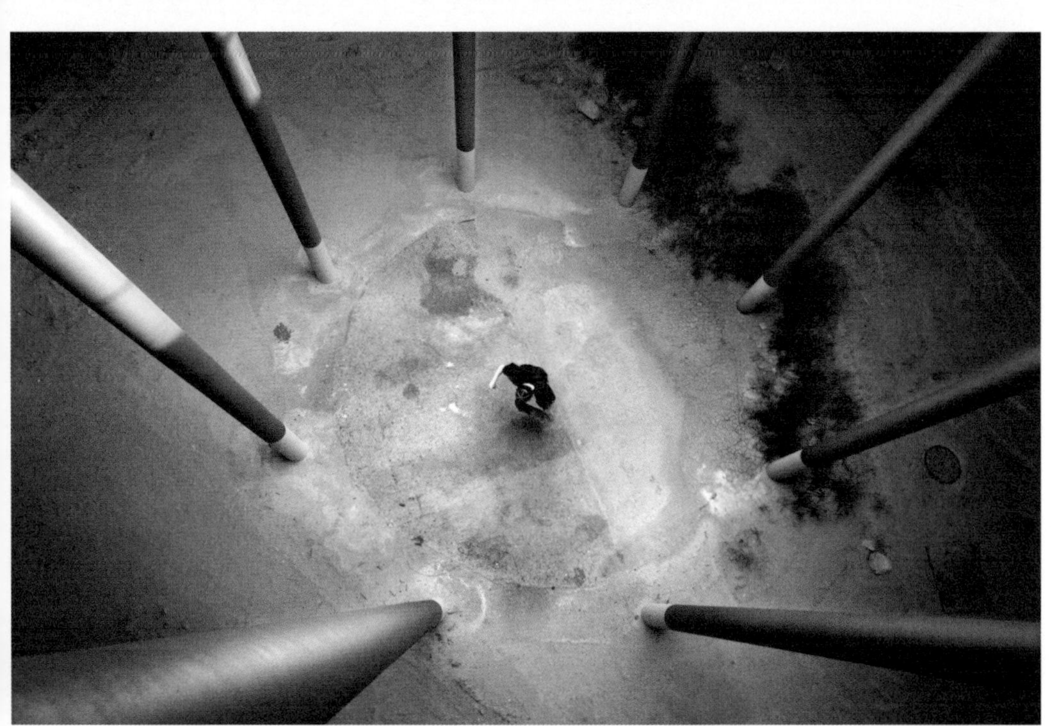

DAVID GIRÓN SÁNCHEZ

#046

**BARRY
GOLDSTEIN**

**TIERRA GRIS.
SOLDADOS
DE GUERRA**
GRAY LAND.
SOLDIERS ON
WAR

2009

1952
ESTADOS UNIDOS
UNITED STATES

Formado como físico y biofísico, es profesor asociado en Medical Humanities en la University of Rochester Medical University y profesor adjunto en Humanism in Medicine en la New York University Medical School. En su trabajo fotográfico se ha especializado en el retrato y fotorreportajes de documentación social. Es autor de dos monografías, *Gray Land: Soldiers on War* (2009, W.W. Norton & Co.) y *Being There* (2005, New York University Master Scholars Press). En 2006 Goldstein empezó a retratar y entrevistar soldados en las bases militares en Estados Unidos que habían vuelto de su segunda campaña en Irak.

Tierra gris. Soldados de guerra es una selección de un total de 50 retratos que son acompañadas por breves citas en un intento por comunicar la variedad de gente involucrada en la guerra.

Trained as a Physicist and Biophysicist, he is an associated professor at the Medical Humanities of the Rochester Medical University and Adjunct Professor of Humanism at the New York University Medical School. His photography work focuses on the portraiture and pieces of social documentation and photojournalism. He has authored two monographs, *Gray Land: Soldiers on War* (W.W. Norton & Co., 2009) and *Being There* (New York University Master Scholar Press, 2005). In 2006, Goldstein began to interview and take portraits of soldiers in US military bases, who had returned from their second campaign in Irak.

Gray Land: Soldiers on War, is a selection of a total of 50 portraits, accompanied by brief extracts, which discloses the variety of faces and voices that have served.

www.bgoldstein.net

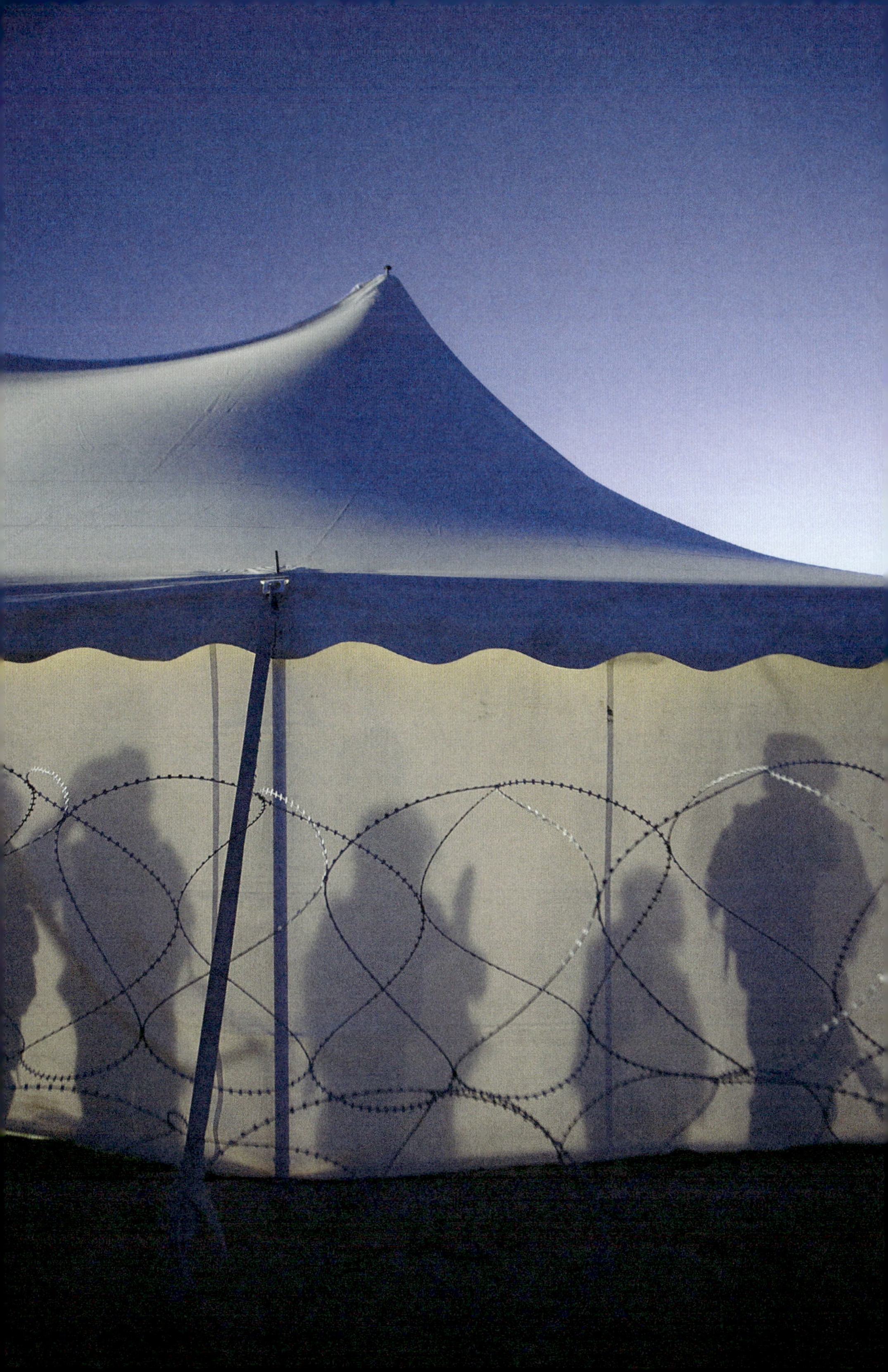

**LOLA
GUERRERA**

COTIDIANIDADES
EVERYDAY
UNDERGOINGS

2009

1982
ESPAÑA
SPAIN

Licenciada en Comunicación Audiovisual por la Universidad de Málaga y con el Máster Internacional de Fotografía Creación y Concepto de la escuela EFTI ha realizado también diversos talleres con artistas. Ha sido premiada y seleccionada en varias ocasiones en España y ha expuesto en España y Portugal.

Cotidianidades, 2009, es una serie en proceso en la cual reflexiona sobre el espacio cotidiano que nos rodea. Para ello, utiliza distintos formatos: fotografía, vídeo, instalación en que predomina en todo momento la técnica fotográfica. El proceso de creación artística pasa a formar un conjunto que engloba, no solo el acto fotográfico, sino la concepción o recreación de un nuevo espacio. Pretende, sin salir de su propio domicilio, transformar un espacio cotidiano al que apenas prestamos atención.

Graduated in Audiovisual Communication from the Universidad de Málaga and having completed an International Masters degree in Photography Creation and Concept at the EFTI she has also attended a number of workshops with artists. She has been awarded and shortlisted on several occasions in Spain and has exhibited her work in Spain and Portugal.

Everyday Undergoings, 2009, is a series in progress where she reflects about the ordinary space that surrounds us everyday. To this end, she uses different formats: photography, video, installations. But photographic techniques remain prevalent throughout the series. The creative process becomes a whole that encompasses, not only the act of taking the photograph, but the conception or recreation of a new space. Her aim is to transform, without so much as leaving home, an ordinary space to which we hardly pay any attention on a daily basis.

www.lolaguerrera.blogspot.com

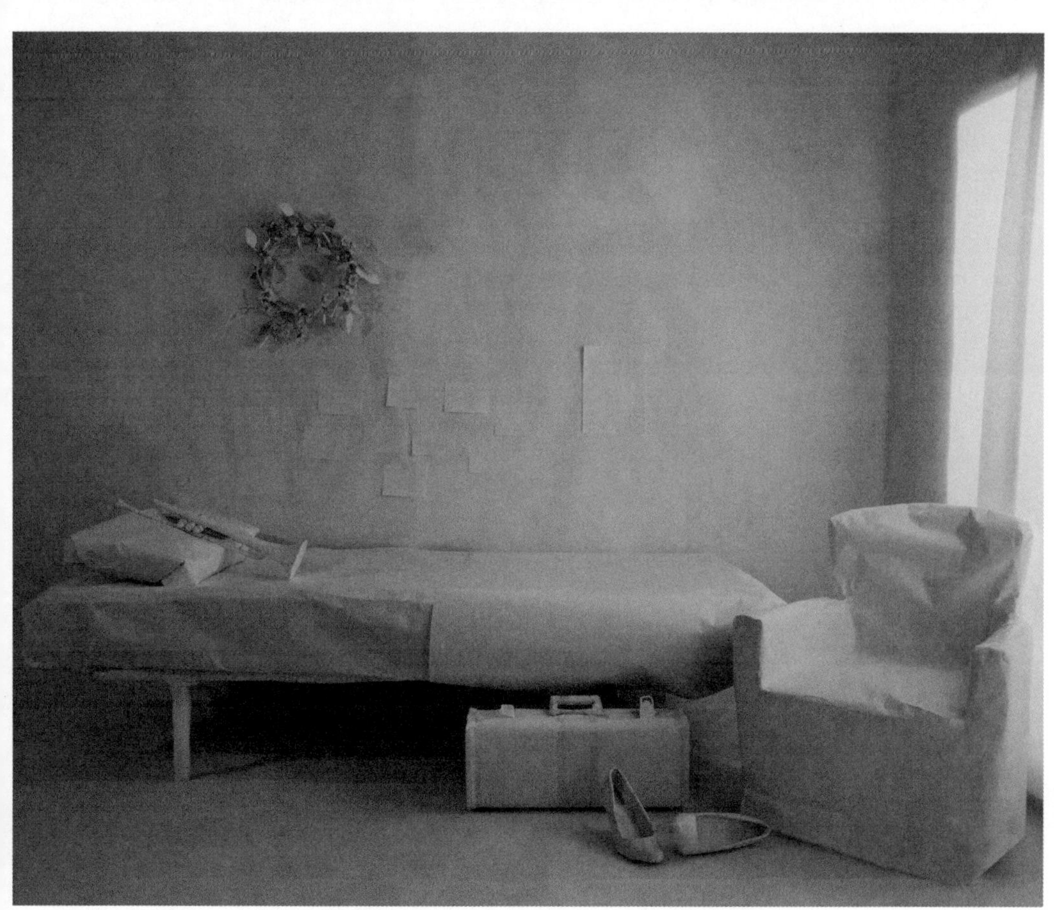

LOLA GUERRERA

LUCHADORES
FIGHTERS

2007

1973
ESPAÑA
SPAIN

José Haro es fotógrafo desde 1993. Durante este tiempo se ha dedicado a la fotografía de escena, la publicidad, el retrato y el reportaje. Por su trabajo plástico ha recibido un Kodak European Portrait Award y El Premio Europeo AGFA de retrato. Ha desarrollado proyectos personales en Palestina, Marruecos, Cuba, Lituania, República Checa, República Árabe Independiente del Sahara Occidental, Jordania, Escocia, Israel, China, Tailandia y España. Actualmente la agencia Eyevine distribuye algunos de sus trabajos a nivel mundial. Ha colaborado en importantes producciones cinematográficas y sus fotografías se han publicado prácticamente en la totalidad de la prensa española.

La obra *Luchadores* es un retrato del Rafael Trejo, el gimnasio de boxeo más antiguo de La Habana. La serie retrata la vida de los chicos, sus duros entrenamientos y la no menos dura vida que llevan, mal vestidos y sin comida. Sus sueños. Algunos serán campeones, los otros al menos estarán un poco más lejos de los peligros de la calle.

José Haro has been a photographer since 1993. During this time he has worked in stage photography, publicity, portraiture and journalism. His plastic work has merited him a Kodak European Portrait Award and the AGFA European Prize for Portraits. He has developed personal projects in Palestine, Morocco, Cuba, Lithuania, Czech Republic, Sahrawi Arab Democratic Republic, Jordan, Scotland, Israel, China, Thailand and Spain. Presently the agency Eyevine distributes some of his work worldwide. His work has taken him to collaborate in important cinematographic productions and his photographs have been published practically in all of the Spanish press.

Fighters, from 2007, is a portrait of the Rafael Trejo, the oldest boxing gym in Havana. The series portrays the life of the lads, their hard training, and the no-less-hard life they lead, ill dressed and with scant food. Their dreams; some of them will become world champions, others will at least be somewhat farther removed from the dangers of life on the streets.

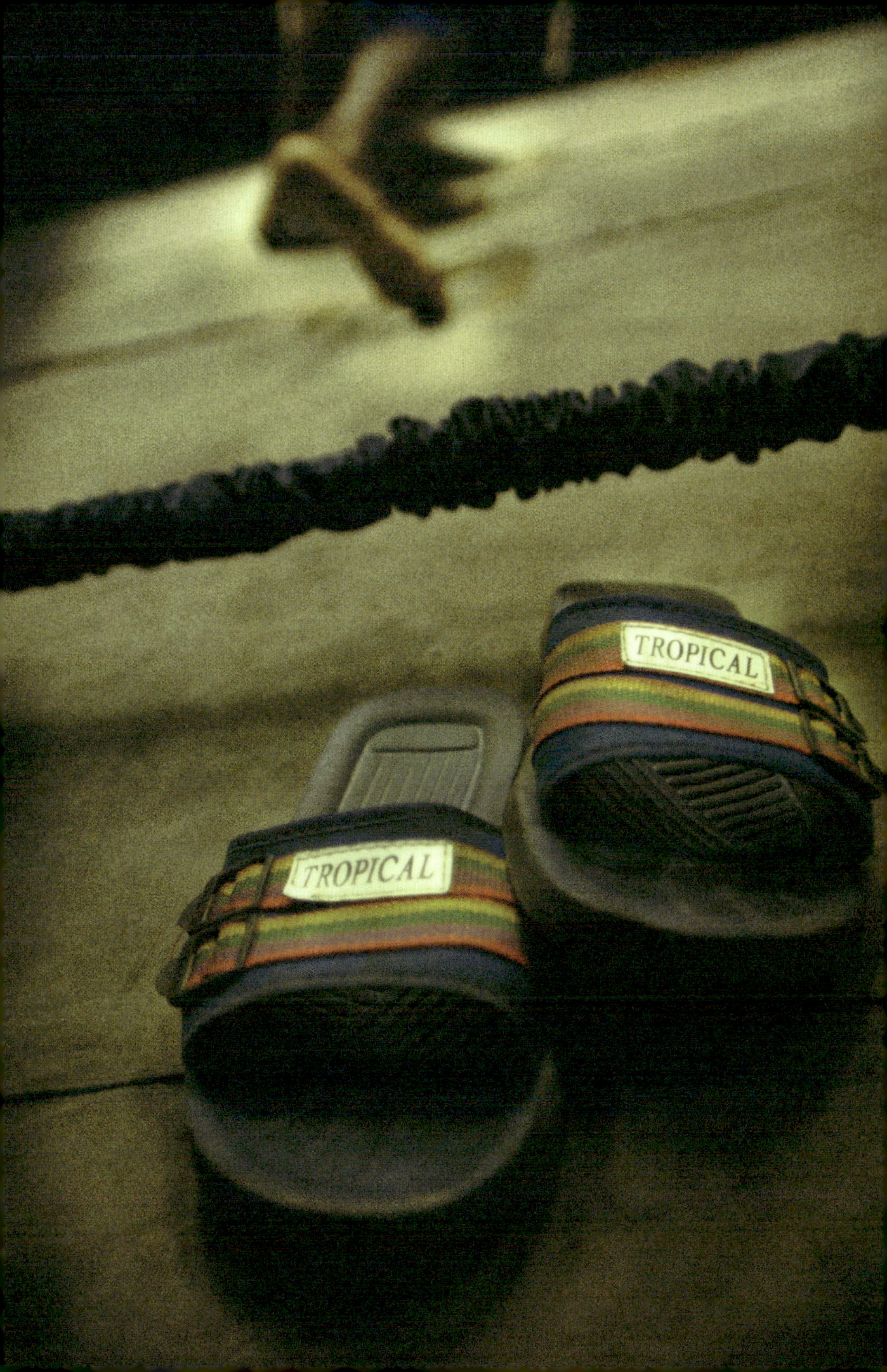

TROPICAL
TROPICAL

**PALABRAS
CODIFICADAS**
CODE WORDS

2008

1981
ESTADOS UNIDOS
UNITED STATES

Licenciada en Bellas Artes, especialidad Fotografía, por el Rochester Institute of Technology, y con un máster en Digital Media del Rhode Island School of Design, en la actualidad comparte su trabajo como Profesora Asistente en la Penn State University con su trabajo como artista de las instalaciones y la fotografía. Su obra se ha visto en varias exposiciones individuales en Estados Unidos, y ha recibido diversos galardones y encargos, entre los que se puede destacar el del Museo de Brooklyn.

En *Palabras codificadas*, 2008, la artista se sirve de un código binario como vehículo para reflexionar sobre la creciente división en nuestra cultura entre lo que ahora llamamos velocidad de comunicación, y lo que se entendía por velocidad de la comunicación antes de la revolución de la era digital. El lenguaje se ha transformado en un código binario que se envía sin transformaciones de un ordenador a otro. Sin embargo, la teoría matemática de la información sugiere que hay una cierta probabilidad de que el código se transforme y llegue cambiado.

Graduated in Fine Arts, with a specialization in Photography, from the Rochester Institute of Technology, and having completed a Masters degree in Digital Media at the Rhode Island School of Design, she presently combines her position as Assistant Professor at the Penn State University with her work as an artist in the fields of photography and installations. Her work has been displayed in a number of solo exhibitions in the United States, and she has been awarded various prizes and commissions, among which one for the Museum of Brooklyn merits highlighting.

Code Words, 2008. The artists makes use of a binary code as vehicle to reflect about the growing split in our culture between what we call speed of communication these days, and what used to be referred to as speed of communication prior to the revolution brought upon us by the digital era. Language has transformed into a binary code sent without modifications from one computer to another; however, mathematic theory of information suggests that there is some probability that the code be modified and reach changed.

www.lorihepner.com

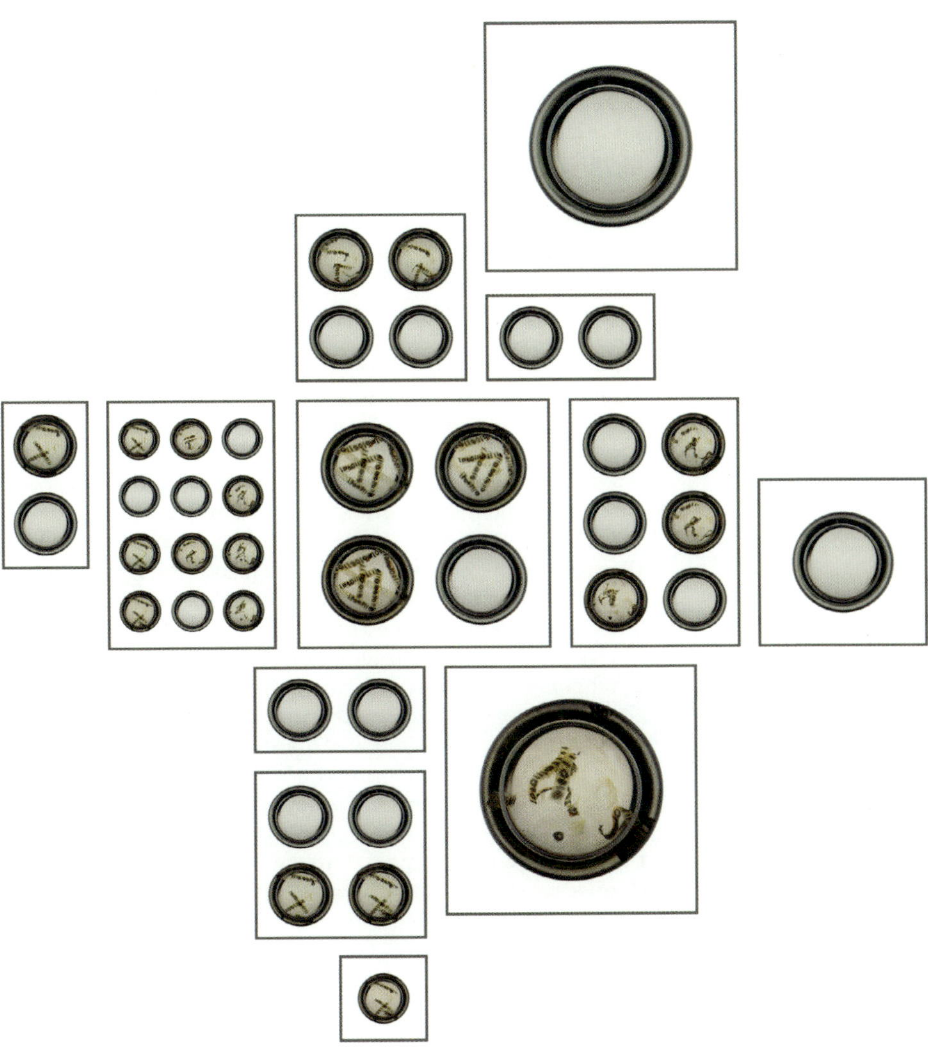

LORI HEPNER

**ILDI
HERMANN**

NHL
NHL

2008

1978
HUNGRÍA
HUNGARY

Después de estudiar lengua inglesa en el South Trafford College, en Inglaterra y gramática y literatura húngara en la Eötvös Loránd University, se ha formado en cursos específicos para dedicarse profesionalmente a la fotografía desde el 2002, momento desde el cual su obra se ha expuesto en galerías y museos, en exposiciones tanto individuales como colectivas, en los Balcanes.

NHL, 2008, es la abreviatura de Non-Hogdkin Lymphome, el nombre de un tumor cancerígeno. La obra consiste en un diario fotográfico en el que la artista es también la protagonista. Se trata del testimonio de su propia experiencia, que mezcla emociones muy intensas de signo contrario: por un lado la inmensa felicidad de alumbrar y ver crecer a su hija recién nacida y por otro el desgaste de sufrir el cáncer NHL (Non-Hodking's Lymphoma) y la dureza de los tratamientos de la quimioterapia y la radioterapia.

Following studies in English Language at the South Trafford College in England, and Hungarian Literature and Grammar at the Eötvös Loránd University, he completed his training through specific courses to become a professional photographer in 2002, since when his work has been exhibited in galleries and museums both in solo and group exhibitions in the Balkans.

NHL, 2008, is the abbreviation of the Non-Hodgkin Lymphoma, the name given to a malign tumor. The piece consists of a photographic diary in which the artist is also the protagonist. It is a testimony of his own experience, which mixes highly intense emotions on both ends of the spectrum; on the one hand, the enormous happiness of giving birth to her daughter and of watching her grow; and, on the other, the wearing out that comes with NHL cancer and the tough chemotherapy and radiotherapy treatments.

www.hermannildi.hu

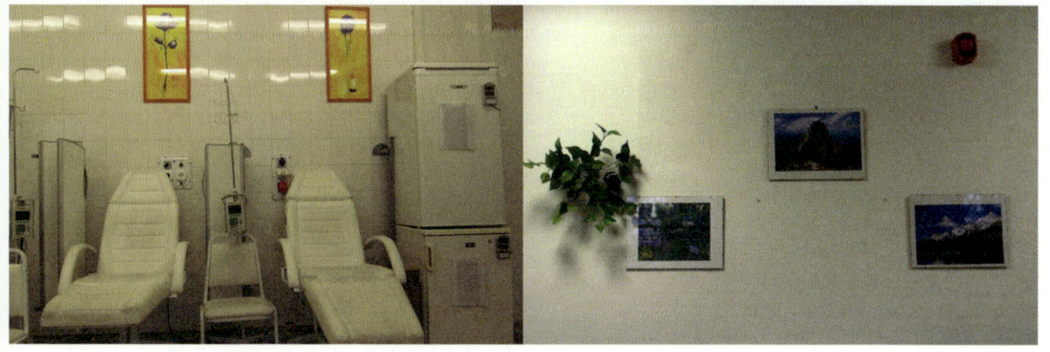

ILDI HERMANN

#051

LUCÍA
HERRERO

TRIBUS
TRIBES

2009

1976
ESPAÑA
SPAIN

Se ha formado en diversas ramas de las artes: arquitectura (Escuela Técnica Superior de Arquitectura de Madrid), teatro (Lecoq Barcelona, AHK de Ámsterdam) y fotografía (CEV en Madrid, Fotogram en Ámsterdam e Instituto de Estudios Fotográficos de Cataluña). Trabaja desde hace seis años como fotógrafa freelance realizando reportajes privados para empresas, espectáculosy artistas, así como en moda.

La obra *Tribus*, de 2009, es una mirada sobre una imagen habitual en las playas españolas, lo que la artista considera una auténtica revelación antropológica: la tribu de playa; grupos de familias instalados a orillas del mar provistos de todo lo necesario para pasar un día bajo el sol. Todo perfectamente compuesto en el espacio, se le presentó como un poema costumbrista que revela, con humor y color, la profundidad de una sociedad. Fotografió los diferentes grupos basándose en los antiguos retratos de estudio en los que la tribu se deja observar junto a sus utensilios. Al fondo, el mar, se asemeja a un papel pintado.

Trained in several branches of Arts: architecture (Escuela Técnica superior de Arquitectura in Madrid), theatre (Lecoq Barcelona, AHK in Amsterdam) and photography (CEV in Madrid, Fotogram in Amsterdam and Instituto de estudios fotográficos in Barcelona). For the past six years she has worked as a freelance photographer, carrying out private projects for companies, shows, artists and the fashion industry.

Tribes, from 2009, offers a look into a common image of the beaches in Spain, which the artist considers to be a true anthropologic revelation: The beach tribe; a group of families installed on the shoreline, equipped with all the necessary tools to spend a day under the sun. With everything perfectly aligned in space, it appeared to her as a poem from the *Costumbrista* school, revealing, with a dose of humor and color, the depth of society. She photographed the different groups, using as her starting point ancient studio portraits of tribes, which acquiesced to being photographed next to their utensils. The sea, on the background, resembled a painted screen.

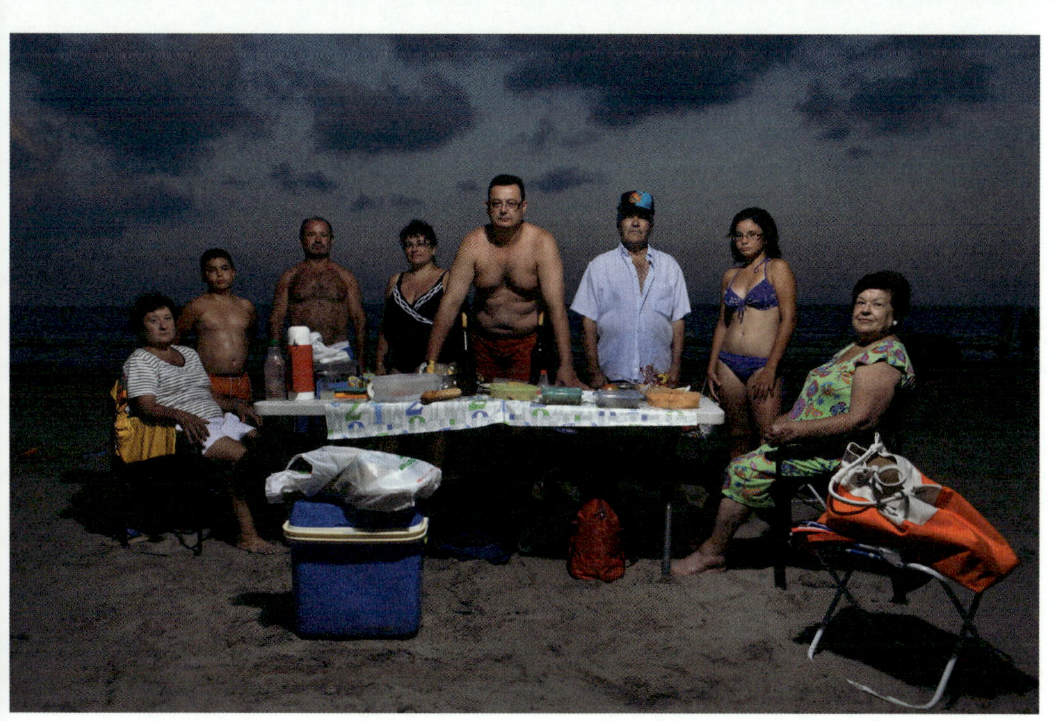

LUCÍA HERRERO

**JO
JANKOWSKI**

**NEGOCIOS
COMO DE
COSTUMBRE**
BUSINESS AS
USUAL

2009

1965
ALEMANIA
GERMANY

Después de formarse en Ciencias Aplicadas en la Darmstadt University, amplió sus intereses artísticos estudiando ballet, comenzando sus estudios en fotografía en la Universidad de Ulm y obteniendo una licenciatura en Qualified Photo-Designer. Profesionalmente ha trabajado como asistente de estudio de diversos fotógrafos en Frankfurt y en Hamburgo.

Negocios como de costumbre: El artista reflexiona sobre las relaciones de trabajo y poder con estas afirmaciones: «si esto no fuese para reírse debería llorar. Comenzando con un trabajo publicitario para una revista de negocios, me enamoré de este mundo. Sobre todo durante las crisis financieras, a pesar de que entonces se consiguen menos empleos, unos suben y otros bajan. El tiempo es dinero y el dinero es poder. Pero nadie en el mundo ha podido, con dinero y poder, conseguir más tiempo». (Josef Bordat)

Following training in Applied Sciences at the Darmstadt University, he furthered his artistic interests when he studied ballet and started his studies in Photography at the University of Ulm, after which he obtained his degree as Qualified Photo-Designer. In professional terms he has worked as studio assistant for several photographers in Frankfurt and Hamburg.

Business as Usual. The artist reflects about power and work relations with the following assertions: "If this were not laughable, I should cry. Starting with an advertising job for a business magazine, I fell in love with this world. Above all, in times of financial crisis, even though that is when jobs are least available. Some go up, some come down. Time is money and money is power. But nobody in the world has been able, given power and money, to get more time.' (Josef Bordat)."

www.jojankowski.de

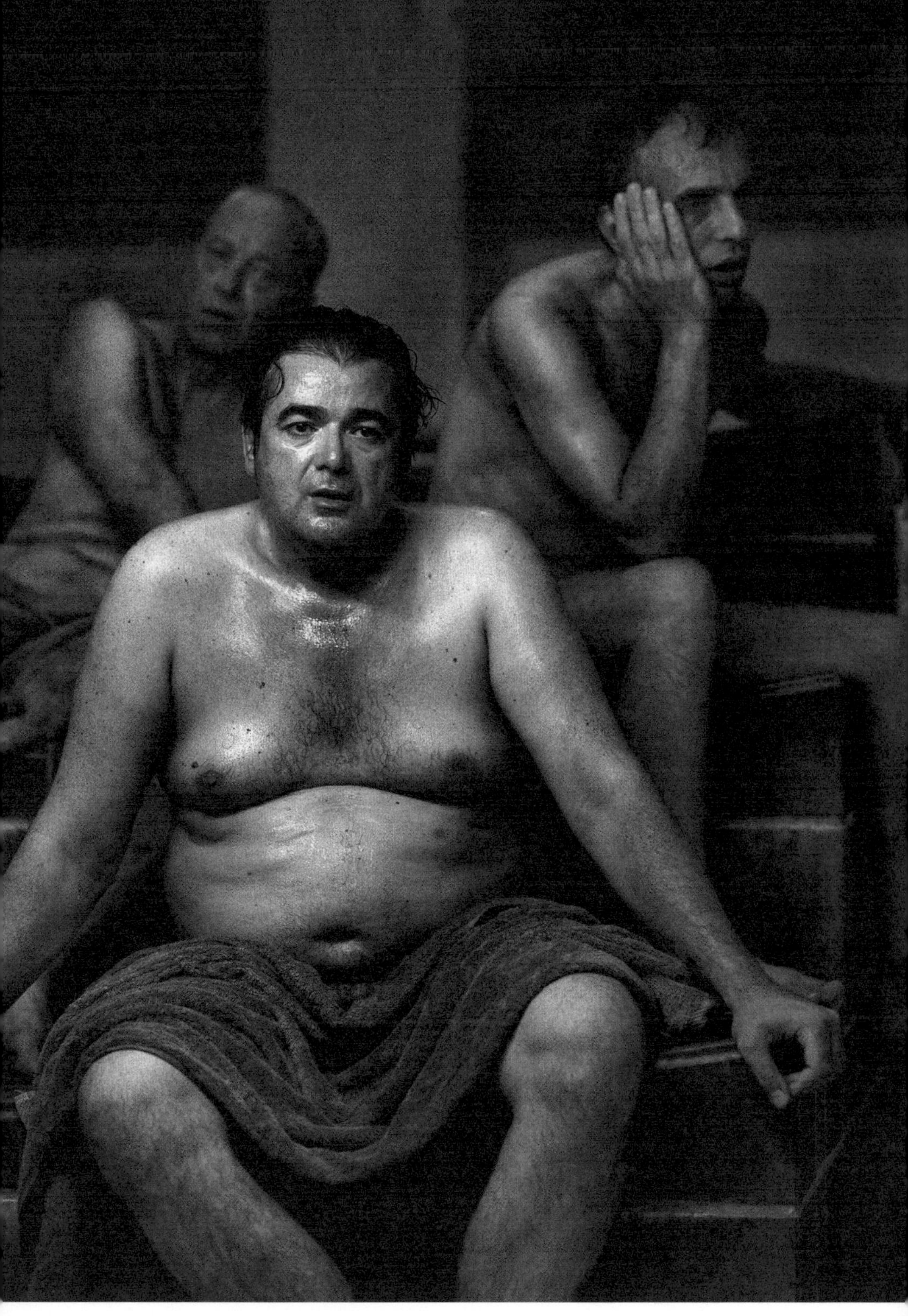

JO JANKOWSKI

**GERDA
KOCHANSKA**

**PRESENCIA
INESPERADA**
UNEXPECTED
PRESENCE

2009

1974
POLONIA
VIVE EN ESPAÑA
POLAND
RESIDES IN SPAIN

Se formó en la Academy of Photography en Polonia además de graduarse en la Universidad de Barcelona en Literatura y Lengua Española. Ha participado en varios talleres, como el de Magnum Agency con Christopher Anderson. Igualmente ha expuesto su trabajo en el Festival de Fotografía TRAFIC, Festival Sevillafoto 2008 y Visionaris en Mallorca, aparte de haber sido galardonada en diversos certámenes fotográficos.

Presencia inesperada. Vida interior, 2009, es un proyecto que explora las huellas de la presencia humana en determinados espacios. Esa presencia termina por modificar el carácter del mismo lugar. Especialmente está interesada en la aparición inesperada de objetos que contradicen el uso del espacio fotografíado. Un elemento imprevisto le proporciona una lectura nueva al orden natural de las cosas.

Trained at the Academy of Photography in Poland, as well as graduating from the Universidad de Barcelona in Spanish Literature and Language. She has taken part in several workshops, such as, for instance, one from the Magnum Agency, with Christopher Anderson. Similarly, she has exhibited her work at the Festival de Fotografía TRAFIC, Festival Sevillafoto 2008 and Visionaris in Mallorca, as well as being awarded in various photography contests.

Unexpected Presence. Interior Life, 2009. Her project explores the prints left behind by a human presence in specific spaces. Such presence ends up modifying the nature of such space. She is particularly interested in the unexpected presence of objects that go against the use of the photographed space. An unexpected element provides a new reading to the natural order of things.

www.gerdakochanska.com

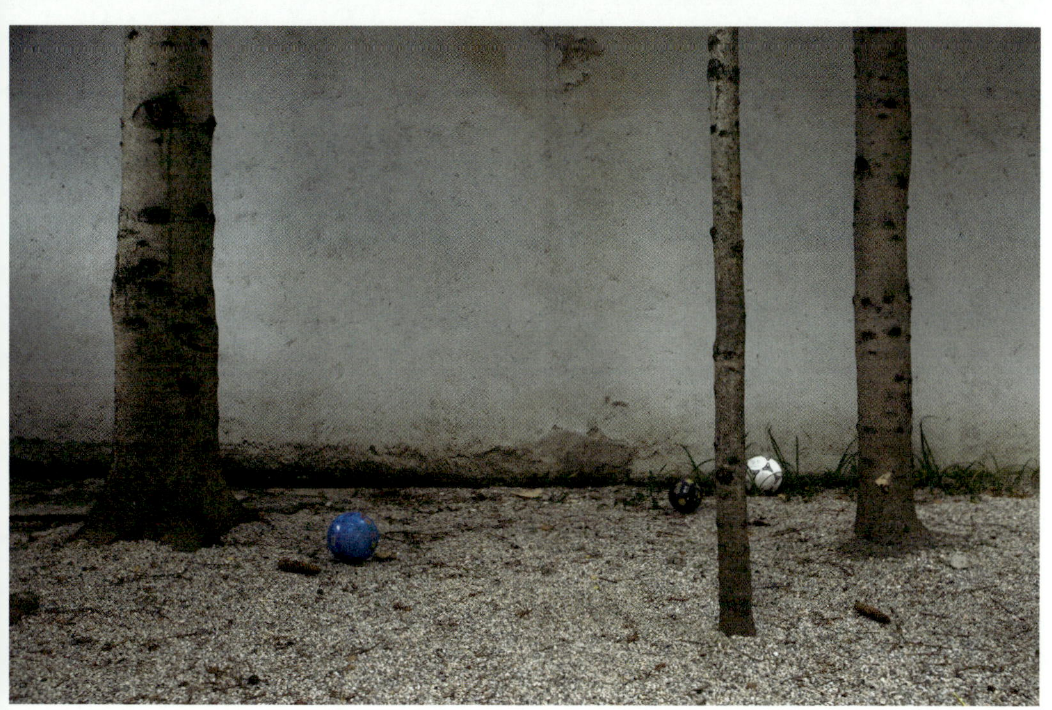

127   GERDA KOCHANSKA

#054

**PÄIVI
KOSKINEN**

LUNES
MONDAY

2009

1977
FINLANDIA
VIVE EN ESPAÑA
FINLAND
RESIDES IN SPAIN

Diplomada en Fotografía en Heltech, Helsinki, Finlandia, y diplomada en Artes por la Universidad de Helsinki, recientemente estudió fotografía en el Instituto de Arte de Sofía Imber, en Caracas, Venezuela. Sus fotografías se han expuesto en diversas galerías de arte en Helsinki y en Barcelona, y ha recibido becas para su formación y producción, como la beca del Consejero de Artes de Finlandia, o el Fondo Cultural de Finlandia.

La obra *Lunes*, 2009, refleja la rutina y frustración de personas que, con el paso del tiempo y sin ser plenamente conscientes de ello, han asumido hábitos y responsabilidades que difícilmente llegan a satisfacer sus expectativas. Es un diálogo entre el rol y la rutina, repensando las diversas sensaciones que producen: miedo, incertidumbre o frustración. La intención ha sido reflejar el instante en que una persona se lava de los sentimientos acumulados durante el día y mostrar la imposibilidad de ignorar lo que somos y lo que dejamos detrás.

Attained her Diploma in Photography at Heltech, Helsinki, Finland, and her Diploma in Arts by the University of Helsinki, Finland. Recently she carried out studies in Photography at the Instituto de Arte de Sofía Imber in Caracas, Venezuela. Her photographs have been displayed in various art galleries in Helsinki and Barcelona, and she has been awarded scholarships for training and production, such as those from the Finnish Art Council, or the Finnish Cultural Fund.

Her work, *Monday*, reflects the routine and frustration of people who, over time and without being fully aware of it, have assumed habits and responsibilities that hardly satisfy their expectations. It is a dialogue between role and routine, going over the different sensations they produce: fear, uncertainty or frustration. The intention was to mirror the instant when a person washes away the feelings accumulated over the day and to show the impossibility of ignoring who we are and what we leave behind.

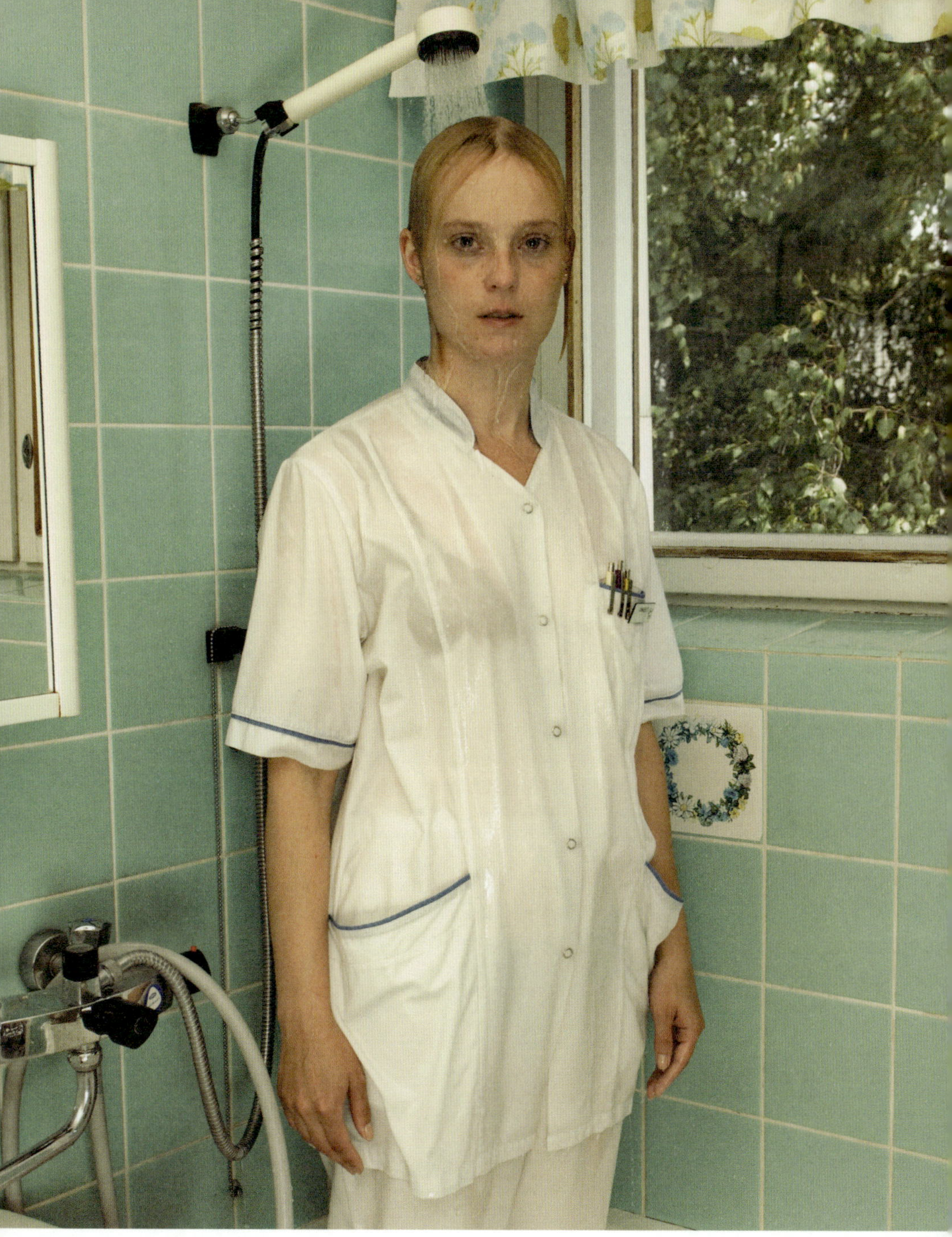

     PÄIVI KOSKINEN

**DANIEL
KUKLA**

**PAISAJES
CAUTIVOS**
CAPTIVE
LANDSCAPES

2009

1983
ESTADOS UNIDOS
UNITED STATES

**Es licenciado en Evolución de la Ecología, Botánica
y Evolución de la Anatomía Humana en la University
of Toronto, Canadá. Posteriormente se formó en
fotoperiodismo y en fotografía documental en el
International Center of Photography, en Nueva York. Su
obra se ha expuesto en Estados Unidos, Canadá y China, y ha
publicado en reconocidos periódicos como el *New York Post*,
The New York Times o *National Geographic*.**

**   *Paisajes cautivos*, 2009, parte de la idea de que debemos
viajar muy lejos de nuestros hogares si queremos encontrar
el mundo natural, sobre todo si queremos ver animales
salvajes y exóticos. Los zoológicos, en cambio, son el lugar
más cercano para esta relación, aunque a menudo no cubren
nuestras expectativas. En esta serie, el artista fotografió las
jaulas de animales en ocho zoológicos diferentes a través
de Estados Unidos. Imágenes que invitan al espectador
a hacerse preguntas sobre el papel de estos lugares
construidos, y pensar sobre la conservación y el control
del mundo natural.**

Graduated in Evolution of Ecology, Botany and Evolution
of Human Anatomy from the University of Toronto, Canada.
Subsequently, he trained in Photojournalism and Documentary
Photography at the International Center of Photography in
New York. His work has been exhibited in the United States,
Canada and China, and it has been published in reputed
newspapers, such as the *New York Post*, the *New York Times* or
National Geographic.

   Captive Landscapes, 2009. We must travel far from our
homes if we wish to find the natural world, above all if we wish
to see wild and exotic animals. Zoos are the nearest place for
this relation, but often they do not meet our expectations.
For this series, the artist photographed the animal cages of
eight different zoos in the United States. Images that invite the
spectator to question the role of these constructed places, and to
think about conservation and the control of the natural world.

www.danielkukla.com

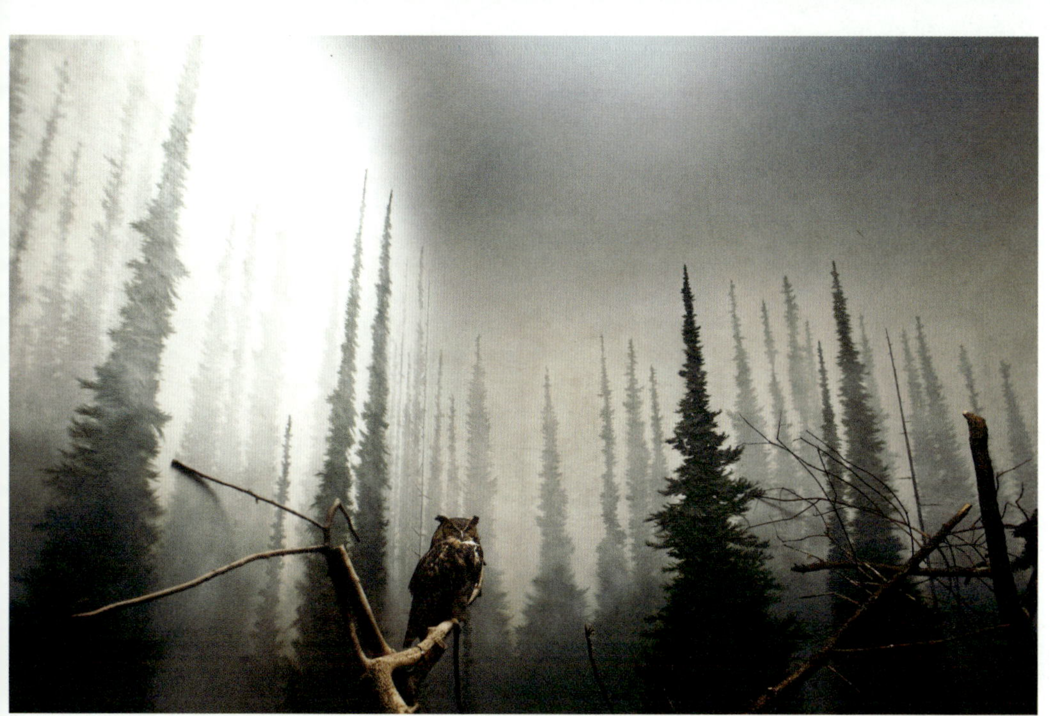

DANIEL KUKLA

ROBERTO LINSKER

MAR DE HOMBRES
SEA OF MEN

2006

1964
BRASIL
BRAZIL

Fotógrafo y editor desde 1994, ha creado series de libros fotográficos en Brasil, como las colecciones *Tempos do Brasil* y *Fotógrafos viajantes*. Su obra fotográfica se ha podido ver en muestras individuales y colectivas en Brasil y Salvador. Por su trabajo ha recibido importantes galardones como el Picture of the Year 2002 que entrega *National Geographic*, en Washington. También recibió el 31º Premio Abril de Jornalismo en la categoría Cultura. Como fotoperiodista es colaborador de *National Geographic Brasil*, donde también escribe semanalmente en su blog.

Mar de hombres comenzó con una línea apenas, dividiendo claramente lo que es y lo que no es una persona: el horizonte. Esa línea hace que hombres distantes de todos los mares sean hombres de un mismo mar. La serie fotográfica *Mar de hombres* es el resultado de una peregrinación entre mitos y realidades que duró cerca de ocho años, donde gente y leyendas, vida y muerte se complementan.

Photographer and editor since 1994, has produced series of photography books in Brazil, such as the collections *Tempo do Brasil* and *Fotógrafos Viajantes*. His photographs have been displayed in solo and group exhibitions in Brazil and El Salvador. His work has merited him important awards such as the Picture of the Year 2002, awarded by the National Geographic in Washington. He also received the 31st Premio Abril de Jornalismo in the category of Culture. As photojournalist he collaborates with National Geographic Brazil, where he also writes weekly, on their blog.

Sea of Men, 2006. It all started with just a few words, clearly dividing what a man is and is not: the horizon line. That line turns men who are distant from all seas into men from the same sea. The series of photographs *Sea of Men* is the outcome of a pilgrimage between myths and facts that lasted almost eight years, where men and legends, life and death complement each other.

www.terravirgem.com.br

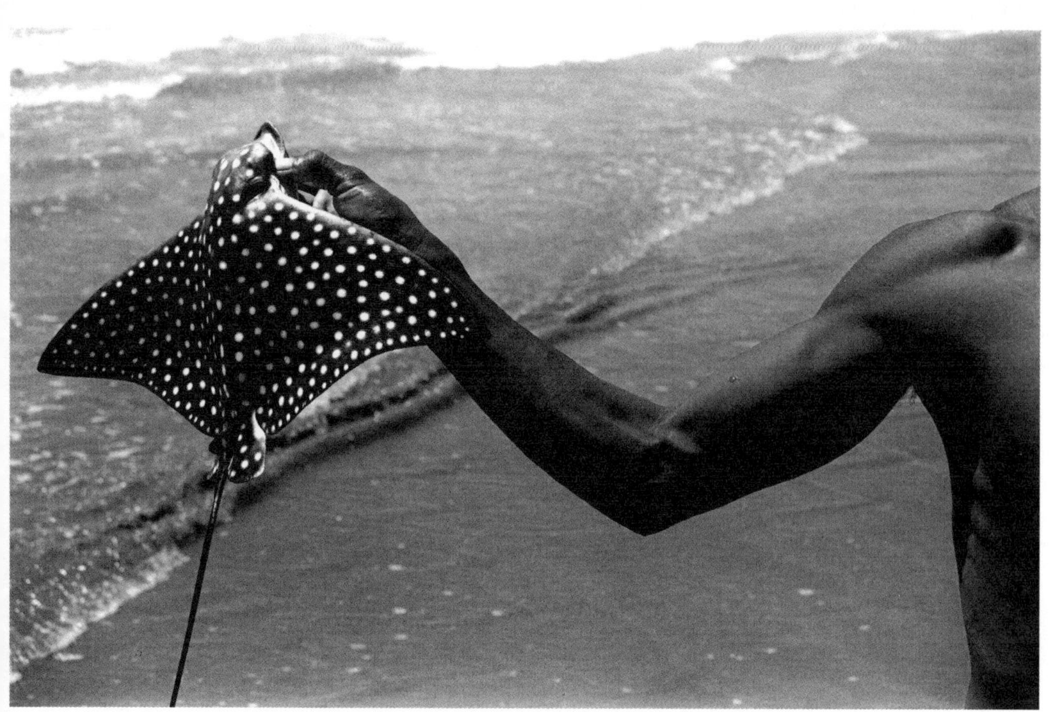

ROBERTO LINSKER

Licenciado en Ciencias de la Comunicación en la
Uninversidad de Buenos Aires, posteriormente estudió
Fotografía y Artes Visuales. En la actualidad trabaja como
fotógrafo independiente para diversas instituciones
y empresas y sus fotografías han sido expuestas y publicadas
en medios gráficos tanto en Latinoamérica como en Europa.
Ha sido seleccionado y galardonado en importantes
muestras nacionales.

La obra *Los emigrantes - Argentina 2002*, reflexiona
sobre la base misma de la identidad de la sociedad argentina,
y sobre la relación entre la inmigración decimonónica
promovida por el estado argentino y la emigración
contemporánea que devuelve a los nietos de aquellos
inmigrantes a los países de origen de sus abuelos. El proyecto
fotográfico consiste, según lo define el propio autor en
«retratar a individuos o grupos familiares que estaban
emigrando, en la puerta de su casa, en el momento exacto
en el que dejaban su vivienda y antes de que se subieran al
automóvil que los conducía al aeropuerto.»

Graduated in Communication Sciences from the Universidad
de Buenos Aires, he subsequently read Photography and Visual
Arts. Presently, he works as a freelance photographer for
various institutions and companies and his photographs have
been exhibited and published in graphic media both in Latin
America and in Europe. He has been shortlisted and awarded
in important domestic shows.

The Immigrants — Argentina 2002, reflects about the very
foundation of Argentine society, and about the relation between
the xix century immigration promoted by the Argentine state,
and contemporary migration, which sends the grandchildren
of those immigrants back to the country of origin of their
forefathers. The photography project consists, according to the
author, in: "taking the portrait of individuals of family groups
in the middle of their migration, on their doorstep, right at the
moment when they leave their houses and before they jump into
the car that will take them to the airport."

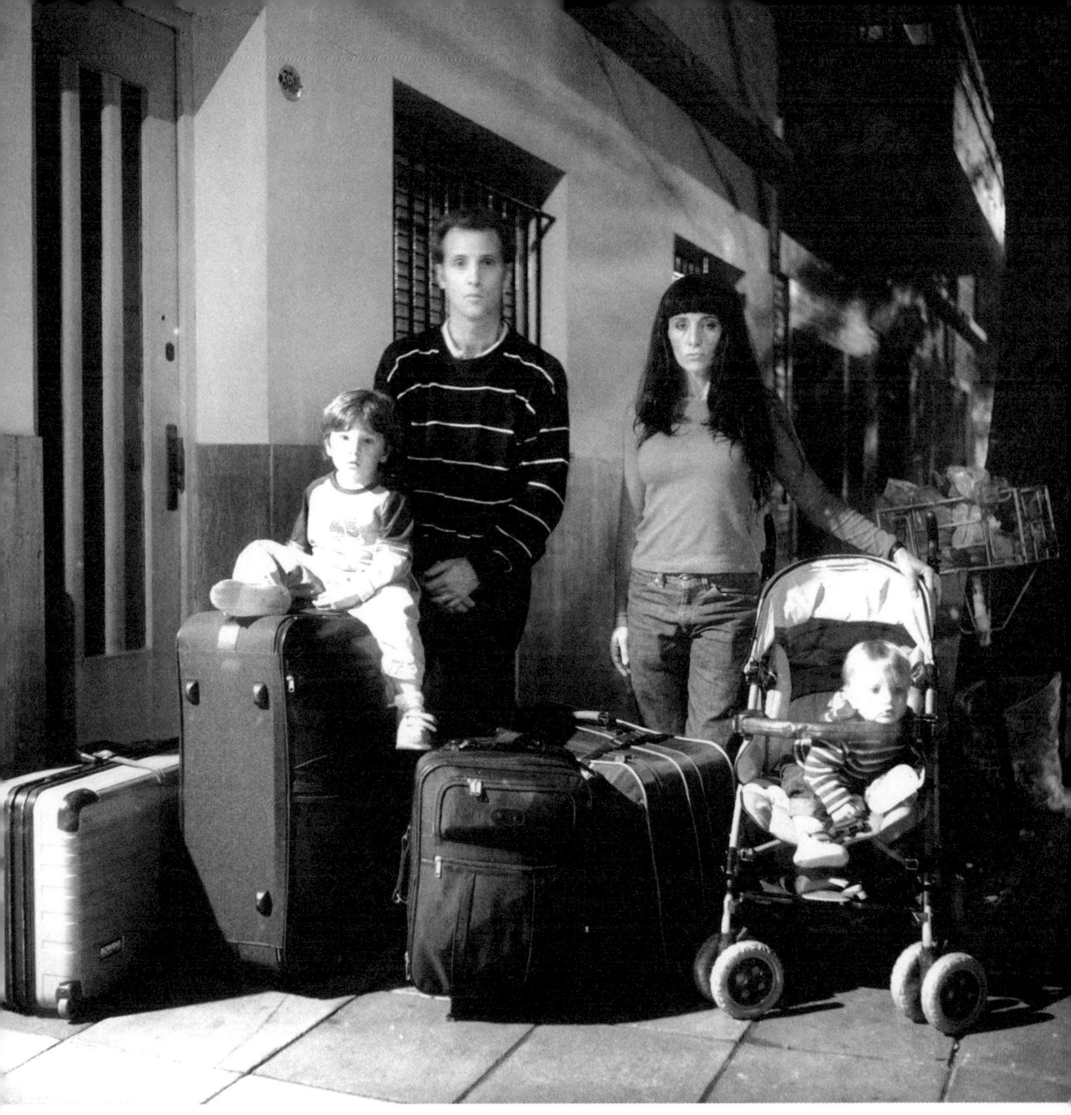

ALEJANDRO LIPSZYC

Licenciado en Publicidad y Relaciones Públicas en la Universidad Complutense de Madrid, inicialmente trabajó como crítico de cine y en la actualidad compagina su trabajo, como creativo publicitario en la agencia Scholz & Friends primero y en Contrapunto ahora, con la fotografía documental. Inicia el proyecto *24 horas con Rakesh* en Calcuta. Por sus fotografías ha recibido el Primer Premio de Fotografía INJUVE, entre otras menciones y becas, y su obra se ha expuesto en California, Londres, Richmond, Milán, entre otros.

La obra *Frágiles*, 2009, habla de aquellos momentos cotidianos en los que todo se desmorona. Pequeños instantes en los que nuestra vida cambia, gira y se rompe. Situaciones en las que el tiempo, el objeto y el espacio pierden su condición física y se llenan de nosotros, evidenciando que somos vulnerables en lo cotidiano.

Graduated in Advertisement and Public Relations from the Universidad Complutense de Madrid. Initially, he worked as movie critic and presently he combines his position in creative publicity at the agency Scholz & Friends, first, and currently at Contrapunto, with documentary photography and with the putting in progress of the project "24 Hours with Rakesh" in Calcuta. His photographs have merited him the First Prize for Photography INJUVE, among other scholarships and special mentions, and his work has been exhibited in California, London, Richmond, Milan, etc.

Fragile, 2009, speaks about those moments of our daily life when everything crumbles. Short instants when our lives change, shift and break. Situations where time, the object and space lose their physical condition and become impregnated of ourselves, evidencing that we are vulnerable in our daily experiences.

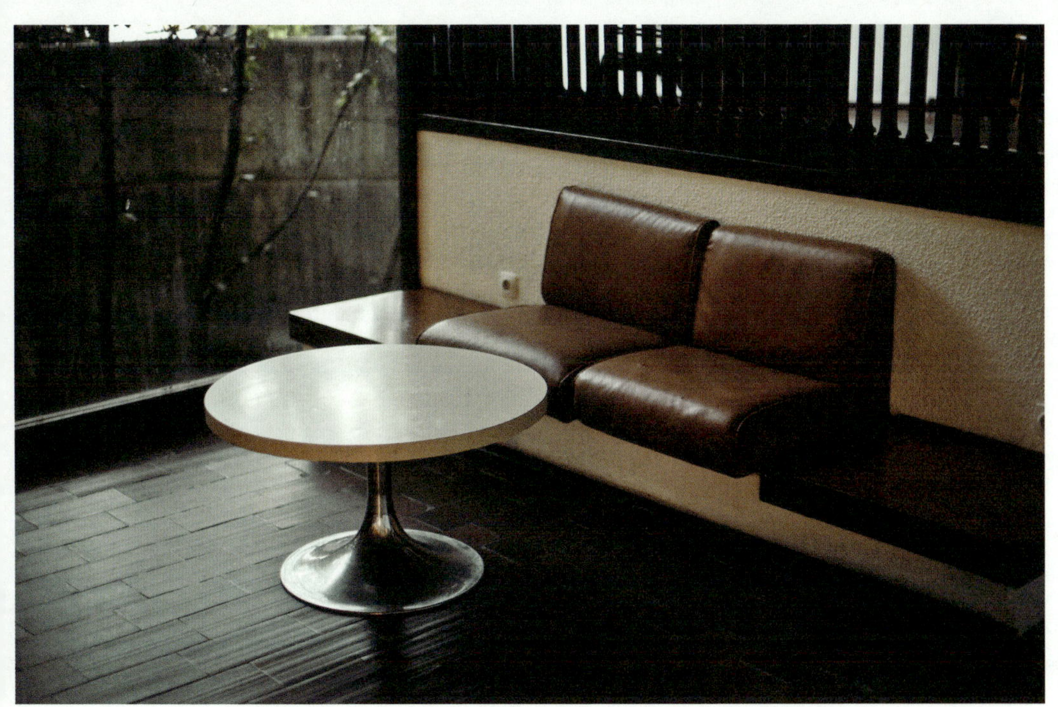

ALBERTO LIZARALDE EXPÓSITO

**REINALDO
LOUREIRO**

INVERNADERO
HOTHOUSE

2009

1970
ESPAÑA
VIVE EN
REINO UNIDO
SPAIN
RESIDES IN THE
UNITED KINGDOM

Como fotógrafo se formó realizando un máster en Documentación Fotográfica y Fotoperiodismo en el London College of Communication, de la University of the Arts de Londres, y ha expuesto sus fotografías en exposiciones individuales y colectivas en Londres y en Zúrich, entre las que podemos destacar su participación en el Annual Foto8 Awards & Summer Show 2009, Host Gallery, Londres.

**	*Invernadero* es su obra reciente en la que, partiendo del paisaje de los campos de invernaderos de Dalias, en Níjar, Almería, que es la mayor concentración mundial de invernaderos de plástico, se documenta cómo la explotación agrícola está dañando el medioambiente y modificando el paisaje de la región que es, además, un parque nacional protegido. Por otra parte el complejo agrícola da trabajo a más de 20.000 jornaleros, en su mayoría inmigrantes indocumentados que viven y trabajan en condiciones extremas.**

Trained as a photographer through the Masters degree in Photographic Documentation and Photojournalism at the London College of Communication, part of the University of the Arts in London; he has held solo and group exhibitions in London and Zurich, among them his entry into the 2009 Annual Foto8 Awards & Summer Show 2009, Host Gallery, London, United Kingdom.

	Hothouse is a recent piece that uses as its starting point landscapes from the greenhouses of Dalias, in Nijar, Almería, where the largest concentration of plastic greenhouses in the world is found, in order to reveal the way in which agricultural exploitation is having a negative effect on the environment and has modified the landscape of the region, which, on top, is a protected National Park. On the other hand, the agricultural complex employs over 20,000 day workers, most of them illegal immigrants who live and work in extreme conditions.

www.reinaldoloureiro.com

REINALDO LOUREIRO

060

**BIRGITTA
LUND**

**FUERA DE LA
ENTRADA**
OUTSIDE THE
ENTRANCE

2009

1964
DINAMARCA
DENMARK

Estudió en el International Center of Photography en Nueva York. Su trabajo se ha expuesto en numerosas galerías en Europa y Estados Unidos incluyendo Gallerie Baudoin Lebon de Paris, Chateau d'Eau de Toulouse, y Phillips de Pury de Nueva York.

La serie *Fuera de la entrada* consiste en fotografías tomadas de noche en el parque de atracciones de Copenhagen. Gentes de diferentes nacionalidades y etnias se reúnen alrededor de una misma atracción con el deseo de ser absorbidos en un mundo de fantasía. Determinación, aprensión, miedo y sorpresa se reflejan en los rostros de los visitantes. Es un mundo surrealista que refleja los sueños y miedos de la vida cotidiana fuera del parque.

Studied at the International Center of Photography in New York. Her work has been exhibited in numerous galleries in Europe and the United States, including Galleri Baudoin Lebon, in Paris, Chateau d'Eau, in Toulouse, and Phillips de Pury, in New York.

Outside the entrance consists in photographs taken at night at the theme park in Copenhagen. People from different nationalities and ethnic backgrounds gather around one common theme with the desire to be absorbed into a world of fantasy. Determination, apprehension, fear and surprise can become visible in the faces of the visitors. It is a surrealist world that mirrors the dreams and fears of the ordinary world, outside the park.

www.birgittalund.com

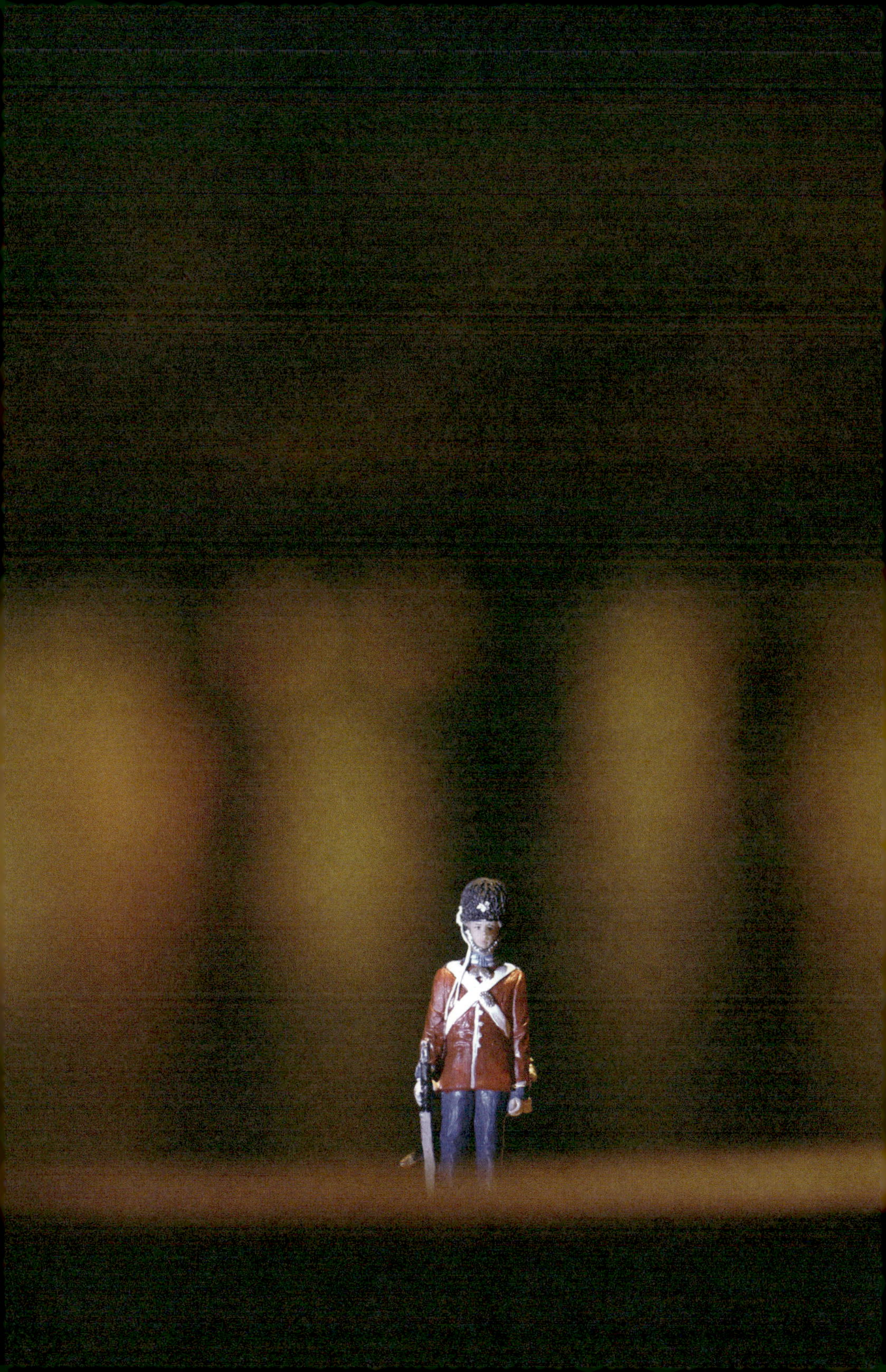

061

**TUTI
MAGLIO**

ALUMBRAR
ILLUMINATE

2007

1969
ARGENTINA

Ha tomado diversos cursos de Fotografía en Buenos Aires y tras veinte años de práctica profesional ha participado en diversas exposiciones, publicaciones y foros de fotografía en Argentina, como la Feria del Libro de Fotos de Autor.

La artista define su obra *Alumbrar*, de 2007, con un texto de Andrei Tarkovski: «Es un error decir que el artista busca un tema. De hecho es el tema el que crece en él como un fruto. Y empieza a demandar expresión. Es como el alumbramiento. El poeta no tiene nada de qué estar orgulloso. No es el dueño de la situación, sino un servidor. El trabajo creativo es su única posible forma de existencia. Y todo su trabajo debe ser una hazaña noble. Para que se dé cuenta de la secuencia de dichas hazañas... que son adecuadas y correctas y que reposan en lo natural... debe tener fe en la idea, pues sólo la fe entrelaza el sistema de imágenes y el sistema de la vida.»

Has attended several Photography workshops in Buenos Aires and, after twenty years of professional practice, has taken part in several exhibitions, publications and photography forums in Argentina, such as the Feria del Libro de Fotos de Autor.

The artist defines her 2007 work, *Illuminate*, with a text by Andrei Tarkovski: "It is a mistake to say that the artist seeks a theme. In fact, it is the theme which grows in the artists, like a fruit. And it starts to demand expression. It is something akin to an illumination. The poet has nothing to be proud of. He is not the master of the situation, but rather its servant. Creative work is his only means of existence. And all his work must perforce be an honorable feat. In order for him to realize the sequence of such feats ... whether they are correct and adequate and if they rest on their rightful place ... he must have faith in the idea, because only faith entwines the system of images, and only faith entwines the system of life."

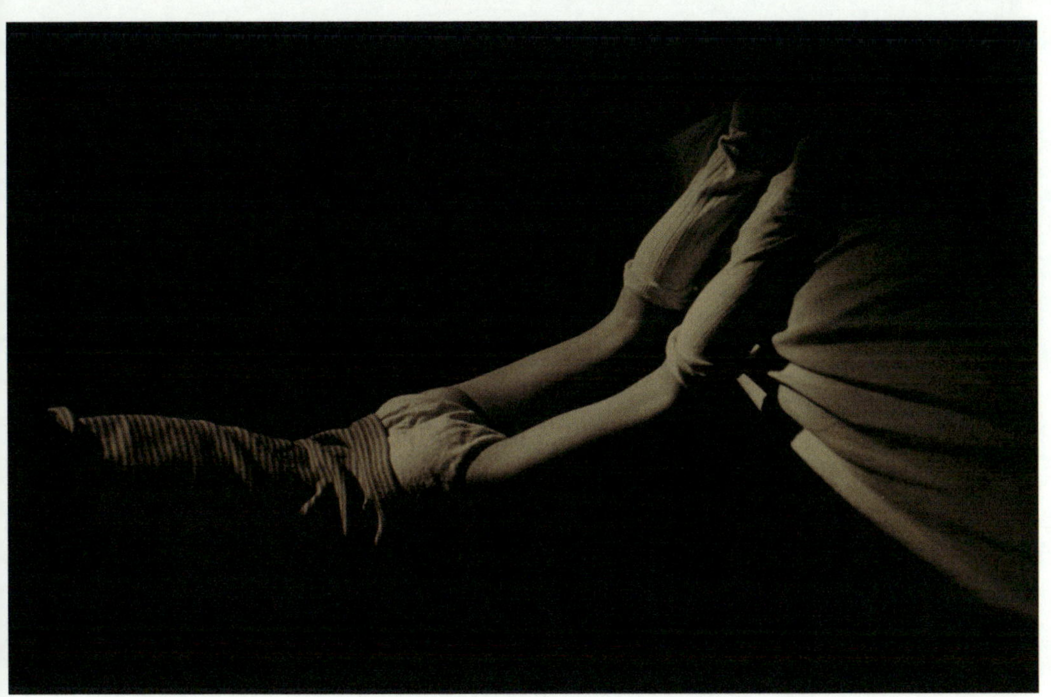

TUTI MAGLIO

062

**GUSTAVO
MALHEIROS**

PIEDRA Y LUZ
STONE AND
LIGHT

2008

1969
BRASIL
BRAZIL

Estudió fotografía en la School of Visual Arts de Nueva York en 1995, al tiempo que trabajaba como ayudante del fotógrafo Bruce Weber. En la actualidad, de nuevo en Río de Janeiro, colabora como fotógrafo con editoriales y campañas publicitarias. Ha publicado diez libros de fotografía, la mayoría con retratos y paisajes. Entre sus exposiciones se puede destacar *Masters Hasselblad Tour* (Hong Kong, Copenhagen, London y Nueva York).

Piedra y luz - Bom Jesus da Lapa, 2008: Repensando su trayectoria editorial, en este nuevo trabajo el artista replantea sus prácticas fotográficas. Por una parte los retratos que ahora son tomados en un estudio improvisado, por otra, nos presenta todo el material que fue encontrando durante la tradicional peregrinación del Bom Jesus da Lapa, que nos hace testigos de un momento cultural y antropológico.

Read photography at the School of Visual Arts in New York in 1995, while he worked as assistant to the photographer Bruce Weber. Currently, back in Rio de Janeiro, he collaborates as photographer with publishing houses and advertisement campaigns. He has published ten photography books, most of them portraits and landscapes. Among his exhibitions should be noted the *Master Hasselblad Tour* (Hong Kong, Copenhagen, London and New York).

Stone and Light - Bom Jesus Da Lapa, 2008. Rethinking his publishing career, the artist reassesses in this new work his photographic practices. On the one hand, the portraits are now taken in an improvised studio; on the other, he puts forward all the material found during his traditional pilgrimage to the *Bom Jesus da Lapa*, which turns us into witnesses to a cultural and anthropologic moment.

www.gustavomalheiros.com.br

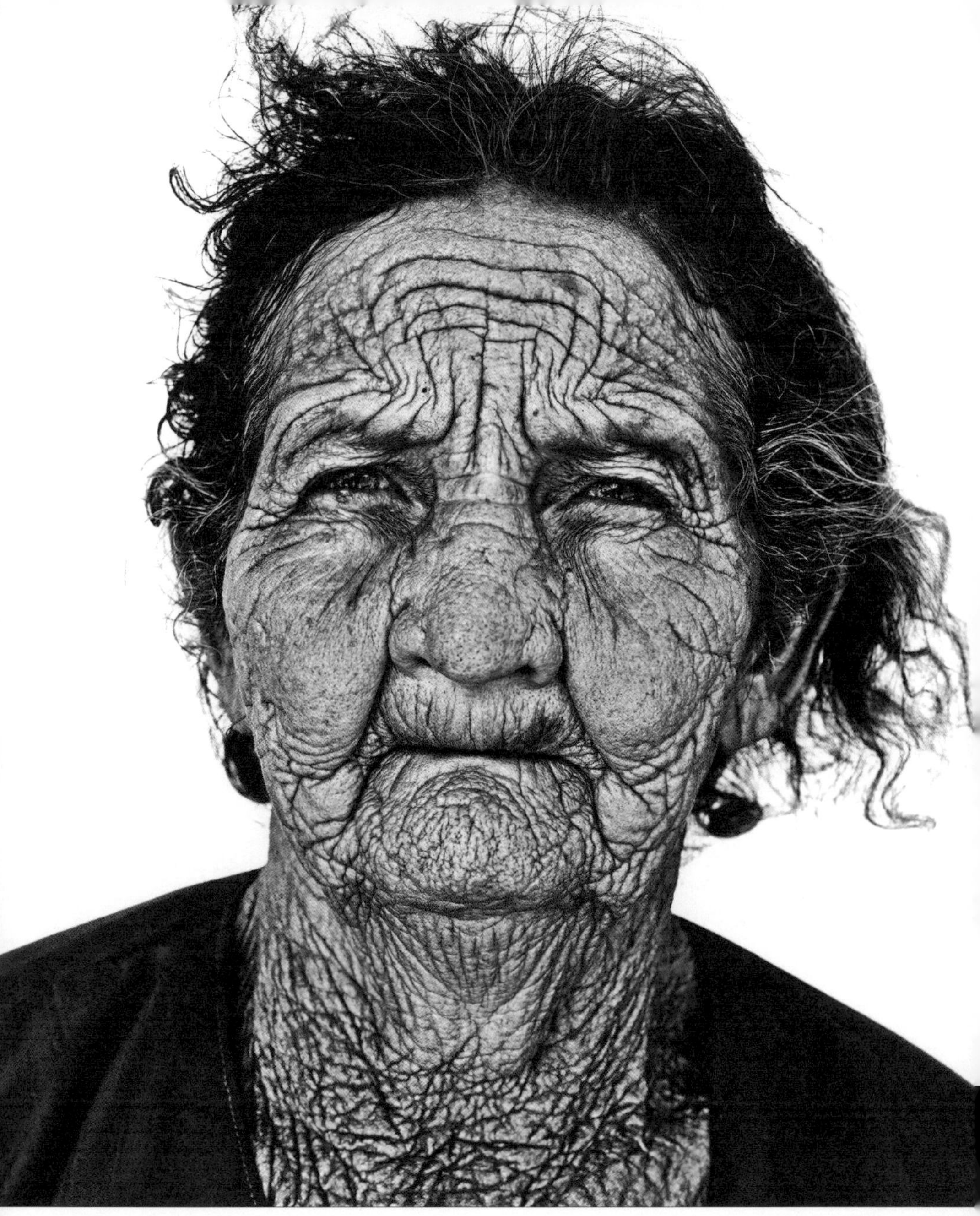

GUSTAVO MALHEIROS

063

GUIDO MANUILO

**NECRO.
UN TRABAJO
DOCUMENTAL
SOBRE EL FIN
DE LA VIDA**
NECRO.
A DOCUMENTARY
ABOUT THE END
OF LIFE

2009

1973
ARGENTINA
VIVE EN ESPAÑA
RESIDES IN SPAIN

Estudia fotografía en Argentina y cinematografía documental en la Escuela de San Antonio de Los Baños en Cuba. Comienza su carrera profesional en 1992 y tras vivir en Argentina, Chile, México y Nueva York, donde realiza numerosas exposiciones y reportajes gráficos, se instala en Barcelona. Entre 2004 y 2008 trabaja de forma permanente para la delegación de la agencia EFE en Barcelona. Actualmente combina su trabajo gráfico con la dirección de proyectos I+D en Lantana Films como director de fotografía, orientándose principalmente hacia nuevos formatos digitales.

Necro. Un trabajo documental sobre el fin de la vida, 2009, es una reflexión sobre la muerte a partir del soporte fotográfico. Un proyecto que pretende ayudar a desbloquear las trabas y los miedos que nos acompañan para comprender cómo funcionan y cómo son susceptibles de asimilarse.

Read photography in Argentina and Documentary Cinematography at the Escuela de San Antonio de Los Baños in Cuba. He began his professional career in 1992, and, after living in Argentina, Chile, Mexico and New York, where he held several exhibitions and graphic news stories, he settled in Barcelona. Between 2004 and 2008 he worked on a permanent basis for the delegation of the news agency EFE in Barcelona. Presently, he combines his graphic work with the direction of the I+D projects at Lantana Films, as Director of Photography, primarily gearing his work in the direction of digital formats.

Necro. A Documentary About the End of Life, 2009, is a reflection about death based on the support provided by photographs. It is a project that aims to help to unblock the barriers and the fears that accompany us, in order to understand how they work and how they can be assimilated.

www.guidomanuilo.com

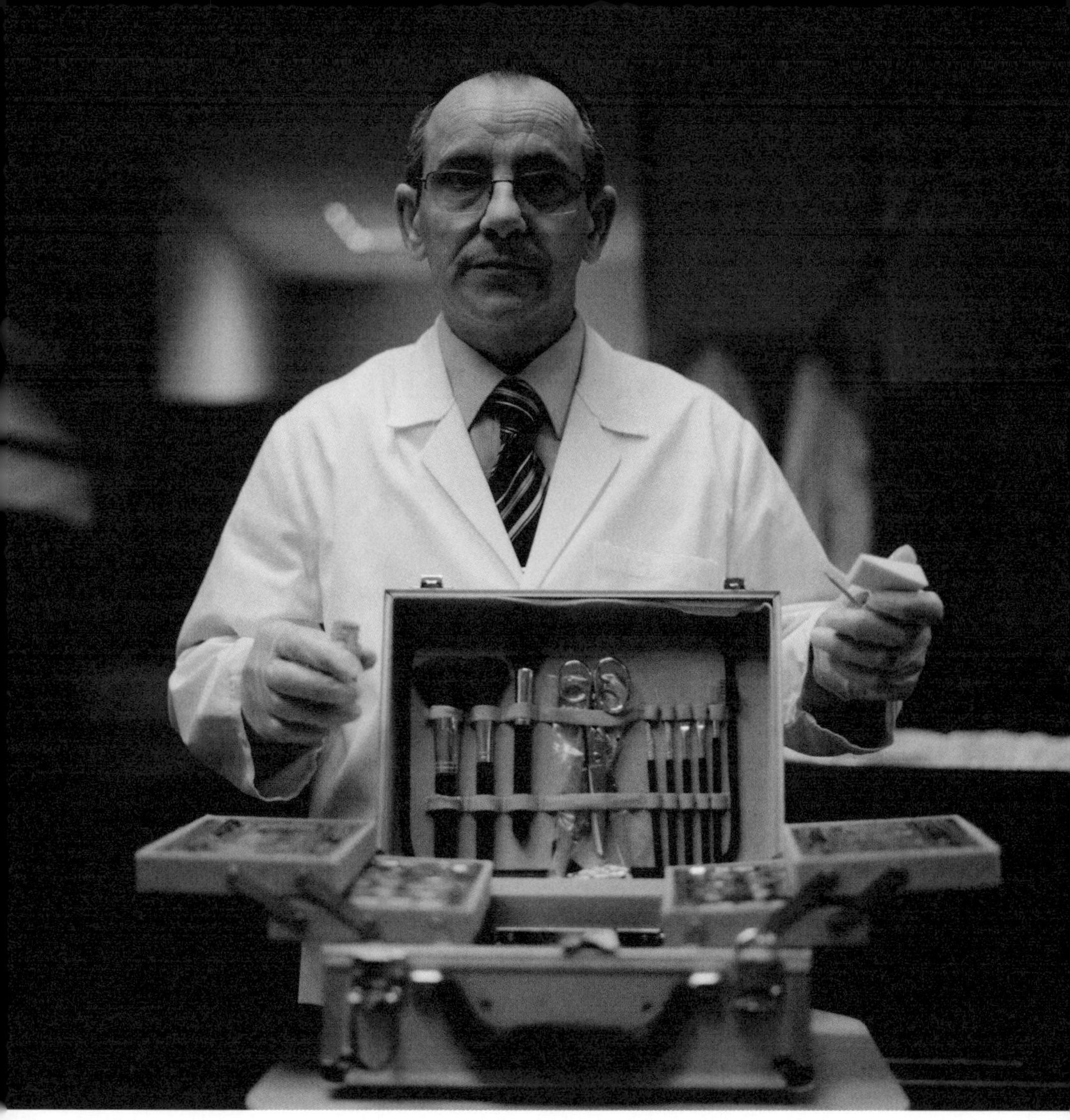

GUIDO MANUILO

FERNANDO MAQUIEIRA

FE
FAITH

2007

1966
ESPAÑA
SPAIN

Su obra se ha expuesto individualmente en el Festival Internacional de Fotografía de Roma, o la Resolution Gallery de Johanesburgo en Sudáfrica. Por su trabajo ha recibido también importantes becas y premios fotográficos.

Fe: En 2007 el Museo Nacional del Prado contrató sus servicios para fotografíar su ingente acervo disperso. Muchas de las obras se conservan en instituciones religiosas que constituyen un mundo aparte, inaccesible para la mayoría. Dentro de estos conventos, descubrió el mundo de las mujeres que los habitaban; religiosas que pudiendo tener otra vida habían renunciado a ella para, en pleno siglo XXI, consagrarse a Cristo y vivir una existencia casi medieval. Fue por ello por lo que decidió reflejar a través de su fotografía algo que para él es tan invisible como presente: la fe.

His work has been displayed in solo exhibitions in a large number of domestic and international centers, such as the International Festival of Photography in Rome or the Resolution Gallery in Johannesburg in South Africa. His work has merited him important scholarships and photography prizes.

Faith. In 2007 the Museo Nacional del Prado hired him to photograph its vast remote heritage. Many of the pieces are kept in religious institutions that constitute a separate world, inaccessible to most. Within these convents, he discovered the world of the women who live in them; religious women who, having had the chance to lead different lives, forewent it, in order to consecrate themselves, well inside the XXI century, to Christ and to live an existence that borders on the medieval. Therefore, he decided to give shape through his photography to something which, for him, is as invisible as it is present: faith.

www.fernandomaquieira.com

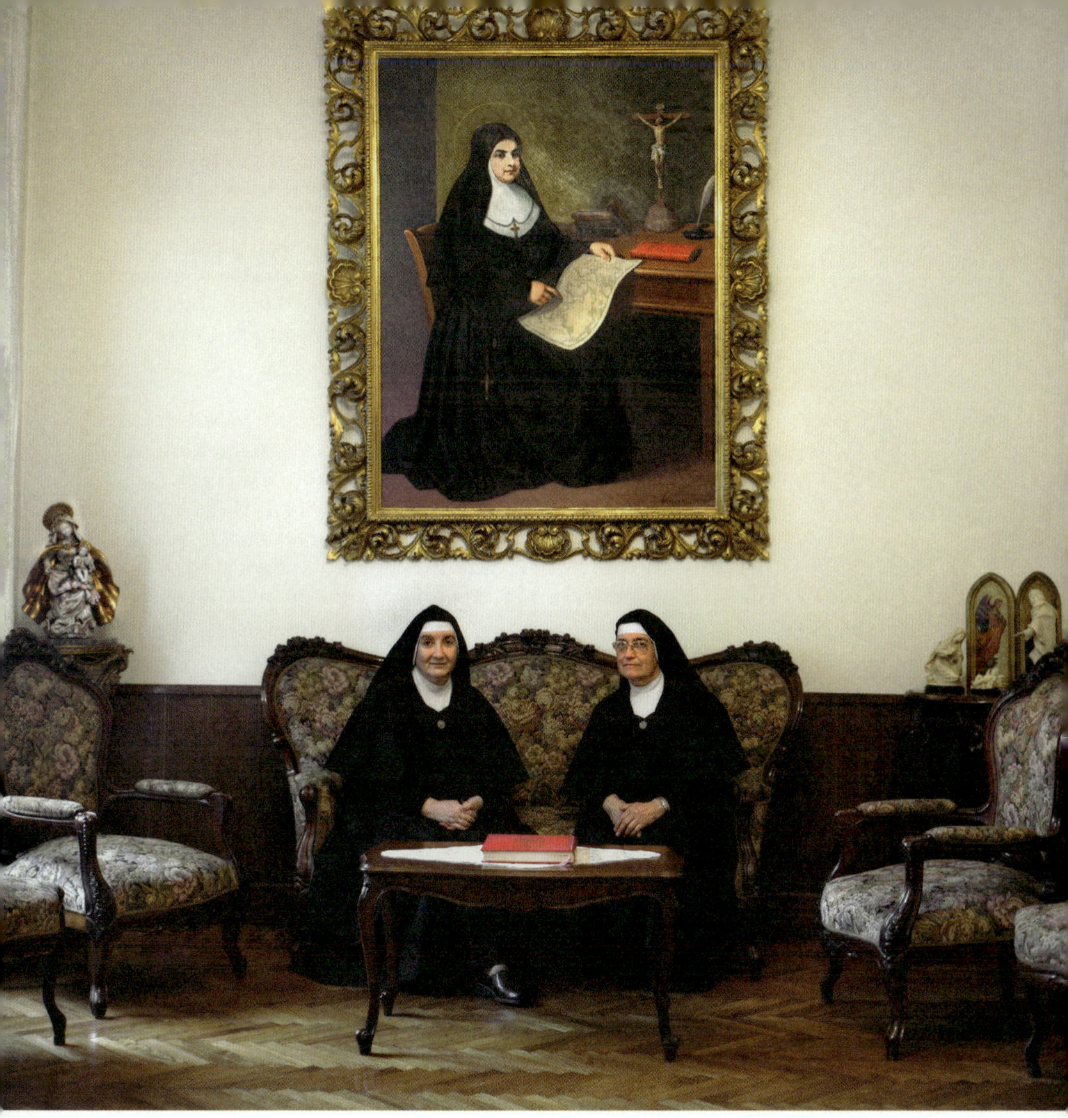

FERNANDO MAQUIEIRA

#065

**DANIEL
MARENCO**

DETENCIÓN
ARREST

2009

1980
BRASIL
BRAZIL

Estudió periodismo en la Universidad del Vale do Rio dos Sinos Unisinos, y en la actualidad trabaja como reportero fotográfico para el periódico *Zero Hora* de Porto Alegre. Recientemente ha ganado el premio Leica-Fotografe Melhor, en la categoría de ensayo.

Detención: Esta pieza se convierte en un retrato de lo que se considera la peor cárcel de Brasil, La Central, como es conocido el presidio central de Porto Alegre, que acoge tal número de detenidos como los habitantes de una gran ciudad.

Read Photojournalism at the Universidad del Vale do Río dos Sinos Unisinos, and currently works as photographic journalist for the newspaper *Zero Hora* in Porto Alegra. Recently he was awarded the prize Leica-Fotografe-Melhor, in the essay category.

Arrest. This piece becomes a portrait of what is considered to be the worst jail in Brazil; commonly known as the Central, Porto Alegre's main jailhouse lodges as many detainees as the population of a large city. The intense problems are exponential to the size and density.

www.provacontato.blogspot.com

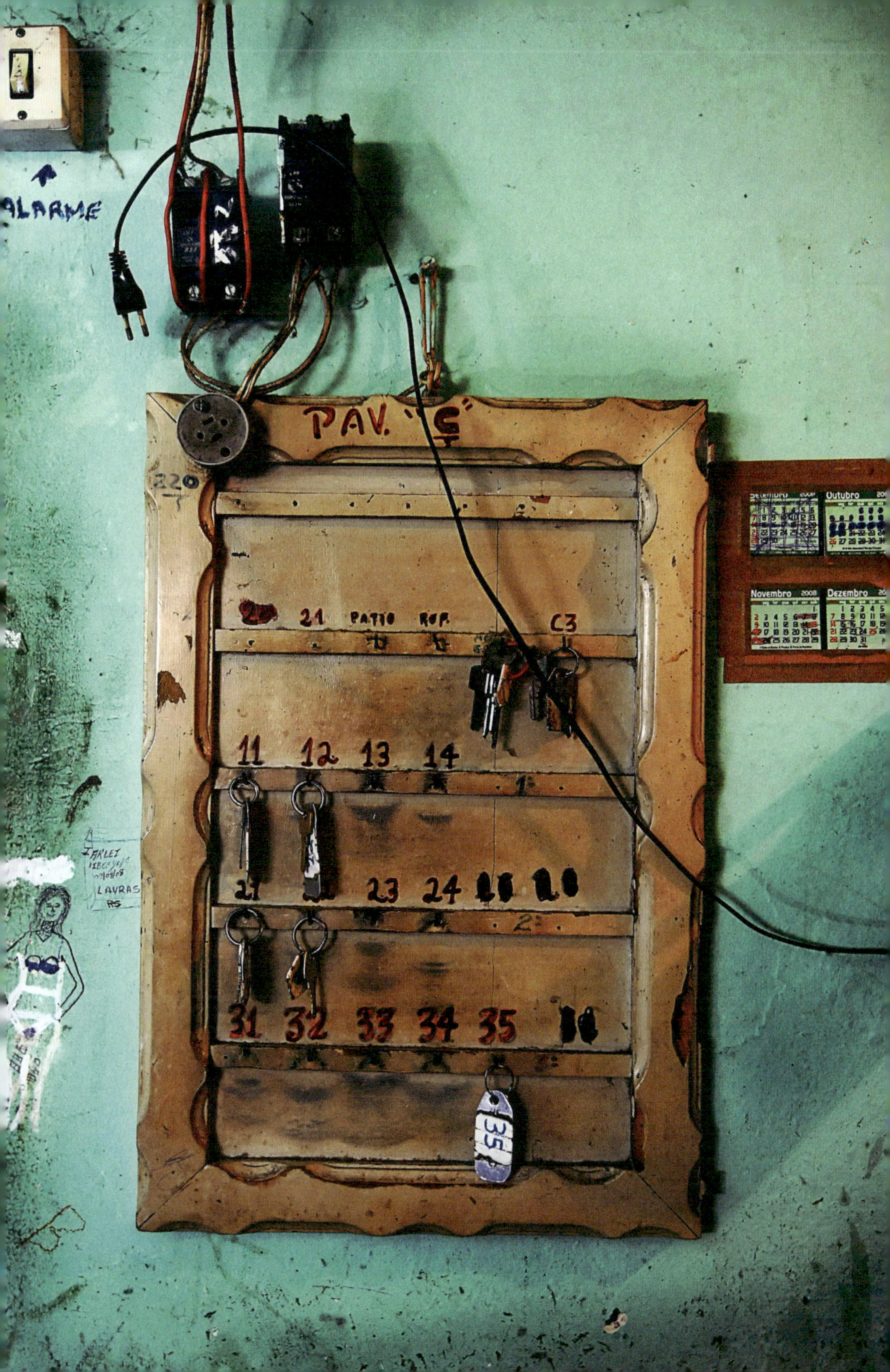

ALARME
220
PAV. "C"
21   PATIO   REP.   C3
11   12   13   14
1
21   23   24
2
31   32   33   34   35
35
Setembro
Outubro
Novembro 2008   Dezembro

**JAVIER
MARQUERIE
THOMAS**

**ARQUEOLOGÍA
MELANCÓLICA**
MELANCHOLIC
ARCHAEOLOGY

2009

1986
ESPAÑA
VIVE EN
REINO UNIDO
SPAIN
RESIDES IN THE
UNITED KINGDOM

Se formó como fotógrafo en el Máster de Fotografía Concepto y Creación, de la EFTI, en Madrid, y actualmente estudia un máster de fotografía en la University of Westminster en Londres. Desde el 2007 ha realizado varias exposiciones individuales en Madrid, Barcelona y Cádiz, y colectivas en España, Italia y Polonia.

Arqueología melancólica, de 2009, es un trabajo íntimo basado en su experiencia familiar. El artista vuelve a la casa de sus abuelos en la que hace cuarenta y cuatro años su abuelo plantó un pinar. La aventura de reencontrarse con este lugar y las tradiciones familiares le sirven para dejar espacio al recuerdo y la memoria y para generar acciones que retomen el trabajo emprendido por sus predecesores. Observa el paisaje para desvelar sus entrañas.

Trained as a photographer with the Masters degree in Photography Concept and Creation from the EFTI in Madrid and currently courses the Master in Photography from the University of Westminster in London. Since 2007 he has held several solo exhibitions in Madrid, Barcelona and Cadiz, and other group exhibitions in Spain, Italy and Poland.

Melancholic Archaeology, 2009, is an intimate piece based on his family experience. The artist goes back to his grandparents' home, where forty-four years ago his grandfather planted a forest of pines. The adventure of being reunited with this place and with family traditions serves him to give room to memory and recollection and to generate actions that lead him to resume the task carried out by his forefathers. He observes the landscape to uncover its kernel.

wwwjaviermarquerie.blogspot.com

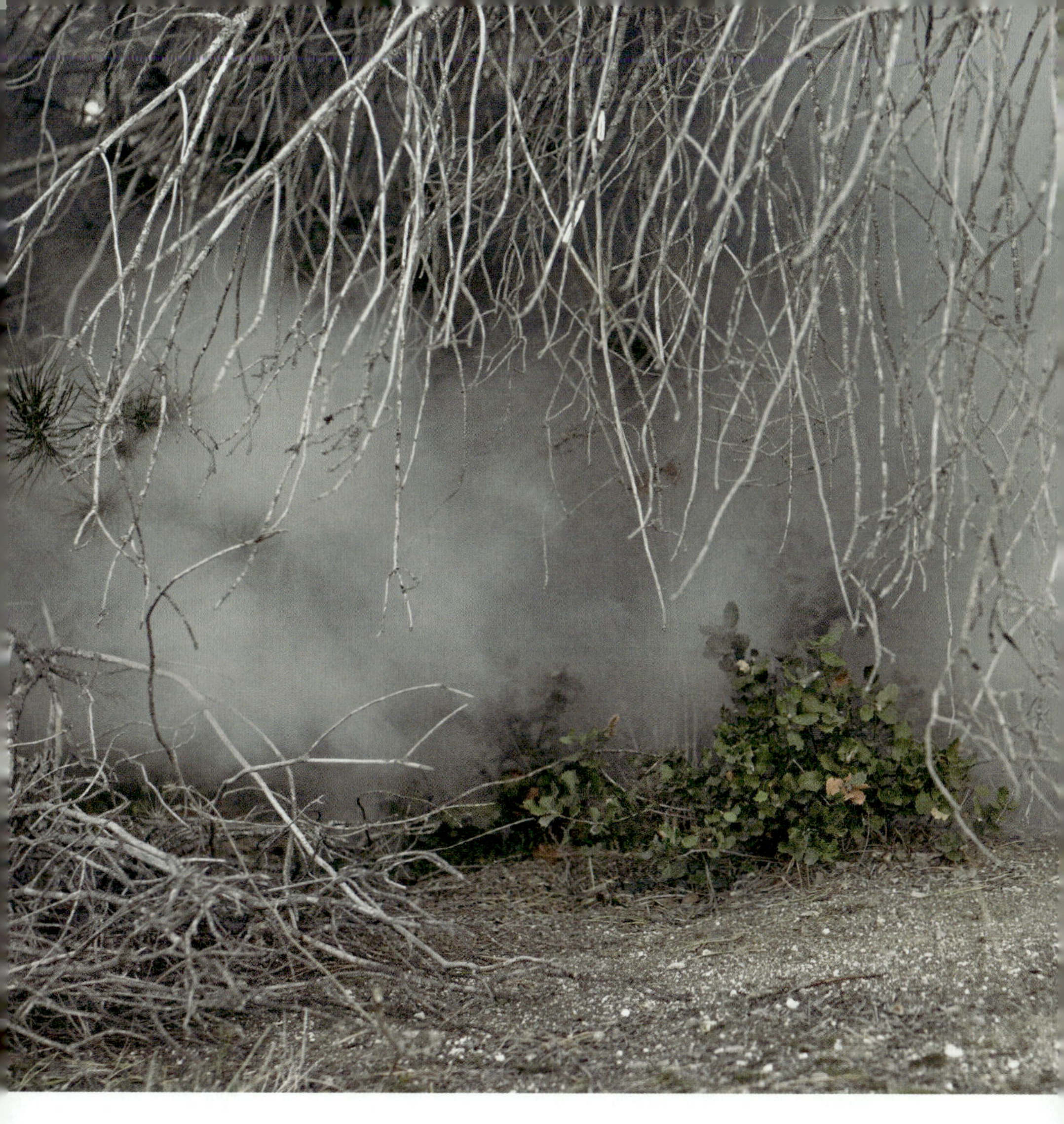

JAVIER MARQUERIE THOMAS

Byron Mármol posee una sólida experiencia laboral después de ser asistente durante años de fotógrafos como Juan Brenner o Jeff Pettry, y haber trabajado para el Ambush Studio en Guatemala, ciudad en la que ha expuesto su trabajo en repetidas ocasiones.

Su proyecto *21-24*, de 2009, es un trabajo casi documental acerca de la vida de los niños que habitan en una casa para personas especiales. La mayor parte del trabajo se centra en retratos de los niños en los ambientes donde viven, juegan, comen, se ejercitan y duermen. La serie también retrata y describe parte del sistema al que estos niños pertenecen. La expresión de los modelos rompe con la frialdad del planteamiento y sus reacciones, a veces aleatorias, definen con fuerza y precisión las personalidades tan particulares de cada retratado.

Byron Mármol boast a strong working background following his tenure, for years, as assistant to photographers such as Juan Brenner or Jeff Pettry, and after having worked for Ambush Studio in Guatemala City, where he has exhibited his work repeatedly.

His 2009 project, *21-24*, is a quasi-documentary about the lives of children living in homes for people with special needs. Most of the work focuses on portraits of the children in the environment where they live, play, eat, exercise and sleep. The series also portrays and describes the system to which these children belong. The expression in the faces of the models is shattered by the coldness of the proposal, and their reactions, sometimes random, define with strength and precision the particular traits of each of the persons photographed.

www.byronmarmol.com

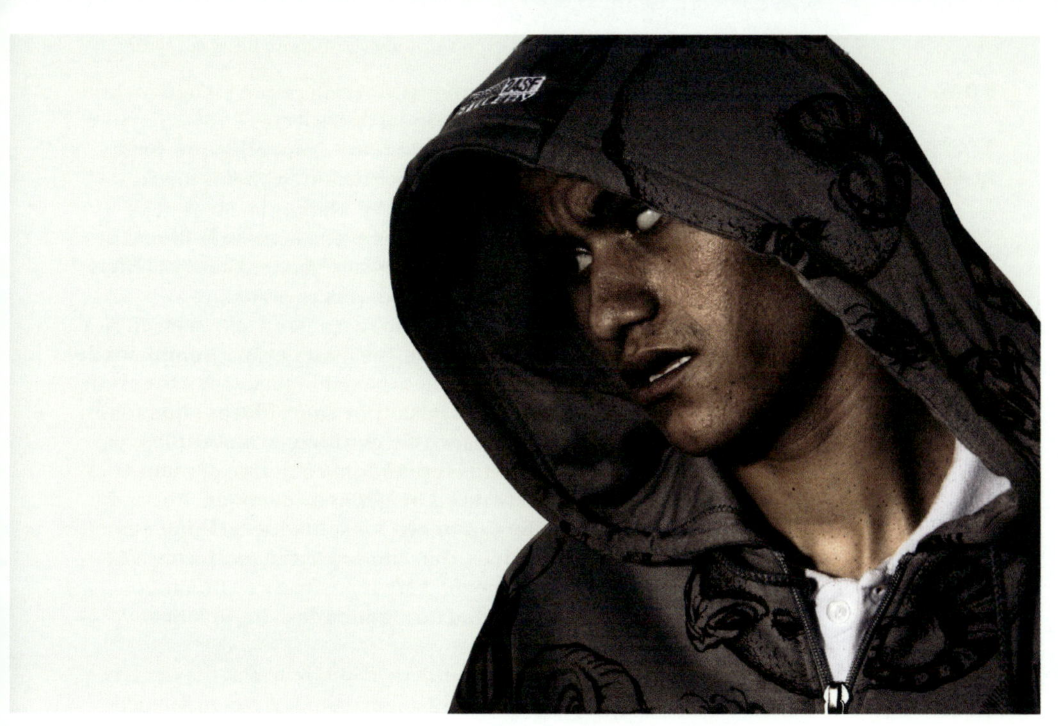

    BYRON MÁRMOL CHOC

**MAYRA
MARTELL**

**EL DOCUMENTO
DE LA MEMORIA**
THE DOCUMENT
OF THE
MEMORY

2009

1979
MÉXICO
MEXICO

Se ha formado como fotógrafa en talleres en el Centro de la Imagen, del Centro Nacional de las Artes en México y en el seminario de la agencia Magnum, impartido por Bruce Gildeon, en Nueva York. Ha publicado en varios medios mexicanos, así como en Canadá y Alemania. Su obra ha sido seleccionada para diversos eventos como la Bienal de Venezuela, el certamen Joop Swart Master Class y la Bienal Manif'd Art, en Quebec, Canadá, entre otros.

«Falsos positivos» es como se conoce a las revelaciones hechas a finales del año 2008 que involucran a miembros del ejército colombiano en la desaparición y asesinato de civiles inocentes, para hacerlos pasar por guerrilleros muertos en combate, dentro del marco del conflicto armado que vive el país. Estos asesinatos tenían como objetivo presentar resultados por parte de las brigadas de combate. Por cada positivo (guerrillero) muerto, los soldados recibían a cambio incentivos económicos, días libres y ascensos. La obra *El documento de la memoria: Falsos positivos en Colombia* reconstruye la identidad de algunos de estos jóvenes.

Trained as a photographer in workshops held at the Centro de la Imagen of the Centro Nacional de las Artes in Mexico and in the seminar of the Magnum Agency, taught by Bruce Gideon in New York. She has been published in several media in Mexico, as well as in Canada and Germany. Her work has been chosen for various events such as the Bienal de Venezuela, the Joop Swart Master Class contest and the Bienal Manif d'Art in Quebec, Canada, among others.

False positives is the name given to the announcements made towards the end of 2008, where members of the Colombian Army were implicated to the disappearance and murder of innocent civilians, in order to make them look like guerrilla-men killed in combat, within the frame of the armed conflict that afflicts the country. These murders were intended to reveal positive results by the combat units. Each positive (identified guerrilla-man) killed entailed remuneration for the soldiers, in the form of economic incentives, days off-duty and promotions. The piece *The Document of the Memory: False Positives in Colombia* reconstructs the identity of some of these youths.

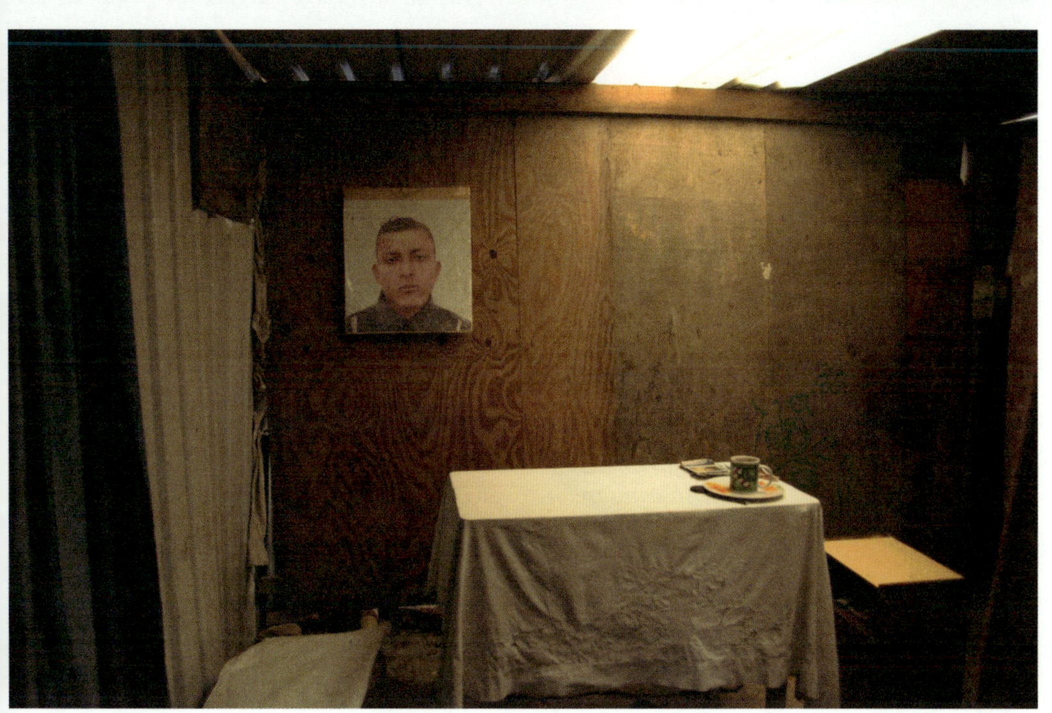

 MAYRA MARTELL

069

**MARIO
MARTÍN**

1976
ESPAÑA
SPAIN

Estudia fotografía de reportaje en instituciones públicas madrileñas y desempeña su carrera profesional como retratista editorial y reportero social, así como fotógrafo publicitario desde el año 1999. Ha realizado encargos para compañías discográficas, agencias de publicidad, agencias de modelos, revistas, películas, cortometrajes y series de televisión. Actualmente colabora con diversos medios de prensa y recibe encargos, sobre todo en el ámbito del retrato editorial.

Daaray Bere: Escuela de lucha: En Guediawaye, una de las 'Banlieue' más populares de Dakar muchos jóvenes toman la decisión de convertirse en luchadores de Lamb persiguiendo el sueño de la prosperidad y el respeto, y entrenando a diario para convertirse en campeones. Daaray Bere es un recorrido por diversas escuelas y un reflejo de las personas que el fotógrafo encontró allí.

Read Photojournalism in public institutions in Madrid, and in terms of his professional career he works as editorial portraitist and society reporter, as well as advertising photographer, since 1999. His work has been commissioned by record labels, advertising agencies, model agencies, magazines, movies, shorts and TV series. Presently, he collaborates with various news companies and works on commission, particularly in the field of editorial portraiture.

Daaray Bere: Fight School. In Guendiawaye, one of the most popular "Banlieue" in Dakar, many young men chose to become Lamb fighters, following their dreams of prosperity and respect, and train daily to become champions. *Daaray Bere* is a journey through different schools and a portrayal of the people the photographer met there.

www.mariomartin.net

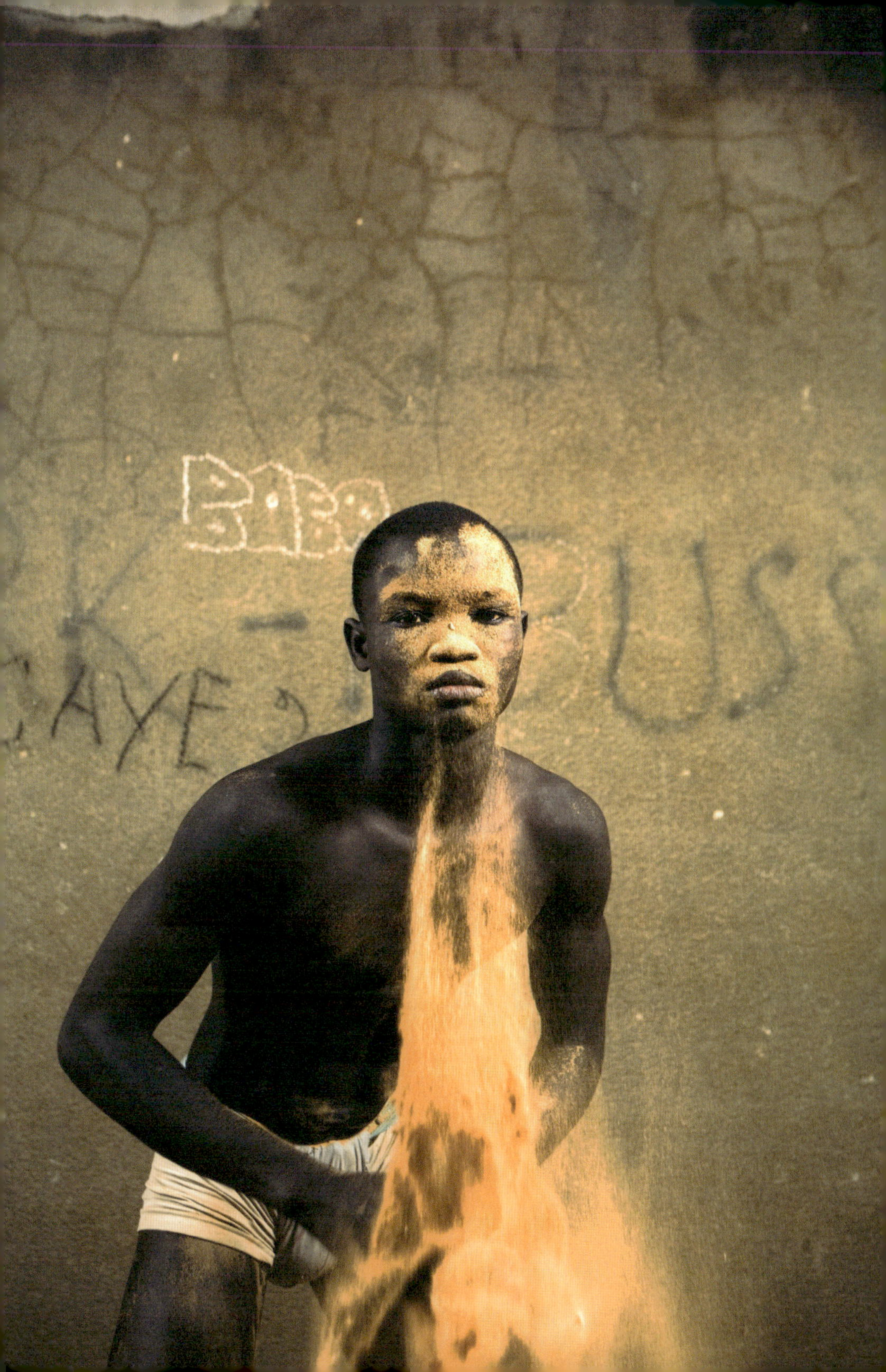
BABA
AYE
USS

#070

**JOSÉ MANUEL
MAYORGA**

**EL TIEMPO
PRESENTE**
PRESENT TIME

2007

1961
GUATEMALA

Su formación ha consistido en un gran número de talleres con los grandes profesionales del panorama guatemalteco, y su obra se ha podido ver en exposiciones tanto individuales como colectivas en sedes de diferentes ciudades de Guatemala y Estados Unidos.

La obra *El tiempo presente*, 2007, consiste en una serie de diez ampliaciones de película fotográfica realizadas en vinilo y montadas sobre zinc. Las imágenes evocan la diversidad cultural de la capital que se manifiesta frente al Palacio Nacional. La propuesta pretende que los guatemaltecos se reconozcan en sus diferencias, a la vez que se inculque una idea de respeto por el otro. Las imágenes provienen de eventos tan diferentes como la «Huelga de Dolores» de los estudiantes universitarios, el desfile del orgullo gay, la última conmemoración del día del ejército, la fiesta patria, manifestaciones en el octubre revolucionario y las navidades. Lo que tienen en común todas ellas es que han ocurrido en un mismo escenario y que son múltiples facetas de la complejidad de una nación.

His training has comprised many workshops with the great professionals of the Guatemalan landscape, and his work has been displayed in both solo and group exhibitions in venues across Guatemala and the United States.

Present Time, 2007, consists in a series of 10 enlargements of photo films, processed in vinyl and hung on zinc. The images evoke the cultural diversity of the capital, as manifested before the National Palace. The proposal seeks to make Guatemalan people aware of their differences, while at the same time instilling the idea of respect for the other. The images originated in events as different as the Huelga de Dolores carried out by university students, the gay parade, the latest commemoration of Army Day, the national holiday, demonstrations on the October revolution and Christmas. They all have something in common: they all happened in one place, and they are multiple facets of the complexity of a single nation.

www.mifamiliarespeta.blogspot

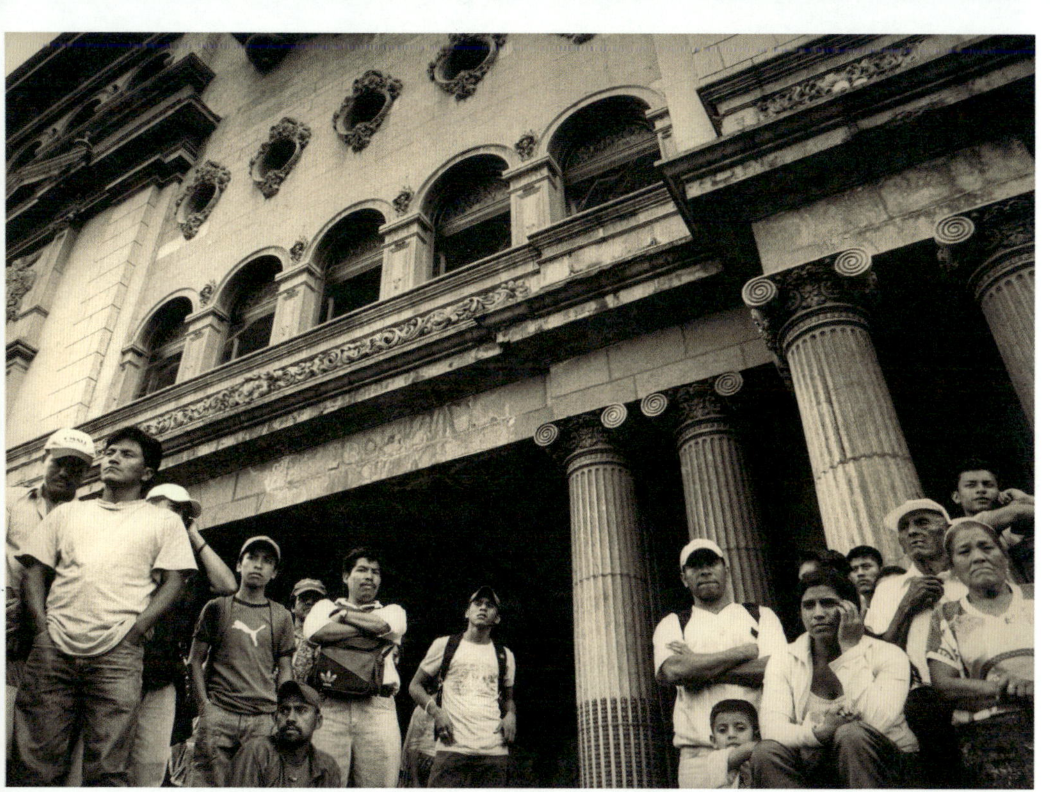

 JOSÉ MANUEL MAYORGA

071

**DARIN
MICKEY**

**RECURSOS
HUMANOS**
HUMAN
RESOURCES

2010

1974
ESTADOS UNIDOS
UNITED STATES

Se licenció en la escuela The School of Visual Arts de New York y su trabajo se ha expuesto en New York, Kansas City, Seattle, Atlanta, Copenhague y Tokio, y ha sido incluido en las colecciones del Brooklyn Museum of Art, The Museum of The City of New York, y en la del Museet for Fotokunst, en Dinamarca.

Recursos humanos, de 2010, es una serie aún no terminada en la que el artista documenta el ambiente de trabajo en las empresas norteamericanas. Las imágenes se tomaron en Detroit, Kansas City, St.Louis, Denver y Pittsburgh desde el 2007 e incluyen el ambiente de las oficinas de una empresa de gas, un curandero holístico, un orientador de instituto, una firma de seguros y otros lugares de negocios.

Graduated from The School of Visual Arts in New York, his work has been exhibited in New York, Kansas City, Seattle, Atlanta, Copenhagen and Tokyo, and he has been included in the collections of the Brooklyn Museum of Art, The Museum of the City of New York and the Museet for Fotokunst in Denmark.

Human Resources, 2010, is an unfinished work in which the artist documents the working environment of North American companies. The images were shot in Detroit, Kansas City, St. Louis, Denver and Pittsburgh and include the environment of the offices of a gas company, a holistic healer, a school counselor, an insurance company and other business places.

www.darinmickey.com

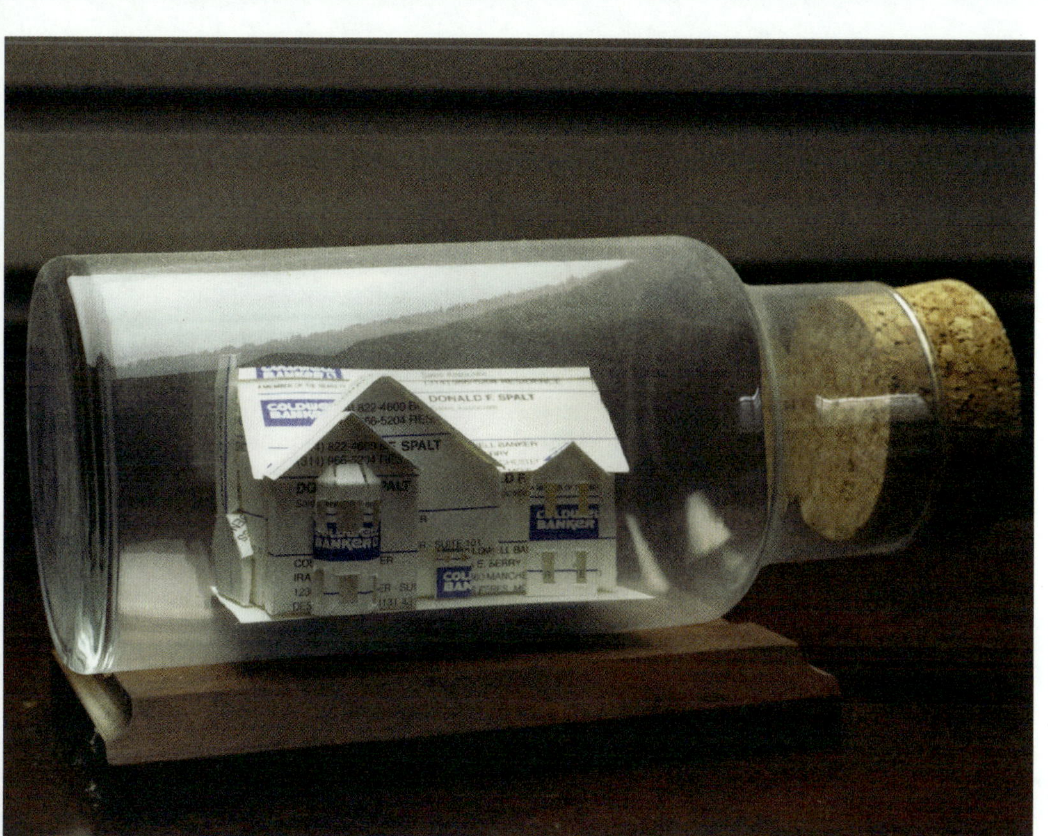

DARIN MICKEY

072

RAFAL MILACH

7 HABITACIONES
7 ROOMS

2009

1978
POLONIA
POLAND

Después de graduarse en Bellas Artes en Katowice, Polonia, se traslada a Varsovia donde comienza a trabajar como fotógrafo editorial freelance, actividad que alterna con sus proyectos artísticos personales. Sus fotografías se han publicado en importantes revistas y su obra se ha expuesto recientemente en el Fotografía Festival, MOCA de Shanghai y ha sido galardonado con el World Press Photo and Pictures of the Year International.

La obra *7 habitaciones* habla de Rusia como de un planeta aparte. Desde su incapacidad por comprenderla, para el artista Rusia es a la vez complicada y sencilla. Se siente a la vez fascinado y rechazado por el país y confiesa que después de cinco años trabajando sobre el tema aún siente no haber avanzado mucho. Quizás lo único es que conoce un poco mejor a su gente. Se ha relacionado con siete personas de tres ciudades distintas en Rusia y a través del trabajo ha podido acercarse a sus vidas privadas.

Following his degree in Fine Arts from Katowice, in Poland, he moved to Warsaw, where he combined his work as a freelance in editorial photography with his personal artistic projects. His photographs have been published by important magazines and his work has recently been exhibited at the Photography Festival, MoCA in Shanghai, and he has been awarded the World Press Photo and Pictures of the Year International.

The piece *7 Rooms* speaks about Russia as if it were a separate planet. From his inability to understand it, the artist finds it both simple and complicated. He feels simultaneously fascinated and appalled by the country and admits that, after five years working on the subject, he still feels he has not advanced much. Perhaps the only thing he knows slightly better is its people. He has related with seven people from three different cities in Russia, and, through this work, he has been able to come closer to their private lives.

www.rafalmilach.com

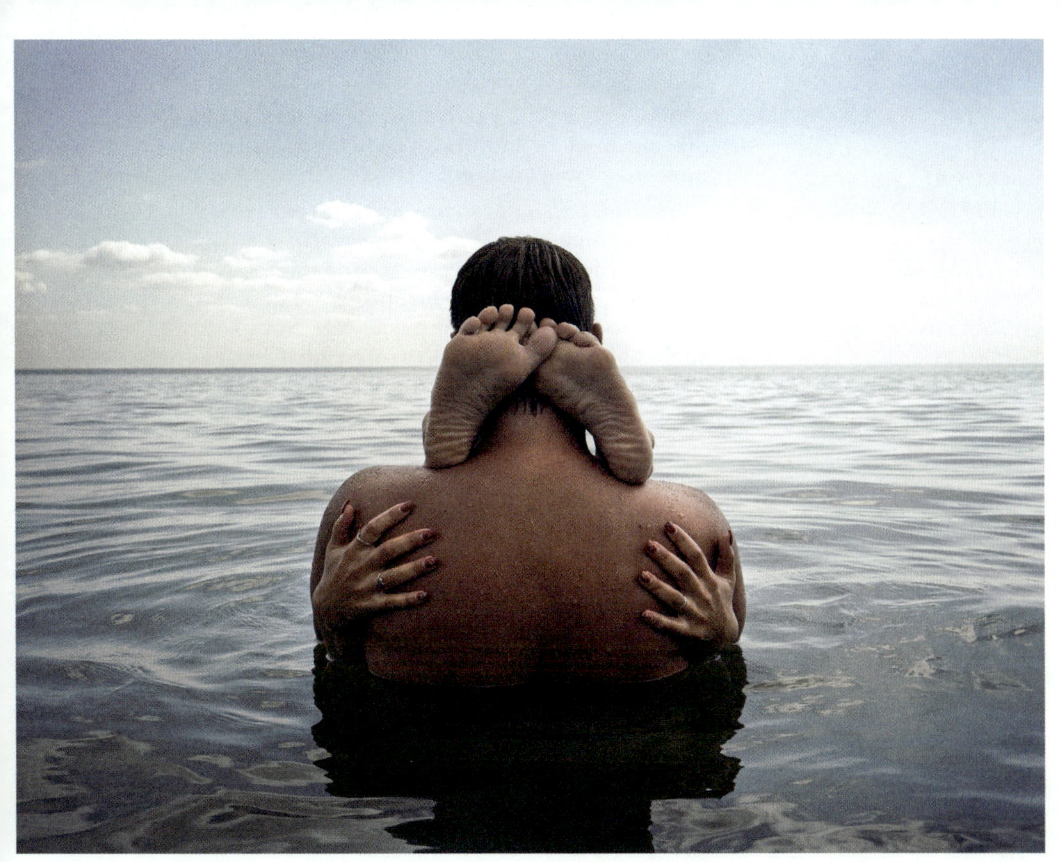

RAFAL MILACH

073

JAIME
MIRALLES
WANG

**MADRID
CALLES /
METRO**
MADRID
STREETS /
UNDERGROUND

2009

1985
ESPAÑA
SPAIN

Estudió el curso de Fotografía Profesional Digital en la escuela EFTI, y posteriormente hizo el Máster Internacional de Fotografía en la misma escuela. Ha expuesto en muestras colectivas en Barcelona y en Madrid.

Madrid. Calles / Metro es una obra personal y autobiográfica. Como escritor de graffitis, además de fotógrafo, acompaña a sus amigos cuando salen a pintar pero en ocasiones cambia los sprays por la cámara y elige retratar escenas en las que después el grupo se puede ver reflejado. Escenas de acción e intensidad dentro de la calma y el silencio, de lucha y de expresión, entre el vandalismo y el arte, entre las luces y las sombras.

Completed the course in Professional Digital Photography at the EFTI, and subsequently did an International Masters degree in Photography at the same institution. He has taken part of group exhibitions in Barcelona and Madrid.

Madrid. Streets/Underground is a personal and autobiographical piece. As a graffiti artist, as well as a photographer, he joins his friends when they go on excursions to paint, but sometimes he trades the spray for the camera and chooses to shoot scenes in which the group can subsequently see itself mirrored. Scenes full of action and intensity lodged within the calm and silence, the struggle and expression, halfway between vandalism and art, between light and shadows.

www.jaimeuno.com

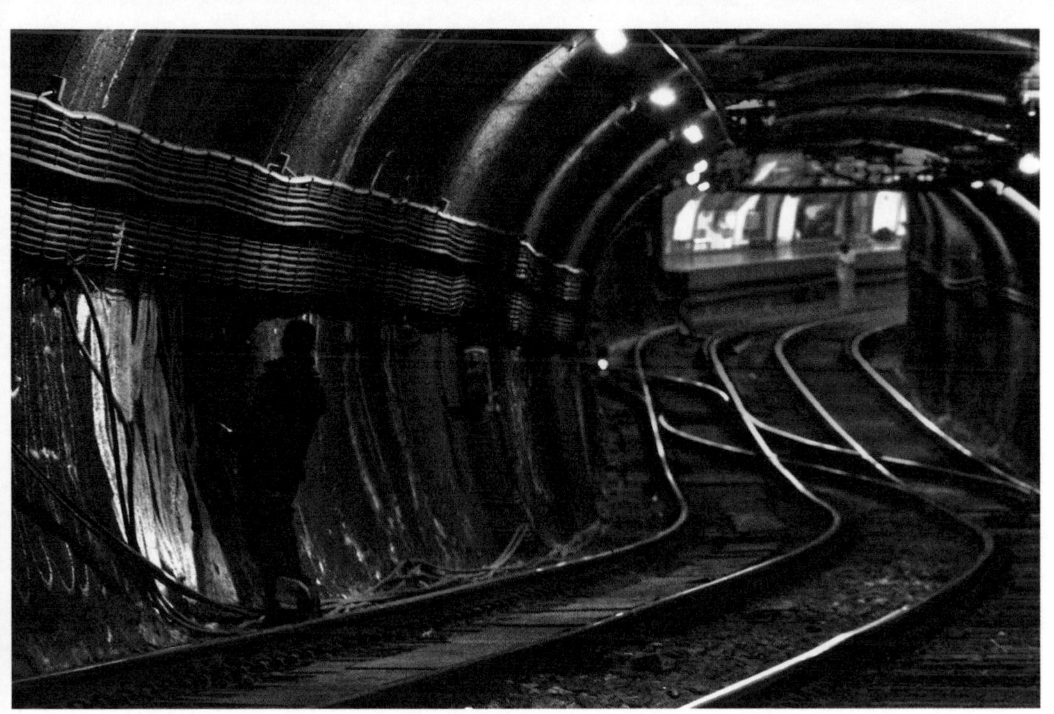

JAIME MIRALLES WANG

#074

**LUIS ARTURO
MOLINA
ESTRADA**

**TUGURIO /
PARAÍSO**
HOVEL /
PARADISE

2008

1976
GUATEMALA

Fotógrafo autodidacta, realizó estudios en la Universidad de San Carlos de Guatemala de Publicidad Profesional y estudios de Diseño Gráfico en el Tecnológico, también en su país. Miembro del Club Fotográfico de Guatemala, ha participado en varias exposiciones colectivas y sus fotografías han aparecido en varias publicaciones, entre ellas Informe Nacional de Desarrollo Humano 2008, del Programa de Naciones Unidas para el Desarrollo.

En la obra *Tugurio / Paraíso*, 2008, se plantea la cotidianidad como punto de partida. Con el escenario de un anónimo mercado, en el oriente del país, se escenifican en la serie las contradicciones latentes y palpables del carácter de los guatemaltecos; esa mezcla de tristeza y la nostalgia intrínseca o la cualidad de reírse de sí mismos. Un repaso a la identidad nacional que desafía silenciosamente el discurso oficial.

Self-taught photographer, he carried out studies in Professional Advertising at the Universidad de San Carlos in Guatemala, and in Graphic Design at the Tecnológico in Guatemala. Member of the Photography Club of Guatemala, he has been part of several group exhibitions in his native country, and his photographs have appeared in a number of publications, among them the National Human Development Report 2008 of the United Nations Development Programme.

Hovel / Paradise, 2008, puts forward everyday life as its starting point. Given the setting of an anonymous market on the eastern end of the country, the series of latent and palpable contradictions in the character of Guatemalan people are put on stage; that mixture of sadness and intrinsic nostalgia, or the ability to laugh at themselves. A review of the country's national identity, which silently defies the official discourse.

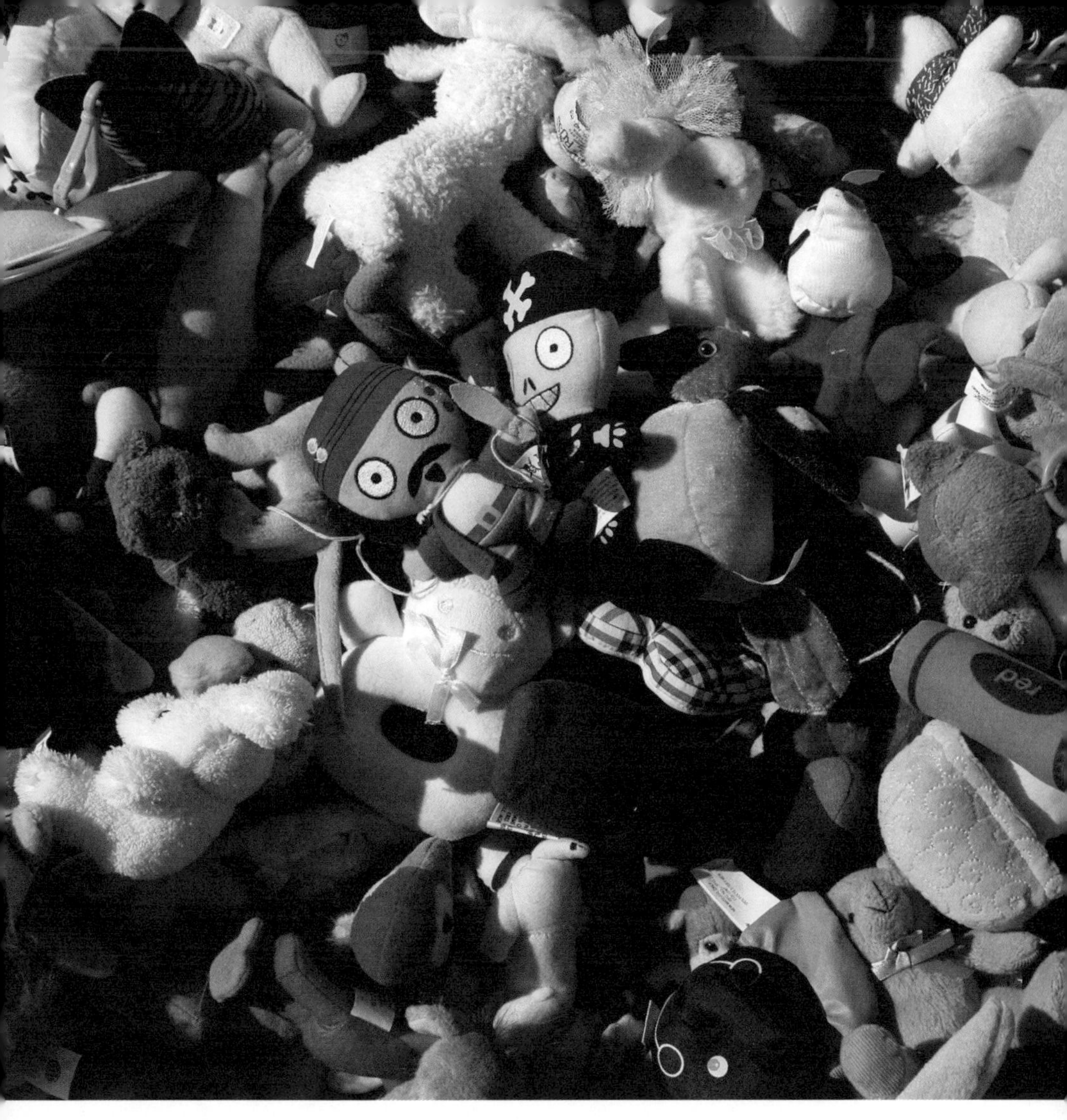

LUIS ARTURO MOLINA ESTRADA

ALICIA MONEVA MORENO

PAISAJE HUMANO
HUMAN LANDSCAPE

2009

1969
ESPAÑA
SPAIN

Licenciada en Ciencias Biológicas, es autodidacta en la pintura, a la que se dedica de forma profesional desde 1990. En un principio la fotografía es una herramienta más de trabajo, y no es hasta el año 2002 cuando adquiere una importancia relevante. A partir del año 2004 expone conjuntamente obra pictórica y fotográfica (Madrid, Barcelona, Miami).

Paisaje humano, 2009: Este proyecto trata de indagar en el mundo de las primeras sensaciones de la vida, estrechamente vinculadas al inconsciente y su espacio vital, abordando de qué forma afectará posteriormente en el espacio colectivo. Estas sensaciones primigenias podrían guardarse en estado casi puro, en la parte más primitiva del cerebro (tronco cerebral), en los primeros años de vida. Con el habla habrá un proceso de racionalización del pensamiento, utilizándose otras áreas cerebrales. De esta forma las primeras sensaciones «sin pulir», quedarían veladas a nuestra consciencia, pero golpeando nuestra realidad con mensajes cifrados.

Graduated in Biological Sciences. Self-taught painter, which has been her professional field of work since 1990; initially, photography was just another tool for her work, and it was not until 2002 when it gained greater importance. From 2004 onwards she exhibits both her painting and her photography jointly (Madrid, Barcelona, Miami).

Human Landscape, 2009. This project seeks to delve into the world of the first sensations in life, closely linked to the unconscious and the vital space, looking at how it shall have subsequent consequences in the collective space. These primeval sensations could be kept in an almost pure state in the most primitive areas of the brain (brainstem), during the first years of life. With the apparition of speech a process of rationalization of thought will emerge, making use of other portions of the brain. Hence, the first, "unpolished" sensations would remain veiled to the conscience, but thumping out reality with coded messages.

www.amoneva.com

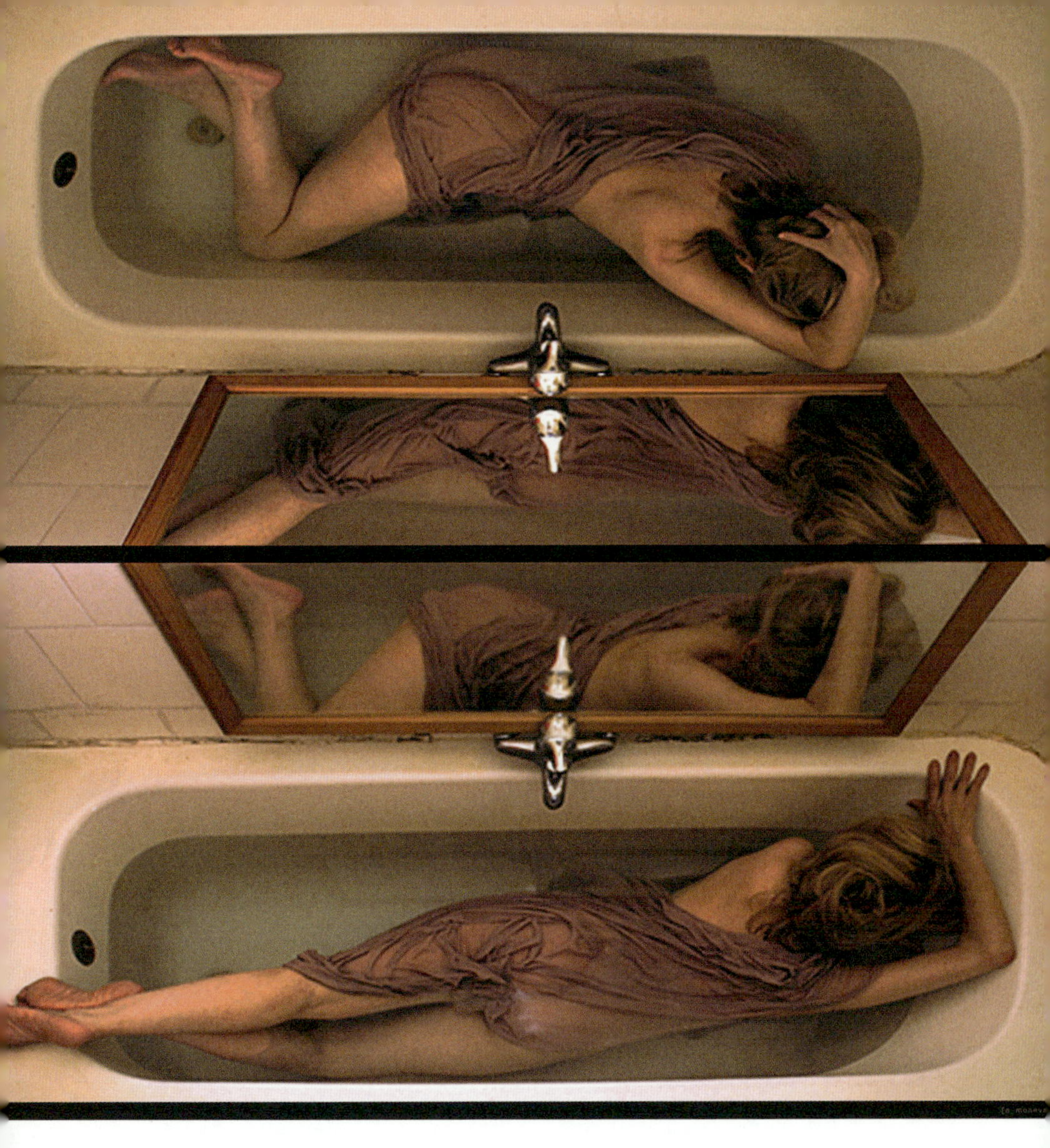

ALICIA MONEVA MORENO

076

**FREDDY
MURPHY**

BALA DE PLATA
SILVER BULLET

2009

1974
GUATEMALA

Tras estudiar fotografía en Sevilla, su obra se ha expuesto tanto en España como en Guatemala, y su trabajo le ha merecido ser nominado al Sony World Photography 2008 y ganar el Premio Nacional de Fotografía INGUAT 2008.

Bala de plata, 2009, es el reportaje de la gira de un artista que transforma su imagen para convertir las calles en escenarios y salpicar de fantasía la realidad del que camina por la calle. Se trata de un mimo callejero que recorre desde hace 20 años las principales ciudades de España. La serie está compuesta por imágenes capturadas en Bilbao, Valencia, Sevilla y Cádiz. Lo conocen como el vaquero plateado, pero él dice llamarse Bala de Plata.

Following studies in Photography in Seville, Spain, his work has been exhibited in Spain and in Guatemala, and it has merited him a nomination to the Sony World Photography 2008 and an award from the Premio Nacional de Fotografía INGUAT 2008.

Silver Bullet, 2009 is a report about the tour of an artist who transforms his image to turn the streets into stages and to sprinkle with fantasy the reality of those who trod along the street. It is a wandering mime, who for the past 20 years has traveled to the main cities in Spain. The show consists of images taken in Bilbao, Valencia, Seville and Cadiz. He is known as the silver cowboy, but he calls himself Silver Bullet.

www.freddymurphy.com

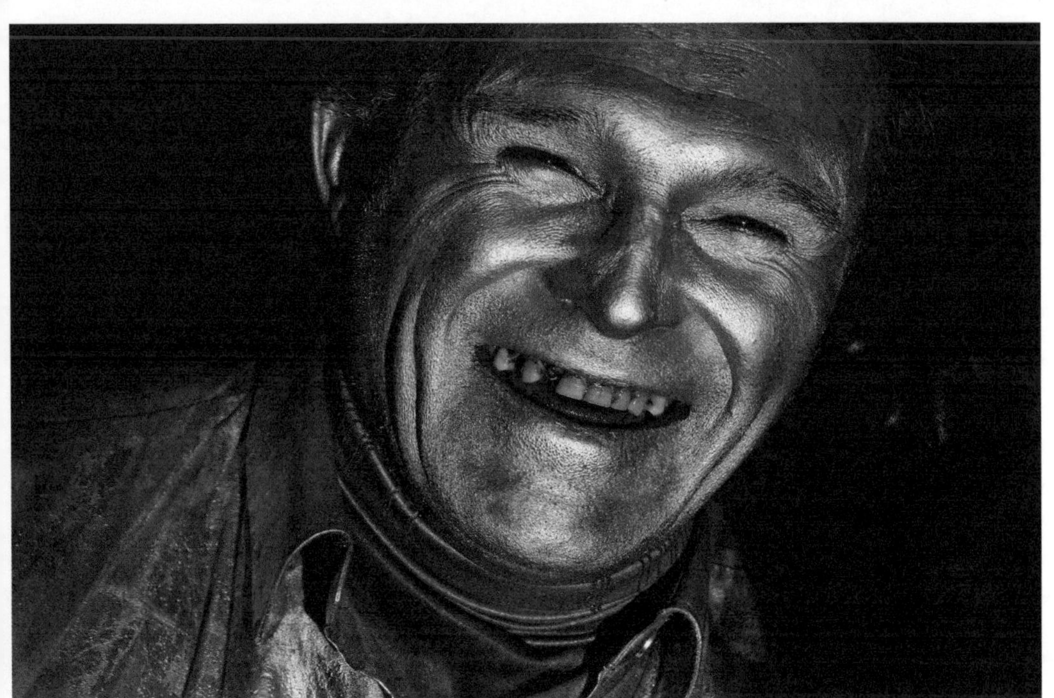

 FREDDY MURPHY

077

**MUSUK
NOLTE
MALDONADO**

RIESGO
RISK

2009

1988
MÉXICO
VIVE EN PERÚ
MEXICO
RESIDES IN PERU

Realizó estudios de fotografía profesional en el Centro de la Imagen, Lima, así como diversos talleres de fotografía en Perú y en México. Profesionalmente trabaja como fotógrafo del diario *El Comercio* y es colaborador permanente de las revistas *Etiqueta Negra*, *Somos* y *Poder*. Su obra fotográfica se ha expuesto en diversas galerías y centros de arte en Perú y en España y ha obtenido menciones y premios en diversos certámenes entre los que se pueden nombrar la residencia para artistas On Air, Stadtpark Galerie, en Krems, Austria. Fue finalista del Festival Fotográfico de Vendôme, y obtuvo el premio Mark Grosset en Francia.

La obra *Riesgo*, de 2009, habla del universo infantil y en sus imágenes hace un repaso por las terribles amenazas con las que conviven los niños en los países subdesarrollados: Sida, malaria, desnutrición, abandono y pobreza.

Studied Professional Photography at the Centro de la Imagen in Lima, and in several photography workshops in Peru and Mexico. In professional terms, he works as a photographer for the daily newspaper *El Comercio*, and he is a permanent contributor for the magazines *Etiqueta Negra*, *Somos* and *Poder*. His photographs have been exhibited in various galleries and art centers in Peru and Spain, and he has obtained mentions and awards in several contests, among which stand out an artist's residence at On Air, Stadtpark Galerie in Krems, Austria; he was a finalist at the Photography Festival of Vendome and earned the Mark Grosset prize in France.

His 2009 piece, *Risk*, speaks about the universe of children, and his images review the terrible threats faced by children in underdeveloped countries: Aids, malaria, malnutrition, abandonment and poverty.

www.elcomercio.com.pe

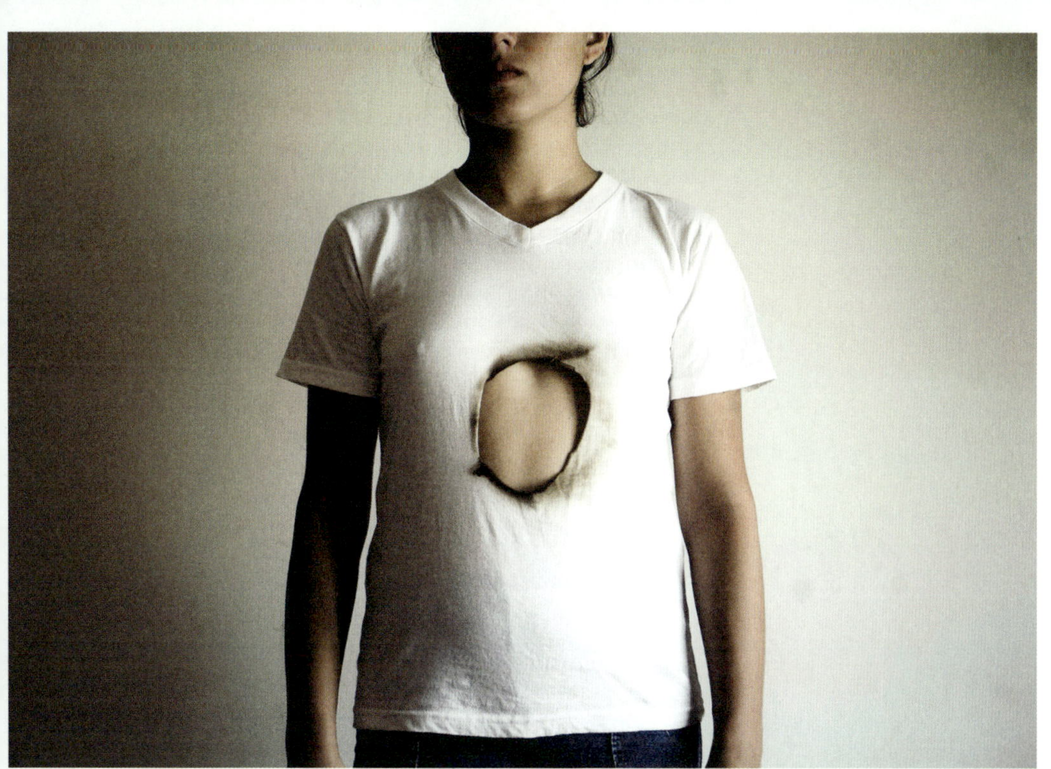

 MUSUK NOLTE MALDONADO

078

**TATO
OLIVAS**

SIN TÍTULO
UNTITLED

2009

1955
ESPAÑA
SPAIN

Nacido en Salamanca, en 1985 se traslada a Madrid y comienza su actividad profesional en el campo de la fotografía trabajando como ayudante del fotógrafo Alejandro Cabrera. Es entonces cuando comienza su actividad como artista exponiendo ocasionalmente en España. En el año 1995 se traslada a Sevilla donde actualmente sige viviendo y trabajando

Sin título es una colección de retratos realizados en la calle tomando como motivo a las personas que viven en ella. El autor se interesa por sus condiciones de vida, su salud y su dignidad.

Born in Salamanca, moves to Madrid in 1985 and begins his career in the field of photography, working as assistant to the photographer Alejandro Cabrera; at the same time he began exhibiting his artwork occasionally in Spain; in 1995 he moves to Seville, where he still resides and works.

Untitled, 2009. The piece is a collection of portraits taken on the streets, using as motif homeless people living on them. Interest is given to the condition of their lives, their health and their dignity.

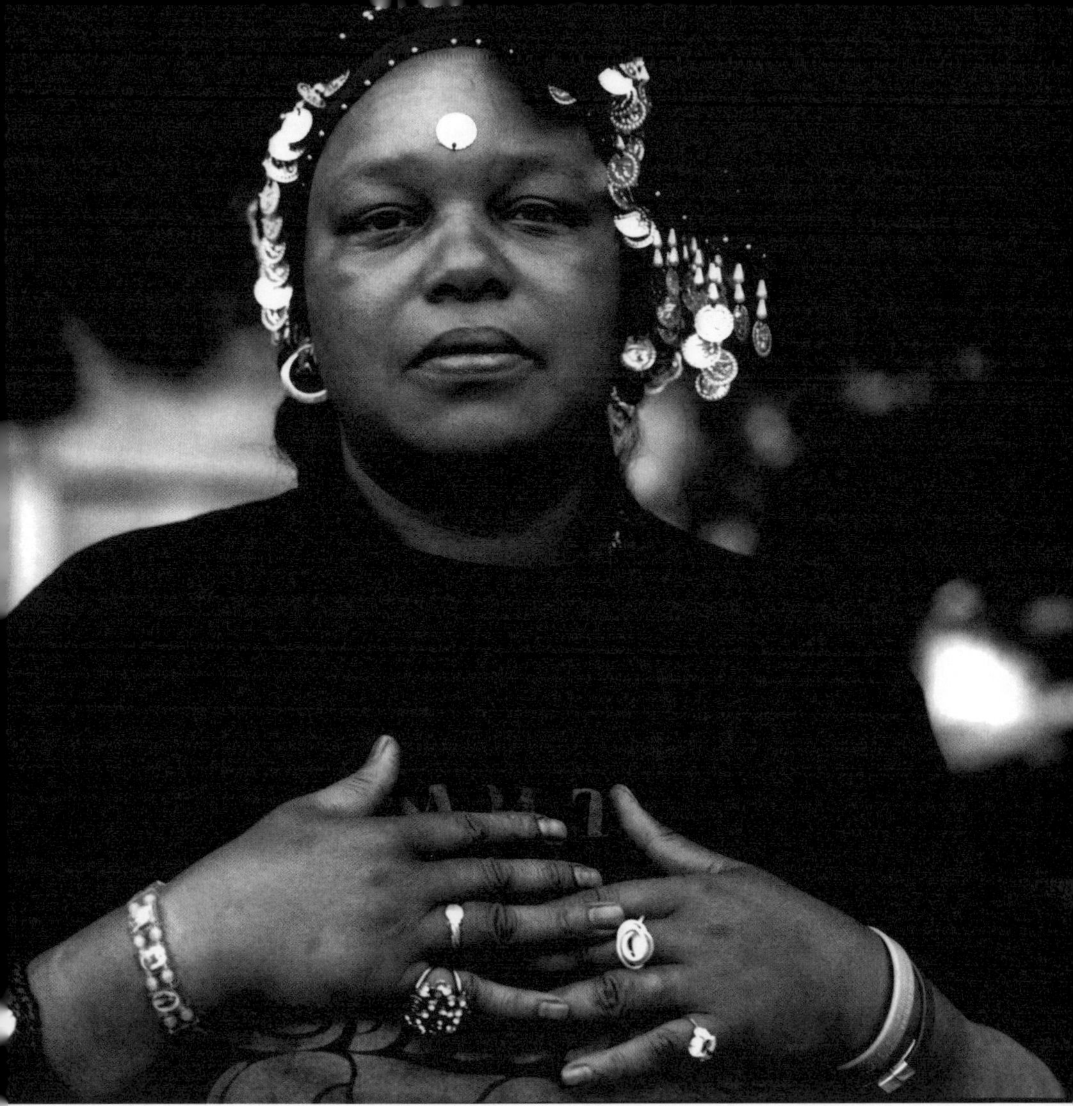

TATO OLIVAS

079

**GEORGES
PACHECO**

**LA DEAMBULACIÓN
DE LAS ALMAS**
WONDERING
SOULS

2009

1964
PORTUGAL
VIVE EN FRANCIA
RESIDES IN FRANCE

Licenciado en Psychologie Expérimentale de la Percéption, por la Université Paris X, completó su formación con un DEA de Psychologie de l'Art en la misma universidad. Su obra se ha expuesto en Lisboa, Strasburgo, Hong Kong y en varias ciudades de Francia. Con sus fotografías ha sido seleccionado en diversos concursos, como el Prix de Photographie de l'Académie des Beaux Arts, de Francia, quedando entre los 16 finalistas, y ha obtenido diferentes becas.

La obra *La deambulación de las almas: Autorretratos de incapacitados motores cerebrales* es un compendio de instantes. De momentos en los que las personas retratadas, todos ellos discapacitados, se convierten también en modelos y autores de las fotografías, pues son ellos los que aprietan el disparador, decidiendo el momento exacto, el gesto que quieren ofrecer. El objetivo de este trabajo es comprender cómo una persona que sufre incapacidad motora cerebral llega a conciliar, o no, su voluntad de representarse en la fotografía según su propio deseo, y la dificultad más o menos grande (según la gravedad de la incapacidad) de poder hacerlo debido a gestos automáticos, a movimientos incontrolados y a problemas de coordinación o de tensiones musculares involuntarias.

Graduated in Psychologie expérimentale de la perception from the Université Paris X, he completed his training with a D.E.A. de Psychologie de l'Art from the same University. His work has been exhibited on many occasions in Lisbon, Strasbourg, Hong Kong and in a number of cities in France. His photographs have merited him various scholarships and mentions in several contests, such as the Prix de Photographie de l'Académie des Beaux Arts in France, where he counted among the 16 finalists.

The piece *Wondering Souls. Self-portraits by Mentally Handicapped People* is a collection of instants. Moments when the people photographed, all of them handicapped, also become models and authors of the photographs, given that they are the ones who press the shutter, deciding the exact moment, the gesture, they wish to offer. The goal of this project is to understand how persons who suffer from mental motor disability can, or not, reconcile their will to portray themselves in the photograph according to their own wishes, and the difficulty, more or less significant (according to the degree of the disability) to do it, due to automatic gestures, due to uncontrolled motions, due to coordination problems or to involuntary muscular contractions.

www.georges-pacheco.com

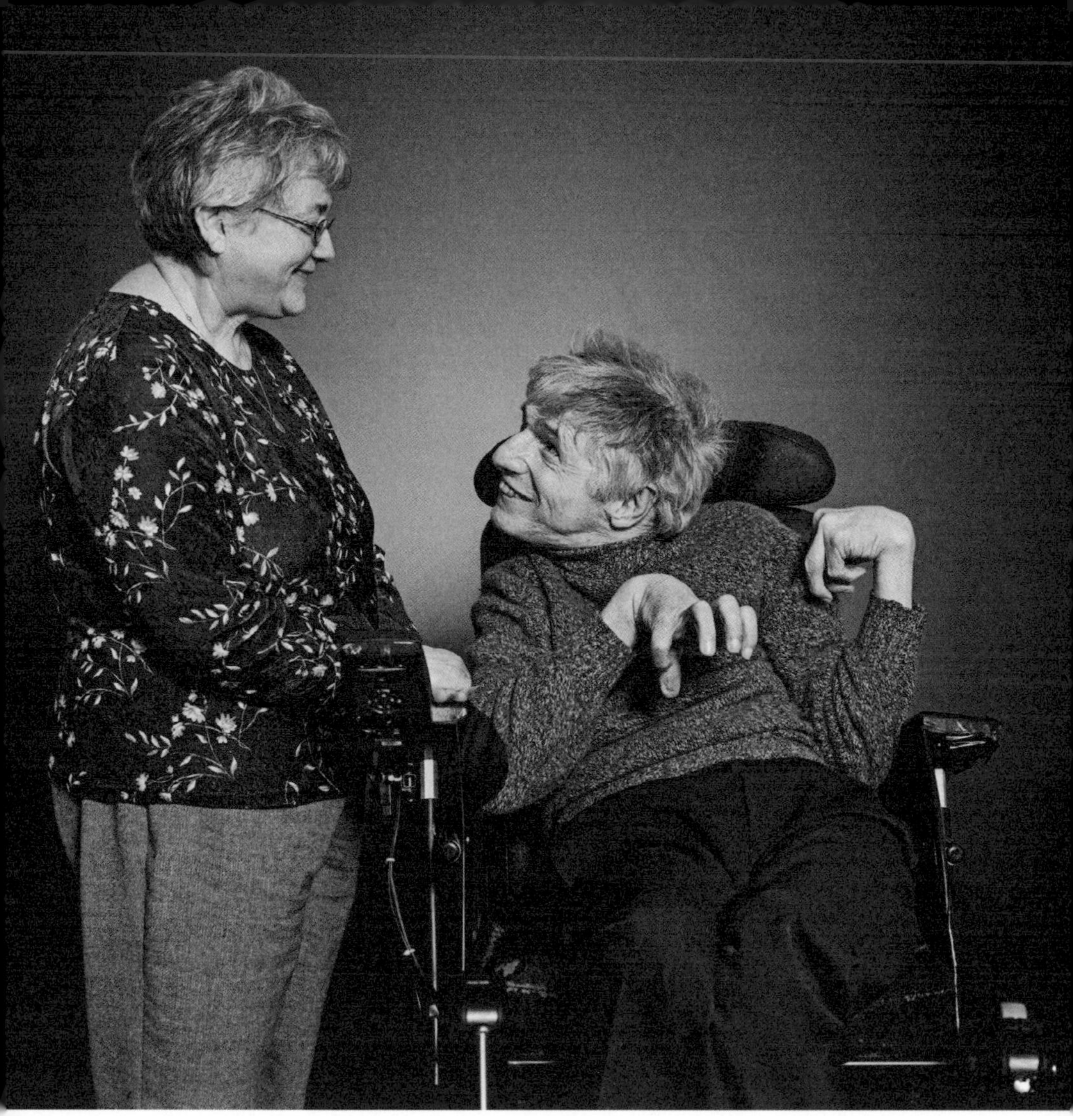

GEORGES PACHECO

080

**DANIEL
PADRÓ
CENTELLAS**

**EL OLVIDO DE
LA MEMORIA**
THE LOSS
OF MEMORY

2008

1970
ESPAÑA
SPAIN

Cursa diversos estudios profesionales de fotografía, especializándose en tratamiento de imagen digital y en fotorreportaje en Barcelona en la escuela Grisart. Desde 2007 ha realizado diversos proyectos fotográficos, ha expuesto en Cataluña y ha publicado ocasionalmente en prensa local.

El olvido de la memoria, 2008, muestra cómo es el día a día de una persona con la enfermedad de Alzheimer. Mostrando lo que es importante para ella, nos ayuda a entender cómo ha llegado hasta aquí, desde lo que tiene y cómo lo ha conseguido hasta sus valores. La mirada de esta enferma es una mirada hacia atrás, en la confusión de tiempos lejanos y próximos que le son ajenos. Un pasado que ya no recuerda al cien por cien, una verdad a medias, un pasado selectivo que comparte con un presente confuso que no sabe lo que va a traer.

Completed several studies in professional photography, specializing in the processing of digital images and photojournalism, at the Grisart school in Barcelona. Since 2007, he has carried out various photography projects, exhibiting in Catalonia and publishing occasionally in the regional press.

The Loss of Memory, 2008. The work shows what day-to-day life is like for someone with Alzheimer's disease. It shows what is important for the person, it helps us to understand how it has reached this point, from the actual affliction, what it is and how it has been contracted, to its degrees. This illness' look is backwards, into a mélange of near and distant times that seem foreign. A past time that no longer is fully remembered, a half-truth, a selective past shared with a confusing present, where it faces an uncertain present that knows not what it shall bring.

www.danipadro.cat

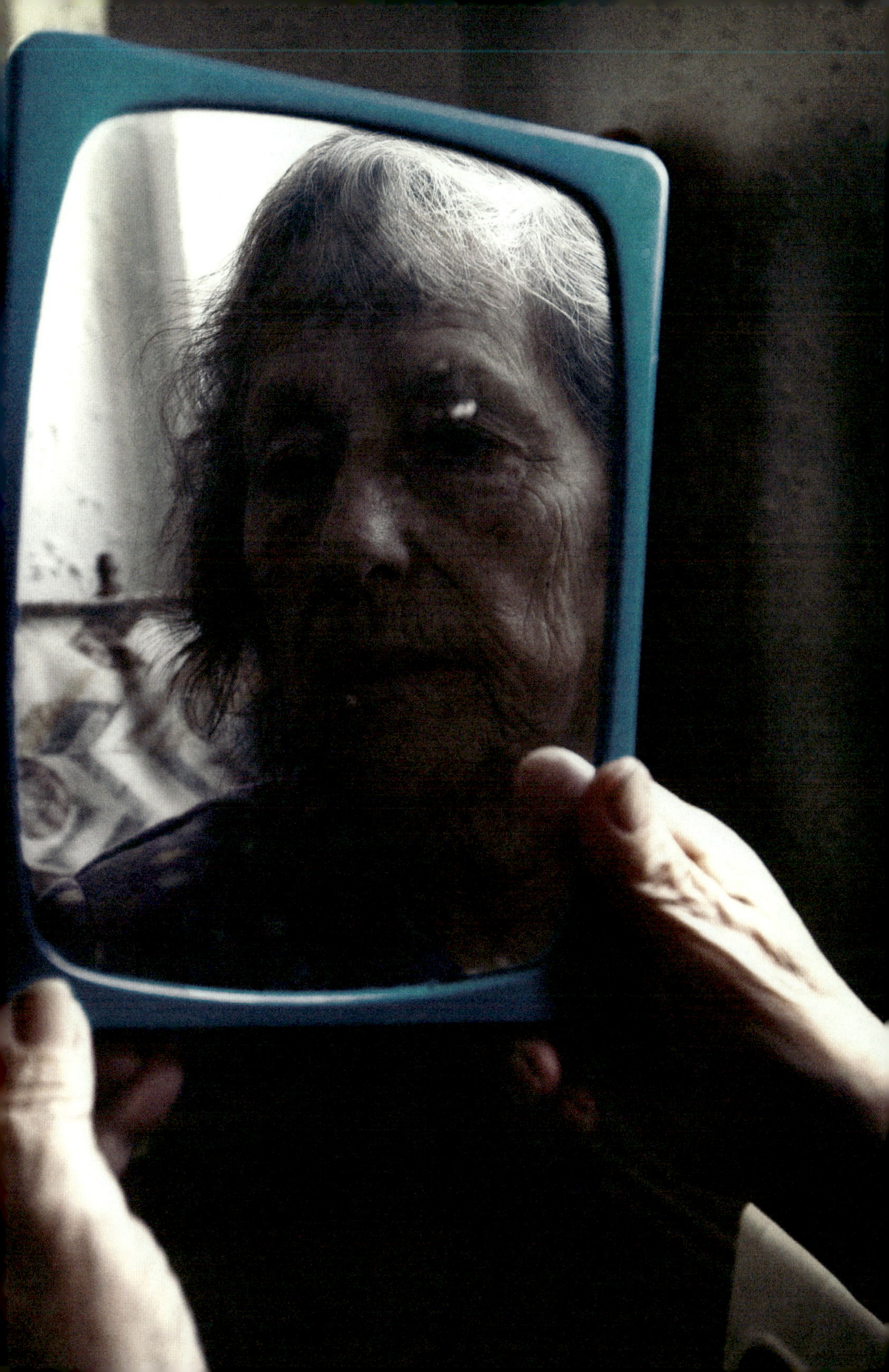

081

NELLI PALOMÄKI

ELSA Y VIOLA
ELSA AND VIOLA

2009

1981
FINLANDIA
FINLAND

Licenciada en fotografía por la Arts Academy de la finlandesa Turku University of Applied Sciences, actualmente cursa estudios de fotografía en la University of Art and Design de Helsinki. Su obra se ha expuesto individualmente en Alemania y Finlandia, en galerías privadas y en el Turku Art Museum. Ha participado en varias exposiciones colectivas en Suiza, España, Francia, Rusia y Finlandia.

***Elsa y Viola*, 2009: Se trata de unos retratos de dos niñas que la fotógrafa conoció casualmente viajando en tranvía. A la artista le impresionaron sus rostros tan serios y consiguió que su madre le dejara fotografíarlas en su casa. Palomäki se deja llevar por su curiosidad y el hecho de hacer fotografías le fuerza a acercarse a las personas y a conocerlas. Su fotografía nace de explorar la vida, en un viaje que busca un ideal de imagen que siempre se escapa.**

Graduated in Photography from the Arts Academy of the Turku University of Applied Sciences, she is currently studying Photography at the University of Art and Design of Helsinki. Her work has been displayed in solo exhibitions in Germany and Finland, in private galleries and at the Turku Art Museum. She has taken part in several group exhibitions in Switzerland, Spain, France, Russia and Finland.

Elsa and Viola, 2009. The piece consists in the portrait of two children whom the photographer met randomly while traveling on the tramway. The artist was struck by their serious countenances and managed to convince their mother to allow her to take their picture at home. Palomäki allows curiosity to guide her and the fact that she takes pictures forces her to approach people and to meet them. Her photography emerges from the exploration of life in a journey that seeks an ideal of the image, which always eludes her.

www.nellipalomaki.com

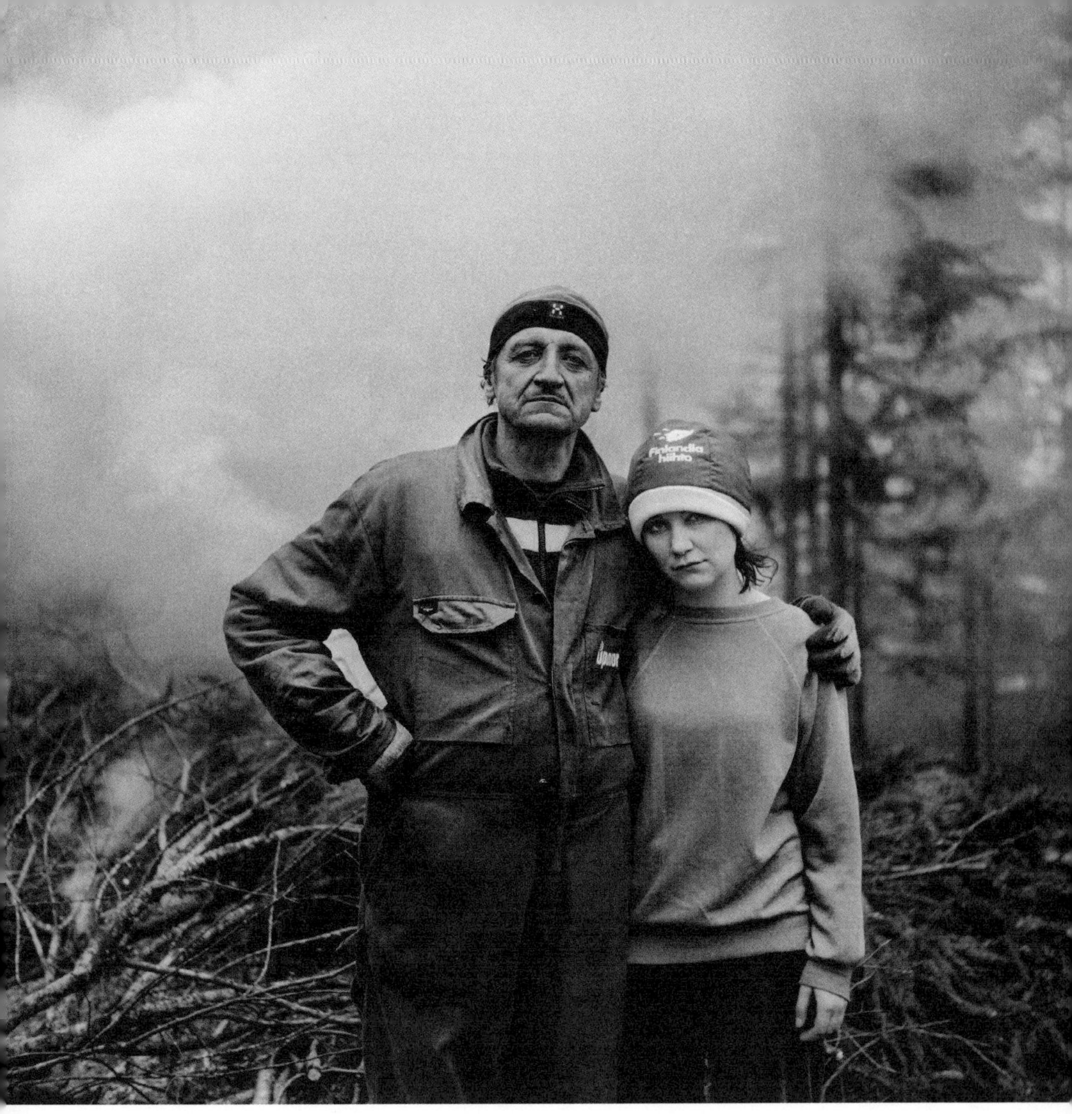

NELLI PALOMÄKI

082

**ISABELLE
PATEER**

DESARRAIGADO
UNSETTLED

2010

1980
HOLANDA
VIVE EN BELGICA
THE NETHERLANDS
RESIDES IN BELGIUM

Fotógrafa freelance especializada en fotografía documental, encargos editoriales y retratos para diferentes revistas, agencias, compañías y organizaciones. Su trabajo ha sido publicado en el *View Magazine, Focus, FotoMuseum Magazine* y *ARCO Contemporary Art*, entre otros. En 2009 recibió el segundo premio en el International Festival of Photography de Bratislava por su porfolio y en 2010 expone en Breda Photo.

Desarraigado es un trabajo documental en proceso realizado en el pueblo belga de Doel y sus alrededores. El conjunto de retratos y paisajes reflejan un lugar cuya naturaleza es amenazada por el crecimiento urbano e industrial del puerto de Antwerp.

Freelance photographer specialized in documentary photography, editorial commissions and portraits for various magazines, agencies, companies and organizations. Her work has been published in *View Magazine, Focus, FotoMuseum Magazine, ARCO Contemporary Art*, among others. In 2009 and 2010 she exhibited at Breda Photo.

Unsettled is a documentary work in progress produced in the Belgian town of Doel and its surroundings. The group of portraits and landscapes reflect a place whose nature is threatened by the urban and industrial growth of the doorway to Antwerp.

www.otherweyes.com

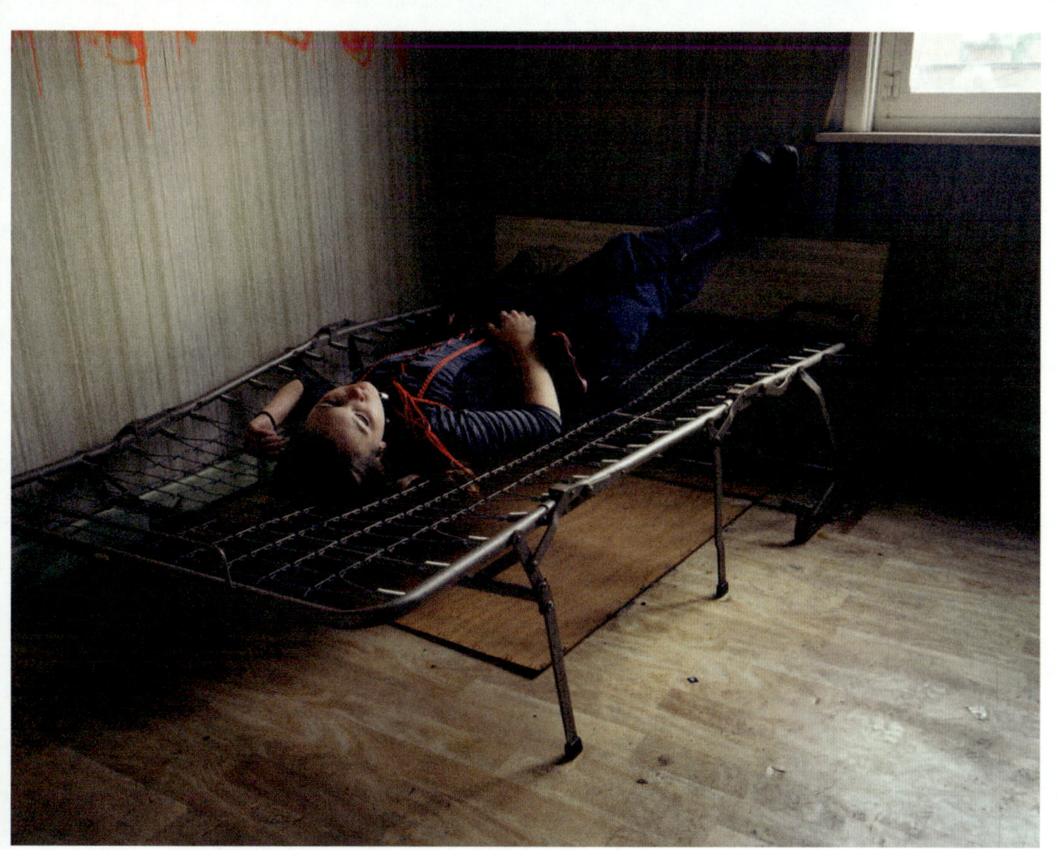

ISABELLE PATEER

**AGATA
PIETRON**

**RITMOS DEL
CONGO**
RHYTHMS
OF CONGO

2009

1979
POLONIA
POLAND

Es una fotógrafa y periodista independiente graduada en Estudios Culturales por la University of Warsaw. En la actualidad sus trabajos apoyan a varias ONG y han sido expuestos en Polonia. Uno de ellos, *stopien ciepla*, ha sido adquirido por la Princess Royal Anne Collection.

Ritmos del Congo. Cuando la música se convierte en el escape de la vida que conoces la artista lo describe así: «cuando no sabes lo que es la paz y la seguridad, cuando te quitan la niñez, cuando quieres importar, cuando no quieres ser visto como un traumatizado y cuando la música se convierte en tu única vía de escape: Esta es la generación que nació poco antes o durante la guerra en Congo Oriental. Sin embargo, ellos quieren hacer las mismas cosas que los otros jóvenes en todo el mundo. Ahora, en Rutshuru y el área Kiwanza comienzan a experimentar el primer momento de estabilidad».

Freelance photographer and journalist graduated in Cultural Studies from the University of Warsaw. Presently, her works support a number of NGOs and have been exhibited in Poland. One of them, *Stopien ciepla*, has been acquired by the Princess Royal Anne collection.

The artist describes *Rhythms of Congo. When the Music Becomes the Escape from the Life You Know*, as follows: "when you do not know what peace and safety are, when they take your childhood away from you, when you wish to matter, when you do not want to be seen as a traumatized person, when music becomes your only escape route. This is the generation born right before or right after the war in East Congo. Nevertheless, they wish to do the same things as any young people around the world. Now, in Rutshuru and in the region of Kiwanza, they begin to experience the first moment of stability."

www.agatapietron.com

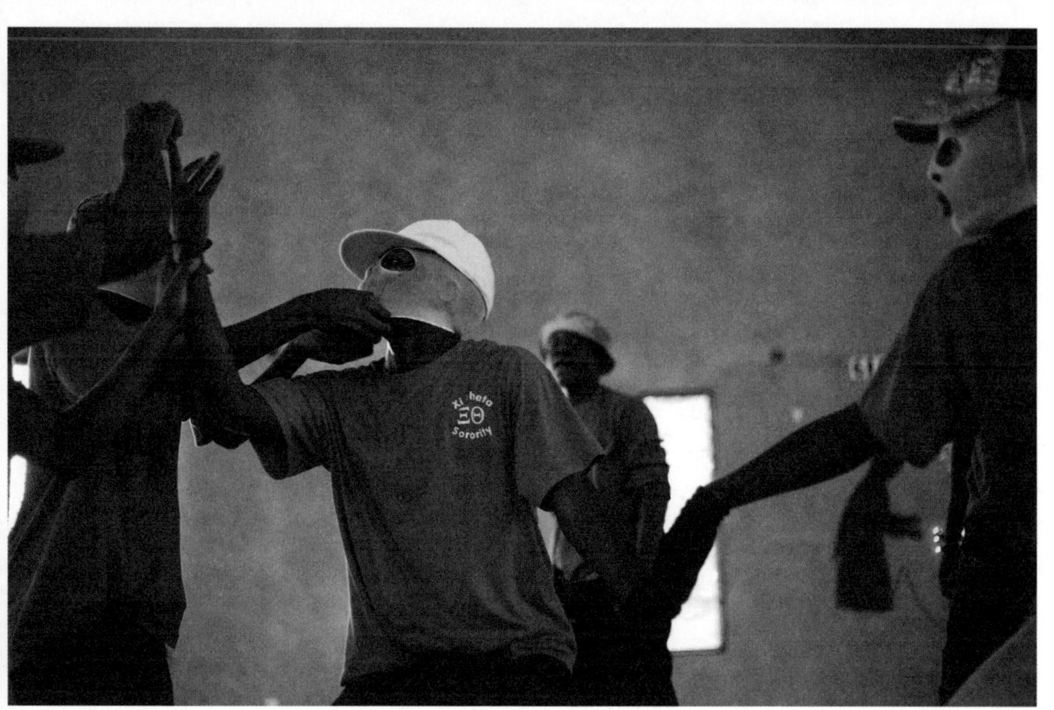

AGATA PIETRON

#084

**MARÍA TERESA
PONCE
GATTO**

OLEODUCTO
OIL PIPELINE

2009

1974
ECUADOR

Estudió arquitectura en la University of Notre Dame
y obtuvo el MFA en Photography, Video and Related
Media, en la School of Visual Arts de Nueva York. En la
actualidad es la directora del departamento de Fotografía
de la Universidad San Francisco de Quito y como fotógrafa
ha realizado exposiciones en Estados Unidos, Ecuador,
Costa Rica y Argentina. En 2009 ha representado a Ecuador
en la Bienal de La Habana y su trabajo ha sido publicado en
el *New York Times*. Su obra integra colecciones privadas
y públicas que incluyen la del Queens Museum (NY),
Museo del Barrio (NY), y la del Museo de Arte
Latinoamericano de Buenos Aires.

Oleoducto es una serie fotográfica en gran formato
de paisajes realizados en tres países sudamericanos
exportadores de petróleo: Venezuela, Ecuador y Argentina.
Las imágenes dialogan con el paisajismo romántico del siglo
XIX y sus estrategias de composición, luz y proceso. A lo largo
de este trayecto se ve la cotidianidad desarrollada al margen,
encima y entorno al oleoducto.

Read Architecture at the University of Notre Dame and
attained an MFA in Photography, Video and Related Media
from the School of Visual Arts in New York. Presently, she is
Director of the Photography Department at the Universidad
San Francisco in Quito and, as a photographer, she has held
exhibitions in the United States and in Ecuador, Costa Rica and
Argentina, representing Ecuador in 2009 at the Bienal de La
Habana. Her work has been published by the *New York Times*
and is included in private and public collections, such as those
of the Queens Museum (NY), Museo del Barrio (NY) and the
Museo de Arte Latinoamericano in Buenos Aires.

Oil Pipeline is a photography series of landscapes in large
format shot in three oil exporting South American countries:
Venezuela, Ecuador and Argentina. The images converse
with XIX century Romantic landscape art, and its strategies of
composition, illumination and process. Throughout the project,
daily life is developed on the fringe of the oil pipeline, above it
and around it.

www.mariateresaponce.com

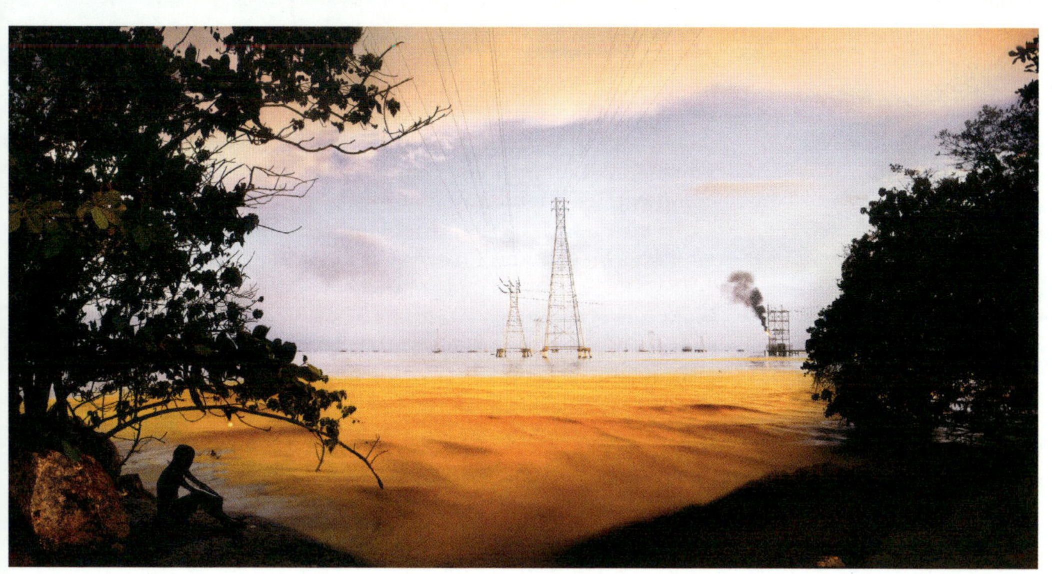

 MARÍA TERESA PONCE GATTO

**MASSIMILIANO
PUGLIESE**

PLAYA BANZAI
BANZAI BEACH

2008-2009

1970
ITALIA
ITALY

Después de estudiar ciencias estadísticas y económicas en Roma, comenzó su formación como fotógrafo estudiando dos años en el Istituto Superiore di Fotografía de Roma. Y haciendo varios talleres con artistas internacionales como Patrick Zachman o Antonin Kratochvil. Su obra se ha expuesto en Italia en exposiciones individuales y colectivas.

Playa Banzai: Las fotografías de esta serie se tomaron entre 2008 y 2009 en una pequeña playa cercana a Roma. Un lugar que el artista frecuentaba desde pequeño y que ha sido redescubierto por su afición al surf. Las fotografías reflejan el ambiente de la playa y las diferentes evoluciones del agua.

Following studies in Statistical Sciences and Economy in Rome, he began his training as a photographer, attending the Instituto Superiore di Fotografía in Rome for two years. He also completed several workshops with international artists, such as Patrick Zachman or Antonin Kratochvil. His work has been displayed in Italy in solo and group exhibitions.

Banzai Beach. The photographs that comprise this series were shot between 2008 and 2009 in a small beach near Rome. A place frequented by the artist since he was a small child, and which he has rediscovered, thanks to his passion for surfing. The photographs reveal the atmosphere at the beach, and the different evolutions of the sea.

www.massimilianopugliese.com

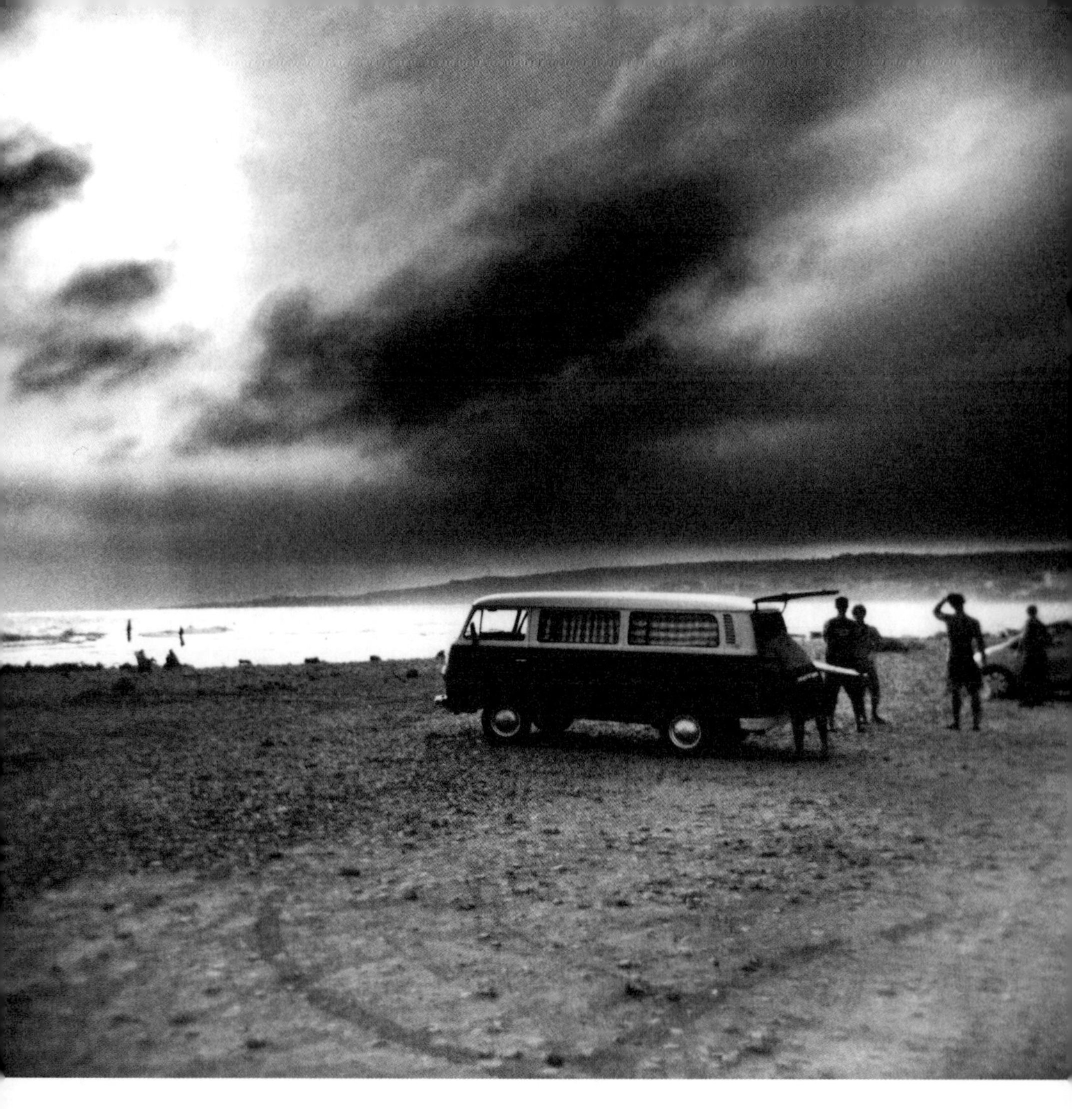

MASSIMILIANO PUGLIESE

086

**JAVIER
RAMÍREZ
LIMÓN**

**MEXICAN
QUINCEAÑERA.
DE ALTAR AL
SÁSABE**
MEXICAN
QUINCEAÑERA.
ALTAR TO SÁSABE

2007

1960
MÉXICO
MEXICO

Ha expuesto su trabajo en varias bienales y festivales, así como en colectivas e individuales en Ciudad de México, Houston, Nueva York, Varsovia, Hamburgo y Chicago, entre otras. Su obra ha sido premiada en varias ocasiones y recientemente ha obtenido el Start Up Award del Museo de Arte Contemporáneo de San Diego (MCASD).

Mexicana quinceañera y *De Altar al Sásabe*, 2007-2009, comprenden dos series fotográficas que documentan momentos distintos del proceso de migración y adaptación de las comunidades mexicanas en el sur de Estados Unidos. La que corresponde a los retratos —*Mexican Quinceañera*— muestra a los y las principales protagonistas del festejo de los xv Años en el Condado de San Diego, en California. Estas imágenes están acompañadas por una serie de paisajes que registran la ruta más utilizada por migrantes mexicanos y centroamericanos en Altar, en donde migración y tráfico de drogas han ocasionado serios conflictos.

Has exhibited his work in a number of biennials and festivals. He has also held group and solo exhibitions in Mexico City, Houston, New York, Warsaw, Hamburg and Chicago, among others. His work has merited him awards on several occasions, and recently he received the Start up Award from the Museum of Contemporary Art of San Diego (MCASD).

Mexican Quinceañera and *Altar to Sásabe*, 2007-2009, comprise two photography series that document different moments within the process of migration and adaptation of the Mexican communities in the southern part of the United States. The series of portraits — *Mexicana Quinceañera* — shows the protagonists in the celebration of the xv years of the County of San Diego in California. These images are accompanied by a series of landscapes that record the most popular route among Mexican and Central American immigrants at Altar, where migration and drug trafficking have provoked serious conflicts.

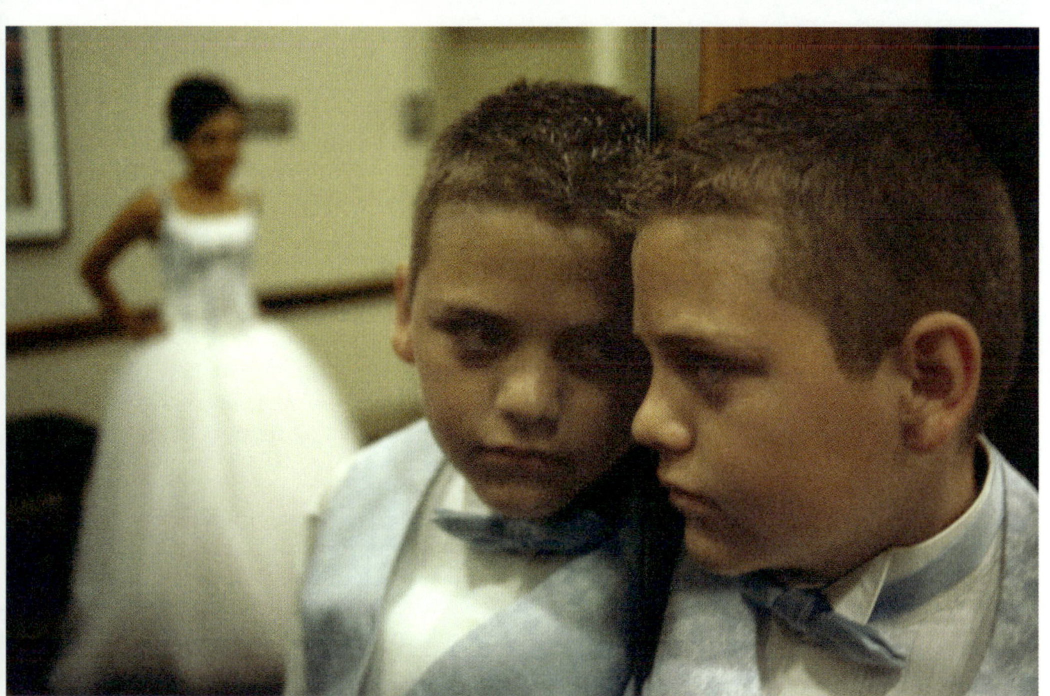

JAVIER RAMÍREZ LIMÓN

087

**ANDREA
REESE**

**LA CUEVA
URBANA:
EL OTRO LADO**
THE URBAN
CAVE: THE
OTHER SIDE

2009

1952
ESTADOS UNIDOS
UNITED STATES

Seleccionada para Regeneration2, Tomorrows Photographers Today, ha obtenido varios premios y menciones con sus fotografías en importantes certámenes como el premio New York Photo, o el Camera Club, New York. Ha sido una de las 20 finalistas del premio Magnum Expressions.

La cueva urbana: El otro lado es su actual esfuerzo por documentar la vida en las barriadas de los aledaños de Nueva York. La artista lo enfoca desde la humanidad y la resistencia de las personas que viven en el «otro lado» de la sociedad convencional. Y la manera en la que lo trágico y lo bello, la autodestrucción y la supervivencia se mezclan. Su idea es mostrar a estas personas como lo que son; seres humanos que la ciudad rechaza.

Selected by Regeneration2, Tomorrow's Photographers Today. Has been awarded several prizes and mentions for her photographs in important contests such as the New York Photo prize or the Camera Club, New York, and she has been one of the 20 finalists at the Magnum Expressions prize.

The Urban Cave: The Other Side is a current effort to document life in the hoods adjacent to New York. The artist focuses on the humanity and the resistance of the people who live on the "other side" of conventional society. The way in which the tragic and the beautiful, self-destruction and survival, blend. Her idea is to show these people as they are — human beings from a city that rejects them.

www.andreastarreese.com

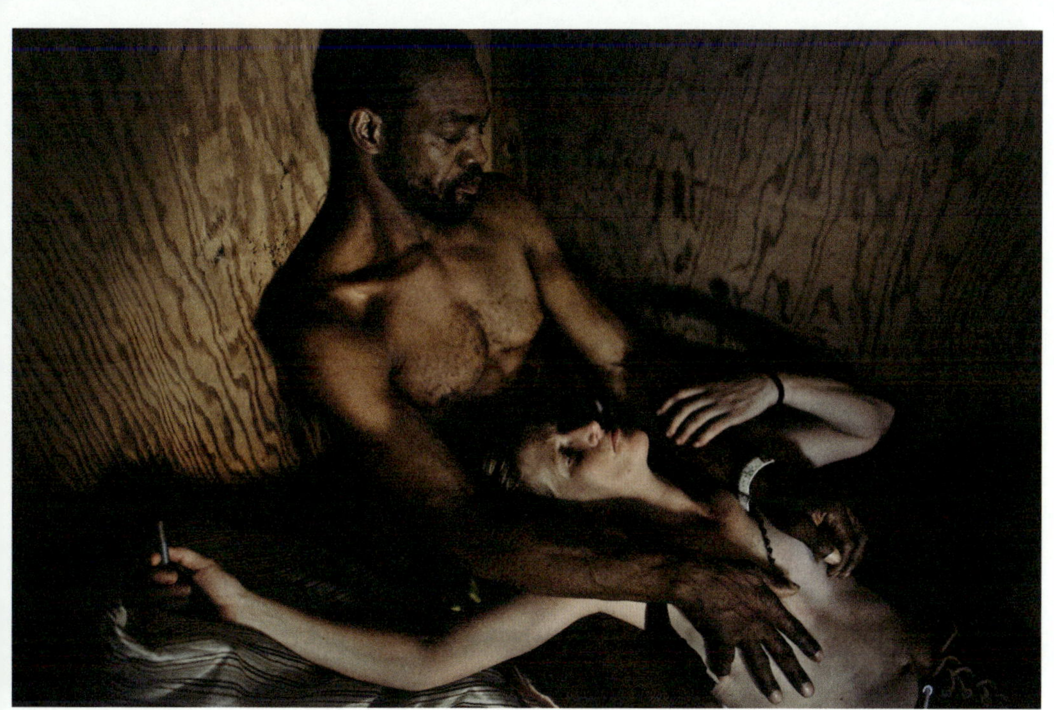

     ANDREA REESE

088

**GERARDO
REPETTO**

HELIOGRÁFICAS
HELIOGRAPHS

2008

1976
ARGENTINA

Estudia fotografía en la Escuela de Artes Lino Spilimbergo, en Córdoba, Argentina, y su obra se ha podido ver en numerosas muestras tanto individuales como colectivas. De las primeras se pueden destacar sedes como el Museo Emilio Caraffa, Córdoba, Centro Cultural Recoleta, Buenos Aires, o el Museo de Arte Contemporáneo de Salta, todas ellas en Argentina. Las colectivas se han desarrollado en diferentes países como Estados Unidos, España o Brasil.

La serie *Heliográficas*, 2008, se compone de retratos a escala natural, por proyección directa de sombra, sobre papel heliográfico. Este material es utilizado en la reproducción de planos de arquitectura aunque casi ha caído en desuso. Su baja sensibilidad fotográfica da lugar a poses muy prolongadas, lo que se vuelve una misión incómoda o insoportable de la que finalmente sólo queda un registro discreto y frágil.

Read Photography at the Escuela de Artes Lino Spilimbergo in Córdoba, Argentina, and his work has been displayed in numerous solo and group exhibitions. Among the former, shows in venues such as the Museo Emilio Caraffa, Córdoba, the Centro Cultural Recoleta, Buenos Aires, or the Museo de Arte Contemporáneo in Salta, all of them in Argentina, should be highlighted. Meanwhile, the group exhibitions have taken place in various countries, such as the United States, Spain or Brazil.

Heliographs, 2008, comprises full-scale portraits captured through the direct projection of shadows on heliograph paper. This material is used in the production of architectural plans, although, practically, it is hardly ever used anymore. Its low photographic sensitivity gives way to very dilated poses, which turns into an uncomfortable or even unbearable mission, from which all that remains, after all, is a discrete and fragile record.

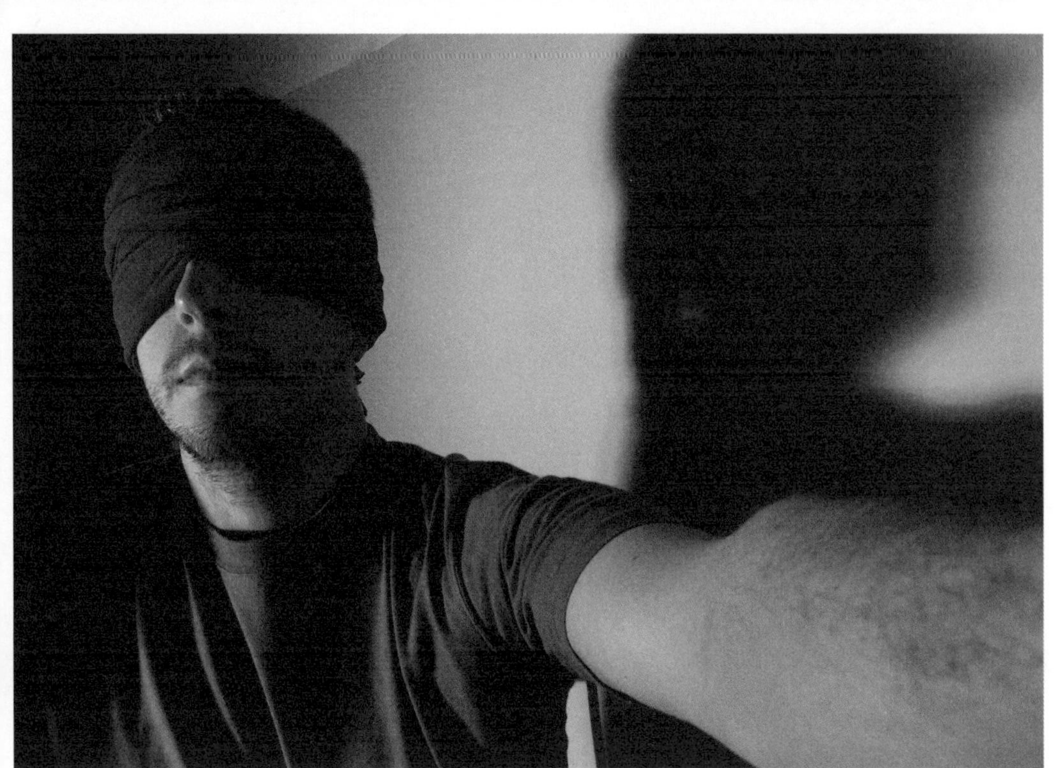

GERARDO REPETTO

089

**CHRISTIAN
RODRÍGUEZ
GONZÁLEZ**

IRENE
IRENE

2009

1990
URUGUAY
VIVE EN ESPAÑA
RESIDES IN SPAIN

**Licenciado en Ciencias de la Comunicación, por la
Universidad de la República, en Uruguay, completa
su formación artística con diversos talleres de diseño
y realización dictados por artistas internacionales.
Trabaja como reportero gráfico para la prensa uruguaya
colaborando con varias agencias y su obra se ha expuesto
en Uruguay, México y España donde ha recibido premios
y menciones.**

**_Irene_ es un reportaje en el que se narra la vida de una
joven emigrante rumana en Madrid y cómo ha terminado
ejerciendo la prostitución. El artista nos acerca a su mundo,
su quehacer diario y al conflicto entre sus asentadas
creencias religiosas y el modo de vida que lleva en la
actualidad; el conflicto entre el pasado de su mundo familiar
y su supervivencia en la actualidad que le obliga a mentir
a sus seres queridos.**

Graduated in Communication Sciences from the Universidad
de la República in Uruguay, he completed his artistic training
through various workshops on design and production with
different international artists. He works as graphic journalist
for the press in Uruguay and collaborates with several agencies,
while his work has been exhibited in Uruguay, Mexico and
Spain, where he has been awarded prizes and mentions.

Irene is a reportage that tells the life of a young Romanian
immigrant in Madrid, and how she has ended up as a prostitute.
The artist takes us closer to her world, to her daily routine
and to the conflict between her strong religious belief and the
lifestyle she currently leads; the conflict between the past of her
family life, and survival in the present, which forces her to lie to
her loved ones.

www.christianphotojournalist.com

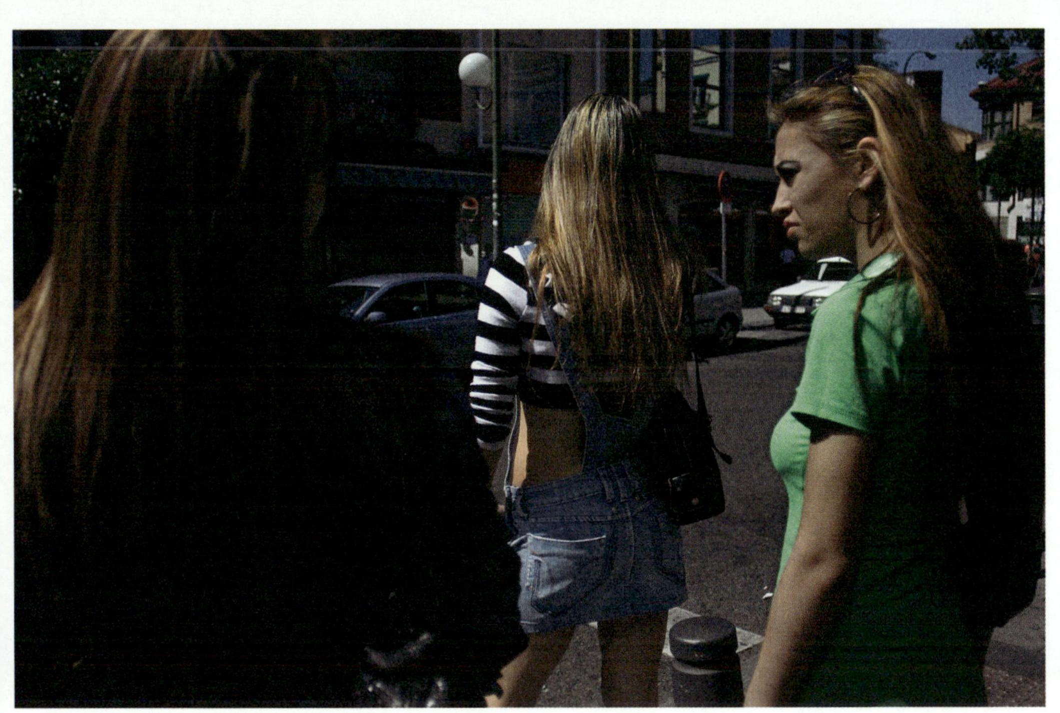

CHRISTIAN RODRÍGUEZ GONZÁLEZ

090

**OLIVER
ROMA**

AUSENTES
ABSENCES

2009

1967
FRANCIA
FRANCE

Después de estudiar biología en la Universidad de Alcalá de Henares, Madrid, se formó como fotógrafo haciendo el Máster Internacional de Fotografía en EFTI y varios talleres con artistas. Ha expuesto en la sala EFTI, en el Festival PHE 2009 y en la Arazona Foto.

Ausentes: En determinados momentos de nuestra vida, nuestra mente se evade y nos ausentamos, quizás para vivir o revivir situaciones que nos gratifican. Nos ausentamos y hacemos ausentes a quienes nos rodean. Es un momento en el que nuestra mente se evade, deja de estar en consonancia con el mundo que la rodea, deja de interesarle. Escapa para pensar, para soñar, para no estar. El tiempo parece detenerse, todo transcurre lentamente, incluso se hace el silencio, y lo que ocurre en ese espacio físico, ahora poco importa. Personajes ausentes, que se pierden momentos e historias.

Following studies in Biology at the Universidad de Alcalá de Henares, Madrid, he trained as a photographer completing an International Masters degree in Photography at the EFTI, and a number of workshops with artists. He has exhibited at the EFTI hall, during the Festival PHE 2009 and at the Arazona Foto.

Absences. At given moments of our lives, our mind runs loose and we become absent, perhaps to live or relive gratifying situations. We become absent and we make those around us absent. It is a moment when our mind runs loose, ceases to be in accord with the world around it, ceases to be interested in it. It escapes to think, to dream to not-be. Time seems to stop, everything happens slowly, even silence reigns, and whatever happens in the physical world matters very little now. Absent characters, who lose moments and stories.

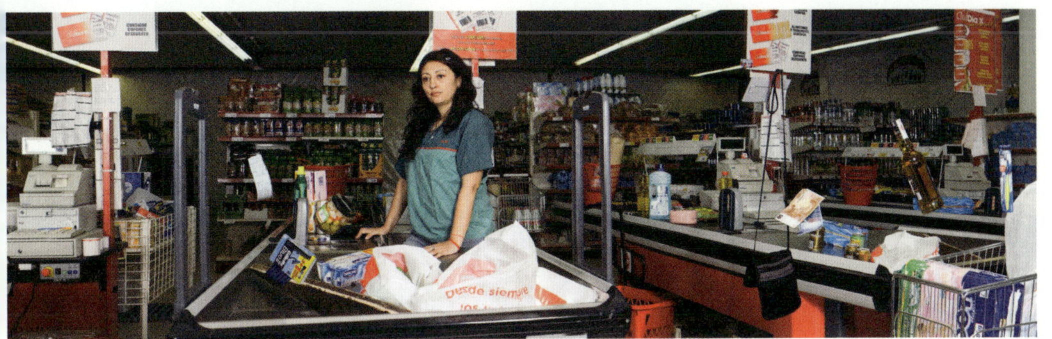

 OLIVER ROMA

CLAUDIA ROMITI

RI-ÁFRICA
RI-AFRICA

2009

1969
ITALIA
ITALY

Comenzó a trabajar en fotografía desde 1996 y ha continuado formándose desde entonces en varios talleres. En la actualidad es profesora en el Italian Author Photography Centre. Por su obra ha recibido numerosas menciones y premios, entre ellos el primer premio Roberto Del Carlo-LUCCAdigitalPHOTOcontest '09.

Ri-África es un proyecto que, de un modo original y simpático, trata uno de los aspectos más claros del fenómeno de la inmigración en Italia hoy día. Muy de actualidad, casi en el corazón del debate social y político, pero a menudo tratado de un modo dramático o abstracto, reduciendo a las personas a números y estadísticas. La artista propone cambiar los iconos impersonales que se usan en las estadísticas y recuentos por fotografías que transforman los datos en sujetos y los hace salir de su anonimato, devolviendo a cada uno una identidad.

Started to work in photography in 1996 and since has continued her training through several workshops. Currently she is a Photography lecturer at the Italian Author Photography Centre. Her work has merited her numerous mentions and prizes, among them the first prize in the Roberto Del Carlo-LUCCAdigitalPHOTOcontest '09.

Ri-Africa addresses, in an original and sympathetic way, one of the clearest aspects of the phenomenon of immigration in Italy these days. Highly current, practically at the core of the social and political debate of the moment, but often dealt with in a dramatic or abstract way, reducing people to numbers and statistics. The artist seeks to change the impersonal icons used in statistics and reviews for photographs that transform the data into subjects and that make them transcend anonymity, returning an identity to each of them.

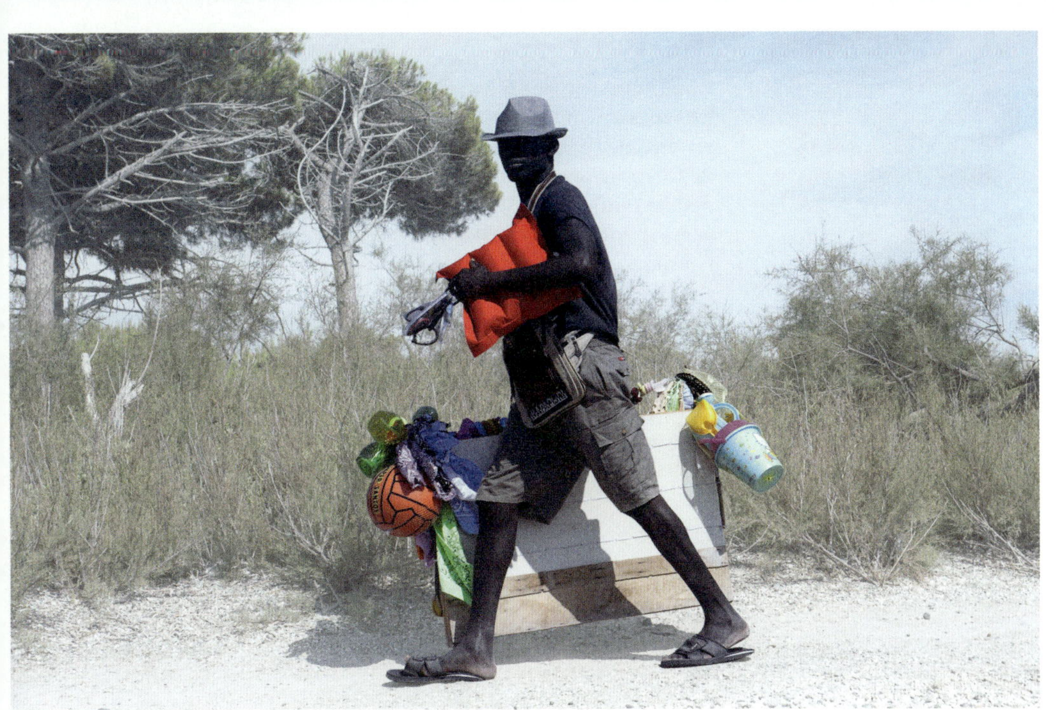

CLAUDIA ROMITI

**BRENO
ROTATORI**

**BLOC
DE NOTAS**
NOTEBOOK

2009

1988
BRASIL
BRAZIL

Realizó su formación artística como fotógrafo en el Centro Universitario Servicio Nacional de Aprendizaje Comercial en Brasil, y profesionalmente ha trabajado como ayudante de fotografía en la Federación de la Industria del Estado de São Paulo y en el estudio de otros fotógrafos. Su obra se ha exhibido en multitud de exposiciones colectivas, fundamentalmente en São Paulo y en la Web.

Bloc de notas, 2009, es una búsqueda personal del artista por captar lo «no fotografiable». Una extracción subjetiva de lo real desde su intimidad. En las imágenes, los personajes se ven sorprendidos en la urgencia de la vida que protesta por la velocidad del flujo continuo del tiempo. El tema es secundario, se disuelve y transforma su significado en una nueva representación de una realidad ya representada.

Completed his training as a photographer at the Centro Universitário Servicio Nacional de Aprendizaje Comercial in Brazil, and, in professional terms, has worked as photography assistant at the Industry Federation of the State of Sao Paulo and at other artists' studios. His work has been displayed in many group exhibitions, primarily in Sao Paulo and online.

Notebook, 2009, is the artist's personal search to capture the "non photographable." A subjective extraction of reality from his intimacy. The images depict characters who look surprised in the urgency of life, which protests at the speed of the continuous flux of life. The theme is secondary, it dissolves, and it transforms its meaning into a new representation of a reality that has already been represented.

www.brenorotatori.wordpress.com

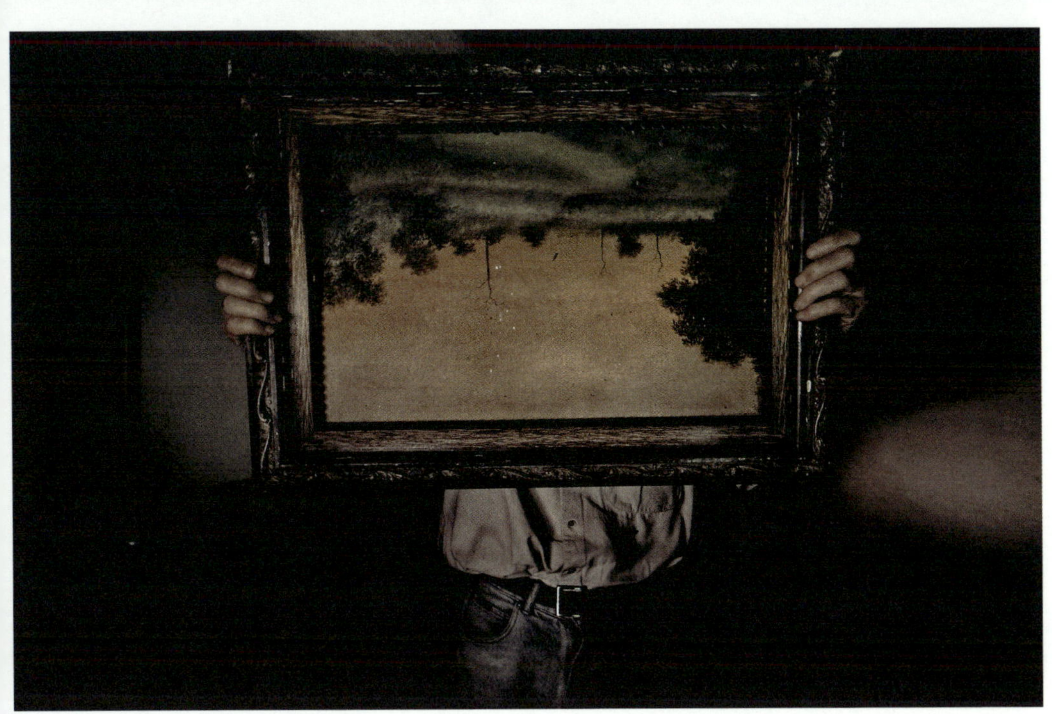

BRENO ROTATORI

#093

**ÁLVARO
SÁNCHEZ-
MONTAÑÉS**

**DESIERTO
INTERIOR**
INDOOR
DESERT

2009

1973
ESPAÑA
SPAIN

Ingeniero Aeronáutico por la Universidad Politécnica de Madrid, se ha formado como artista realizando numerosos talleres con maestros como Stephen Shore, José María Mellado y Cristina García Rodero. Su obra se ha expuesto en Barcelona y Nueva York entre otras ciudades y ha obtenido varias nominaciones como el primer premio y áccesit en la III Edición Concurso Epson Fotografía digital 2009, entre otros.

Desierto interior, 2009: El final de la primera guerra mundial coincidió con el agotamiento de los diamantes en las minas de Kolmannskuppe, en el desierto de Namibia. Allí durante 20 años los colonos alemanes levantaron sus casas intentando evocar las de su Baviera natal. Al acabar la guerra tuvieron que abandonarlas. La serie se adentra en las estancias de estos edificios, paisajes únicos donde la naturaleza reivindica el protagonismo que en el momento de su construcción esas paredes le arrebataron, separando al hombre que las moraba de las infinitas arenas del desierto.

Aeronautical Engineer from the Universidad Politécnica de Madrid. He trained as an artist, completing numerous workshops with teachers such as Stephen Shore, José María Mellado, Cristina García Rodero, etc. His work has been exhibited in Barcelona and New York, among other cities, and he has received several awards, such as the first prize and Accesit on the III edition of the Concurso Epson Fotografía digital 2009, among others.

Indoor Desert, 2009. The end of the First World War coincided with the exhaustion of diamonds in the mines of Kolmannskuppe, in the Namibian desert. For 20 years German colonists had built their homes there, trying to evoke those of their Bavarian ancestry. With the end of the war, they had to abandon them. The series ventures into the quarters of these buildings, unique landscapes where nature claims back the protagonist role which was taken from it the moment those walls were erected, sheltering the people that lived in those houses from the infinite sands of the desert.

www.alvarosh.es

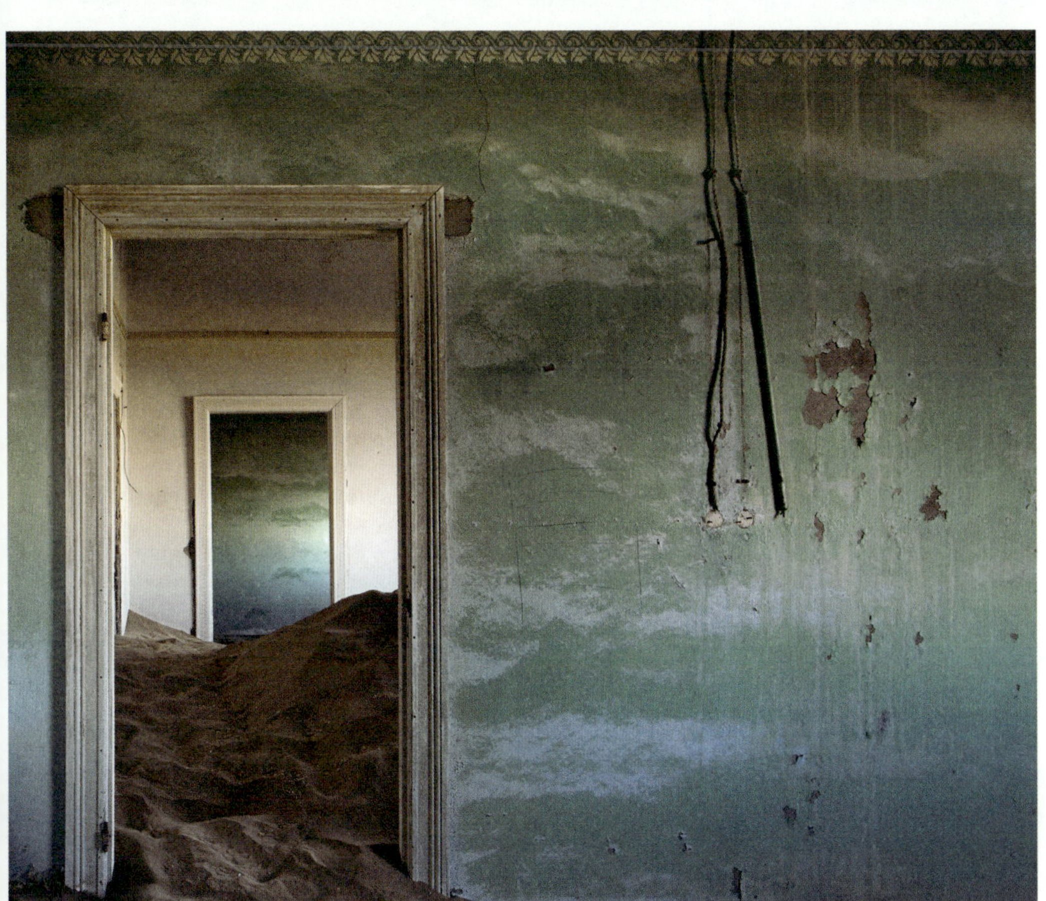

          ALVARO SÁNCHEZ-MONTAÑÉS

#094

**MIRIAM
SÁNCHEZ
VARELA**

LUZ PROFUNDA
DEEP LIGHT

2008

1977
MÉXICO
MEXICO

Estudió Periodismo y Comunicación Colectiva, en la UNAM, y posteriormente participó en diversos talleres de fotografía en México. Profesionalmente ha trabajado para la revista *Contralínea* y con diversas agencias publicitarias y periodísticas. Su obra ha sido reconocida con premios y menciones en diversos concursos nacionales en México, en general comprometidos con causas sociales y de denuncia de la discriminación.

La obra *Luz profunda*, 2008, es un ensayo fotográfico sobre personas ciegas y su contacto con el agua, tomando como punto de partida la natación. Inmersos en el agua, origen de vida y representación de lo infinito, los ciegos se sumergen en un mundo onírico donde potencian sus sentidos y sus supuestas carencias desaparecen; donde son libres. Se trata de una interpretación personal de la artista acerca de la ceguera, entendida no como una tragedia o una limitación, sino como aquel que es capaz de ver el mundo diferente y que finalmente construye su propia visión.

Read Journalism and Collective Communication at the UNAM and subsequently attended various photography workshops in Mexico. In professional terms, she has worked for the magazine *Contralínea* and has worked with a number of advertising and journalistic agencies. Her work has been recognized with prizes and mentions in a variety of domestic competitions in Mexico, mostly linked to social causes or committed to the condemnation of discrimination.

Deep Light, 2008, is a photography essay about blind people and their connection to water that takes swimming as its starting point. Immersed in water, the origin of life and representation of the infinite, the blind dive into a dream-like world where they charge their senses and their supposed shortcomings disappear, where they are free. It is the artist's personal interpretation about blindness, understood not as a tragedy or a limitation, but as a condition that enables those who suffer it to look at the world in a different way and, ultimately, to create their own vision.

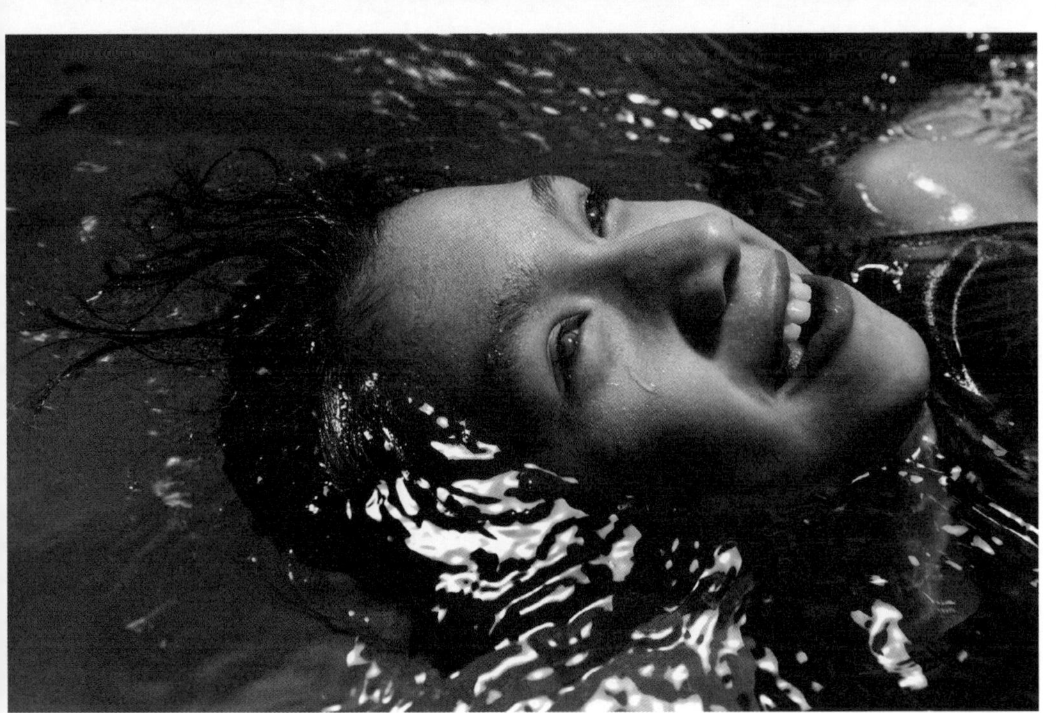

MIRIAM SÁNCHEZ VARELA

095

**BEATRIZ
SANCHO
MARCOS**

MÍRATE
LOOK AT YOU

2009

1973
ESPAÑA
SPAIN

Fotógrafa autodidacta, inició su formación artística en la ciudad de Nueva York, ciudad en la que residió temporalmente. Y tras su regreso a España ha expuesto en diversas sedes entre ellas La Fábrica Galería en Madrid. Su obra ha sido galardonada con el premio de videoarte en la exposición colectiva de artistas de Berlín 2004 y con el premio Camel Arte de Barcelona 2003.

Mírate es una serie de retratos en blanco y negro de gente anónima en los que la artista sabe encontrar la singularidad de cada personaje.

Self-taught photographer. Begins her artistic training in the city of New York, where she resided for some time. Following her return to Spain, she has exhibited in various venues, among them La Fábrica gallery, in Madrid. Her work has been awarded the prize for videoart at the group exhibition of artists in Berlin 2004 and the Camel Arte prize in Barcelona, 2003.

Look at You is a series of black and white portraits of anonymous people in which the artist knows how to find the singularity of each character.

www.beasancho.com

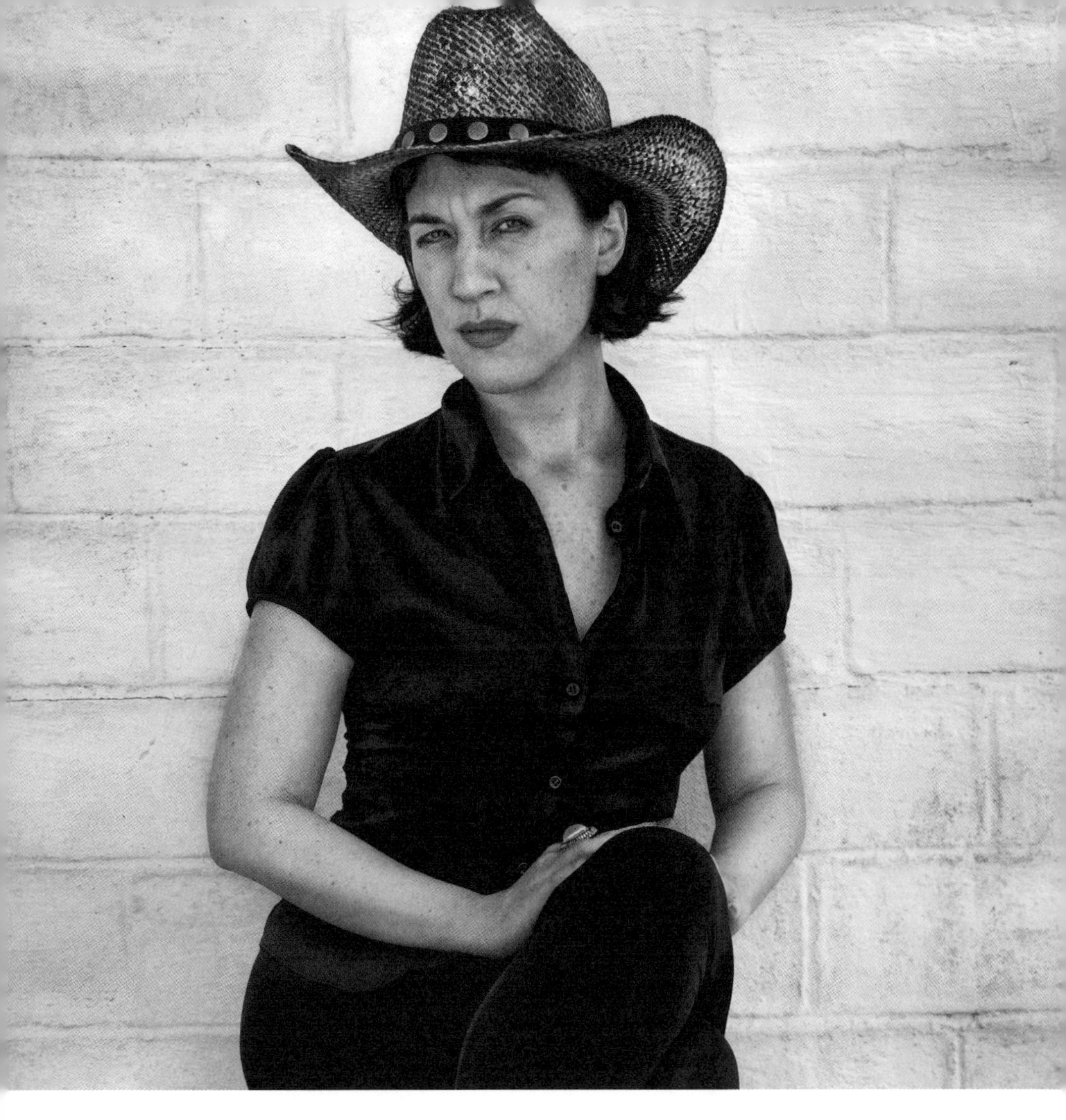

BEATRIZ SANCHO MARCOS

#096

**DANIELA
SCHNEIDER**

LÍNEAS AÉREAS
AIR LINES

2008

1955
BRASIL
BRAZIL

Periodista de profesión, ha ampliado su formación con diversos cursos de fotografía y fotoperiodismo. Su trabajo se ha visto en exposiciones individuales y colectivas en Brasil, en sedes como Museu de Arte Moderna de São Paulo o en la VI Bienal Internacional de Arquitectura, así como en Reino Unido, en centros como el Chelsea and Westminster Hospital Arts o el The Affordable Art Fair de Londres, y en el Newcastle Gateshead Art Fair de Newcastle.

En *Líneas aéreas*, 2008, las imágenes reflejan los entramados de los hilos de la luz de las ciudades. Mostradas como una instalación que revela una poesía de lo cotidiano a la que a menudo no atendemos, el conjunto es una búsqueda de la belleza incluso en lugares inesperados y poco valorados. El revelado de alto contraste tiene la intención de agudizar el carácter gráfico de las líneas.

Professional journalist, she has enhanced her training with various photography and photojournalism courses. Her work has been displayed in group and solo exhibitions in Brazil, in venues such as the Museu de Arte Moderna de Sao Paulo, or at the VI International Biennial of Architecture, and in the United Kingdom, in venues such as the Chelsea and Westminster Hospital Arts, or The Affordable Art Fair, in London, and the Newcastle Gateshead Art Fair, in Newcastle.

Air Lines, 2008. The images in this series reveal the lattices formed by threads of light in cities. Displayed as an installation that uncovers a poetry of the ordinary to which we seldom attend. The group is a search for beauty in unexpected and little esteemed places. The high-contrast processing aims to sharpen the graphic nature of the lines.

www.flickr.com/daniela_schneider/

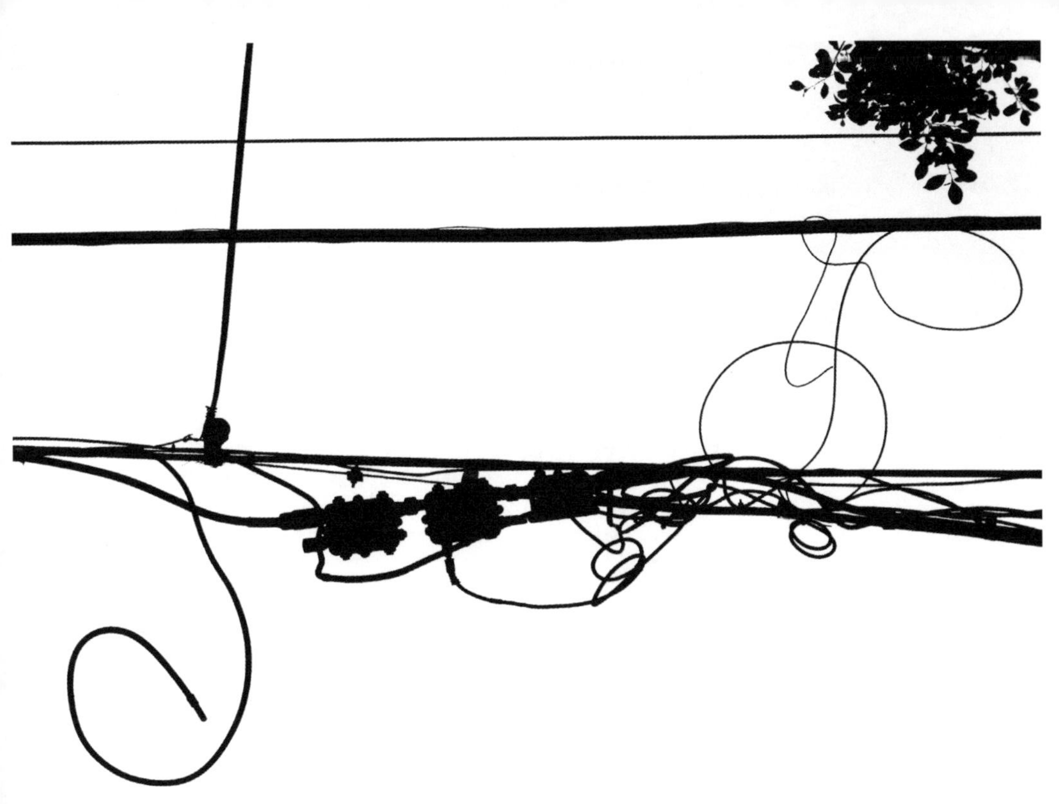

DANIELA SCHNEIDER

Licenciado en Comunicación Social y en Periodismo por la Universidad Federal de Río de Janeiro, ha trabajado como fotógrafo de los suplementos de cultura del periódico *O Globo* y colabora habitualmente con varias revistas brasileñas. Su obra se ha expuesto en muestras individuales y coletivas en diversas sedes brasileñas, entre ellas el Museu de Arte Contemporânea de Río de Janeiro.

LCD, 2009: Desde hace un año realiza un trabajo basado en el impulso compulsivo de fotografíar todo y a todos. Durante este tiempo ha visitado puntos turísticos de varios países; México, Estados Unidos, Francia, Italia, Reino Unido y Brasil. En este contexto miles de personas fotografían de manera tan compulsiva como él, lo que le hace reflexionar sobre cómo la percepción está en la actualidad mediatizada por el objetivo fotográfico. La cámara se convierte en una extensión del sujeto, en un intermediario entre nosotros y el mundo.

Graduated in Social Communication and Journalism from the Federal University of Rio de Janeiro. In professional terms, he has worked as a photographer for the culture supplements of the newspaper *Globo*, and often collaborates with several magazines in Brazil. He has held solo and group exhibitions in various venues in Brazil, such as the Museu de Arte Contemporânea in Rio de Janeiro.

LCD, 2009. For the past year he has carried out a project based on the compulsive impulse to photograph everything and everyone. During this time, he has visited tourist spots in several countries; Mexico, United States, France, Italy, the United Kingdom and Brazil. Within this context, thousands of people photograph compulsively, just like him, which makes him think about how, presently, perception is mediated by the camera lens. The camera becomes an extension of the subject, an intermediary between ourselves and the world.

www.fabioseixo.com.br

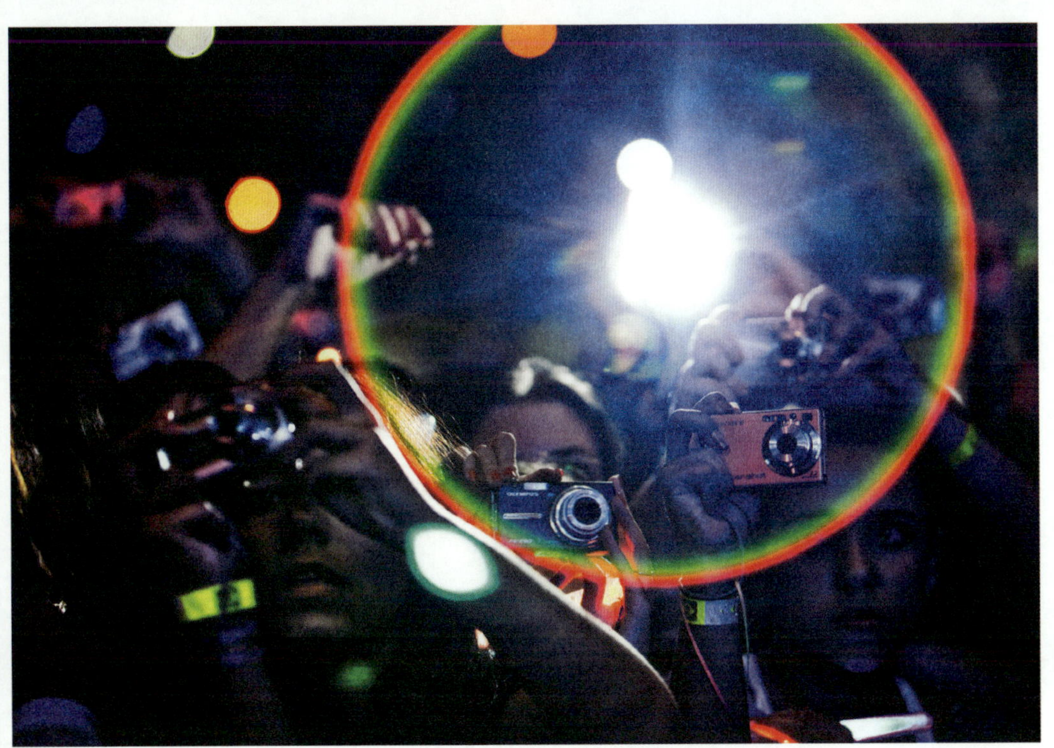

FABIO SEIXO

**ALEXANDRE
SEVERO**

OS SERTÕES
OS SERTÕES

2009

1979
BRASIL
BRAZIL

Graduado en Comunicación Social, fotógrafo de profesión, trabaja como reportero fotográfico. Sus obras se han podido ver en varias exposiciones colectivas en Brasil y Argentina, en sedes como el Museu da Abolição - Recife/PE o la Galería Arte Plural. Por sus trabajos de concienciación social ha recibido varios galardones por instituciones como Save The Children America Latina y el Prêmio Cristina Tavares de Jornalismo, entre muchos otros.

Su obra *Os Sertões,* 2009, reflexiona críticamente sobre la difícil tarea de permanecer inmutables. Los habitantes de la regiones rurales encomendados a mantener las tradiciones, los hábitos y la fidelidad a otros tiempos tienen como contrapunto las profundidades de otros personajes que pueden aportar cambios en las estructuras establecidas en donde viven; se trata de un entorno multicultural formado por piratas, vaqueros, beatos, travestis, cantantes y traficantes.

Graduated in Social Communication, he is a professional photographer and he works as a photographic reporter. His work has been shown in several group exhibitions in Brazil and Argentina, in venues such as the Museu da Abolição - Recife/PE or the Galeria Arte Plural. His work in the creation of social awareness has merited him various awards by institutions such as Save The Children America Latina, or the Prêmio Cristina Tavares de Jornalismo, among many others.

His 2009 work, *Os Sertões*, critically reflects about the hard task of remaining immutable. People living in rural areas, appointed with the safeguarding of traditions, customs and fidelity to past times, have as counterbalance the depth of the other characters who can contribute changes in the established structures where they live; it is a multicultural environment composed by pirates, cowboys, saints, cross-dressers, singers and dealers.

www.flickr.com/severo

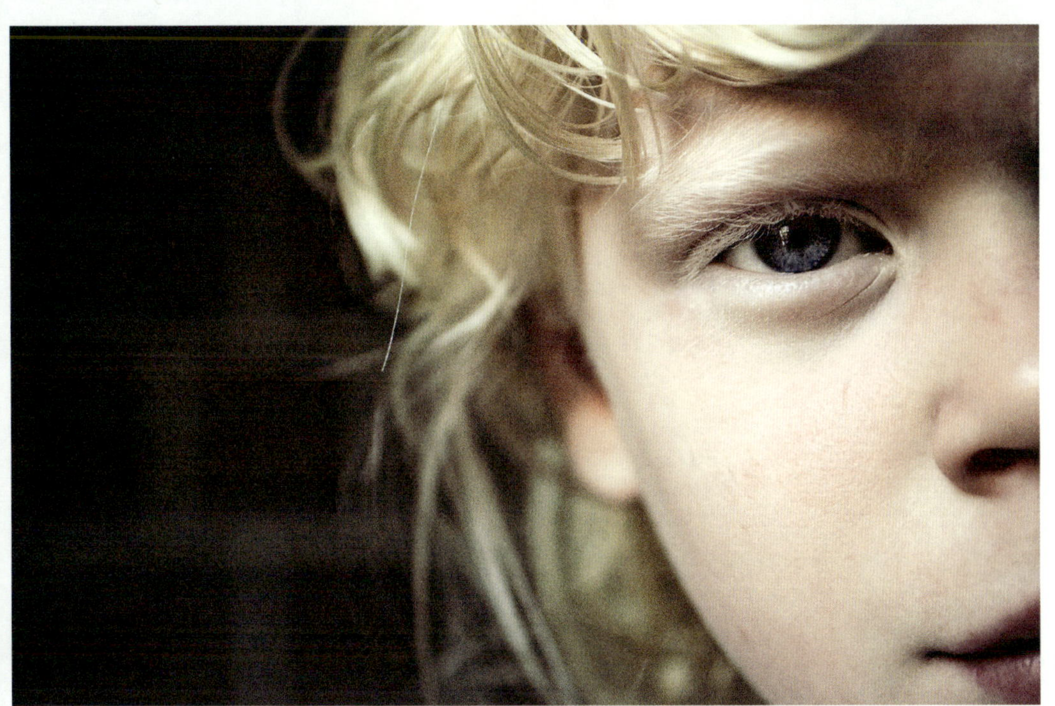

ALEXANDRE SEVERO

Ha cursado estudios de Arquitectura, Artes Plásticas y Fotografía en diversas universidades costarricenses y Cinematografía en ZHdK, en Zurich. Su trabajo ha sido premiado por el Ministerio de Cultura de Costa Rica con el Premio Nacional de Artes Plásticas 2002 y ha realizado importantes proyectos artísticos como el London Print Studio, por invitación de la Universidad de Essex o el Kunst am Bau, Freibad Seebach, en Zurich. Su obra ha sido expuesta individualmente en ciudades como Roma, Madrid o San José de Costa Rica, y colectivamente en países como Ecuador, Italia, Chile.

A (des) tiempo, 2006: Impactada por la proliferación de grandes centros de consumo y los cambios que se generaban en forma acelerada en las ciudades, que cambian y afectan a todo el tejido social y sobre todo al pequeño comercio, la artista busca las señas de identidad de espacios marcados por una estética local en contraste con aquellos donde predomina una estética de estándar global.

Has studied Architecture, Plastic Arts, and Photography in various universities in Costa Rica, and read Cinematography at the ZHdK, in Zurich. His work has been recognized by the Ministry of Culture of Costa Rica with the Premio Nacional de Artes Plásticas 2002 and he has carried out important artistic projects, such as the London Print Studio, through invitations by the University of Essex or the Kunst am Bau. Freibad Seebach, Zurich. His work has been displayed in solo exhibitions in cities such as Rome, Madrid or San José de Costa Rica and in group exhibitions in countries such as Ecuador, Italy and Chile.

On (un) Time, 2006. Shocked by the proliferation of large centers of consumption and the speedy changes generated in cities, which change and affect the entire social fabric and, above all, small businesses. Within this context, the artist wishes to find signs of identity in spaces marked by a local aesthetic, in direct contrast to those where a standard, global aesthetic is prevalent.

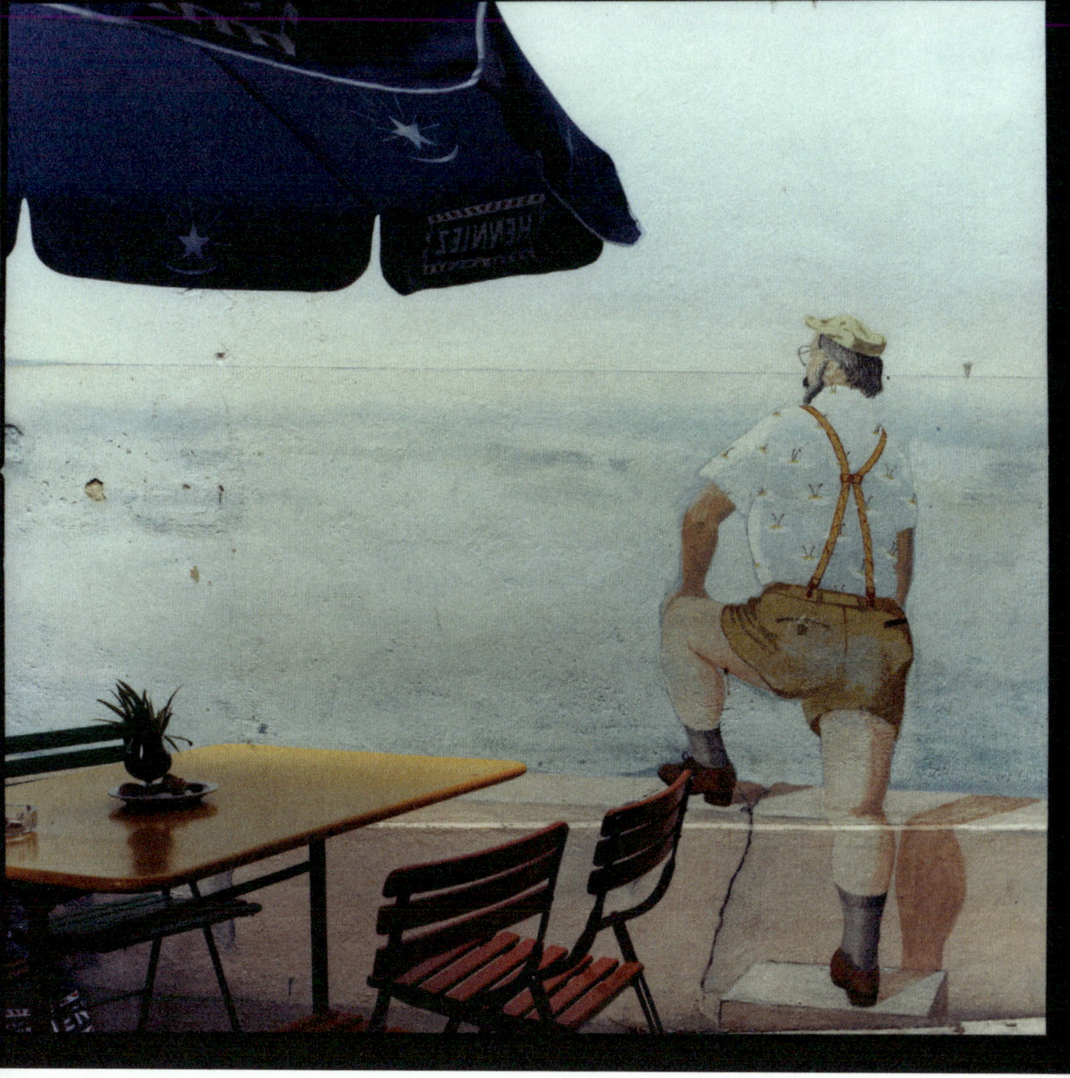

CINTHYA SOTO

#100

MOTOHIRO TAKEDA

RÍO
RIVER

2009

1982
JAPÓN
VIVE EN
ESTADOS UNIDOS
JAPAN
RESIDES IN THE
UNITED STATES

Se trasladó a Nueva York a la edad de 21 años para licenciarse en fotografía en la Parsons The New School for Design. Su obra se ha expuesto en varias sedes en Nueva York, como en el New York Photo Festival de Brooklyn, y ha ganado varios premios en Estados Unidos.

Río, 2009, es un reportaje fotográfico realizado en la casa de sus abuelos en el campo, en Japón, como un funeral personal que el artista dedica a su abuelo fallecido hace dos años. Las imágenes son un recuerdo a su propia infancia en la casa. Las fotografías fueron impresas muy oscuras para hacer una alusión a cómo funciona nuestra memoria. Para él, cuando tratamos de recordar algo, intentamos examinar la niebla de nuestro conocimiento. La oscuridad de sus copias es profunda para representar el caos profundo de nuestras mentes del cual nuestra memoria surge. Puso el título Río porque, en Japón, río es una metáfora de la división entre la vida y la muerte y también del flujo del tiempo que no cesa.

Moved to New York when he was 21 years old in order to study Photography at the Parsons The New School for Design. His work has been exhibited in various venues in New York, such as the New York Photo Festival in Brooklyn, and it has been awarded a number of prizes in the United States

River, 2009, is a photographic reportage shot at his grandparent's family house on the countryside, in Japan, which the artist has produced as a personal funeral for his late grandfather, who passed away two years ago. The images are a recollection of his own childhood at the house. They have been printed very dark to allude to the way our memory works. To him, when we try to remember something, we try to examine the fog that is our knowledge. The darkness in his prints is deep, to represent the deep chaos of our minds, the place where our memories come from. He has given the work the name "the River", because in Japan the river is a metaphor for the split between life and death, and also the flow of time, which never stops.

www.motohirotakeda.com

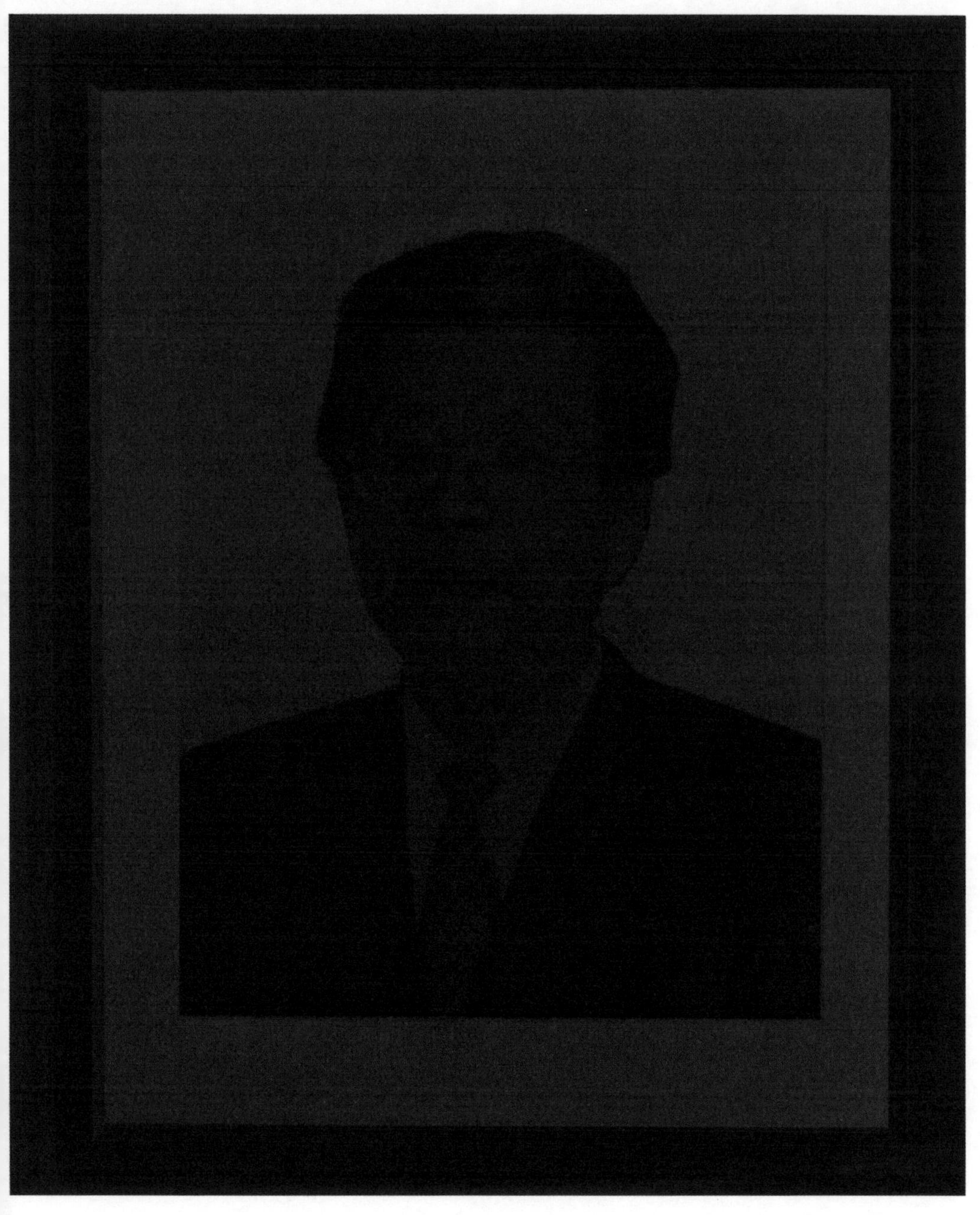

MOTOHIRO TAKEDA

**PHILLIP
TOLEDANO**

**UN NUEVO TIPO
DE BELLEZA**
A NEW KIND OF
BEAUTY

2009

1968
REINO UNIDO
VIVE EN
ESTADOS UNIDOS
UNITED KINGDOM
RESIDES IN THE
UNITED STATES

Sus fotografías se han mostrado frecuentemente en exposiciones individuales y colectivas en Estados Unidos, en sedes como The Center for Photography en Woodstock, así como en Grecia, Singapur, España, Holanda y China.

Un nuevo tipo de belleza, 2009, es una serie de retratos de personas que se han sometido a la cirugía plástica. Al artista le interesa lo que definimos como la belleza cuando decidimos crearla nosotros mismos. La belleza siempre era una moneda, y ahora que finalmente tenemos el medio tecnológico de acuñar nuestro propio sello, ¿qué opciones tenemos? El artista se pregunta si influye en la decisión la cultura contemporánea, la historia, o si viene definida por la mano del cirujano. ¿Cuando nos rehacemos, revelamos nuestro carácter verdadero, u ocultamos nuestra verdadera identidad? Quizás creamos una nueva clase de belleza. Una amalgama de cirugía, arte y cultura popular.

His photographs have been shown frequently in solo and group exhibitions in United States and venues such as The Center for Photography at Woodstock, as well as in Greece, Singapore, Spain, The Netherlands or China.

A New Kind of Beauty, 2009, is a series of portraits of people who have undergone some sort of plastic surgery. The artist is interested in what we define as beauty when we decide to create it ourselves. Beauty was always a currency, and now that we finally have the technology to imprint our own stamp on it, what are our options? The artist wonders whether this question is influenced by contemporary culture, by history, or if it is defined by the hand of the surgeon. When we remake ourselves, do we reveal our true character, or do we hide our real identity? Perhaps we create a new kind of beauty; a mixture or surgery, art and popular culture.

www.mrtoledano.com

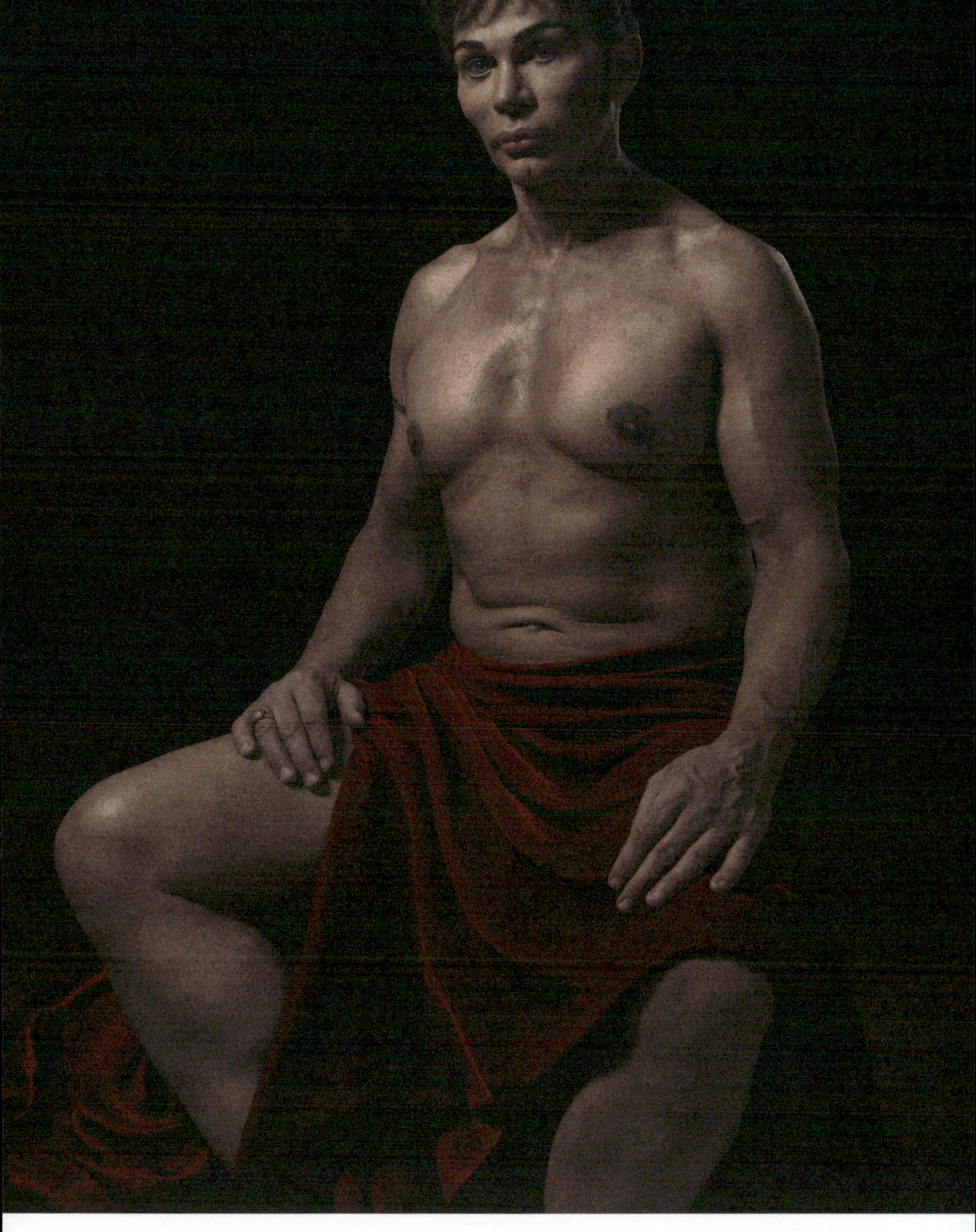

PHILLIP TOLEDANO

102

**SANDRA
TORRALBA
PASTOR**

**SEXO
ALIENADO**
ESTRANGED
SEX

2009

1979
ESPAÑA
SPAIN

Tras licenciarse en Psicología por la East London University y estudiar un máster de Psicoterapia por la Greenwich University, se ha formado en fotografía estudiando iluminación cinematográfica aplicada a la Fotografía, y posteriormente un máster de Fotografía, en EFTI, Madrid. En su corta trayectoria como fotógrafa ha expuesto en varias muestras colectivas e individualmente en la galería My Name's Lolita Art de Madrid.

Sexo alienado, **2009: En inglés «estranged» significa distanciado, de algo o alguien que una vez fue cercano y en el presente ya no lo es. Con una visión muy amplia de lo que significa la sexualidad y el sexo y desde la reflexión sobre el ser humano y la sociedad,** *Estranged Sex* **es un trabajo fotográfico y de vídeo sobre sexo tanto raro (strange) como enrarecido, alienado (estranged). Lo que propone es una reflexión holística sobre la sexualidad, la emoción y las prácticas sexuales, la de-construcción de la pornografía, la naturalización de lo animal, la legitimación de una sexualidad femenina amplia y experimental, y el desafío de los límites sexuales.**

Following her degree in Psychology from the East London University and her Masters degree in Psychotherapy from the Greenwich University, she trained as a photographer, studying cinematographic illumination applied to Photography and subsequently a Masters in Photography, both of them from the EFTI in Madrid. Her short career as a photographer has seen her take part in several group and solo exhibitions at the gallery My Name's Lolita Art in Madrid.

Estranged Sex, 2009. Estranged means distanced from something or someone that once was close and that presently no longer is. With a very ample vision of the meaning of sexuality and sex *Estranged Sex* sets off from a reflection about human beings and society: a work in video and photography about a somewhat strange sex, as if rarified, estranged. It proposes a holistic reflection about sexuality, emotion and sexual practices, the deconstruction of pornography, naturalizing what pertains to animals, legitimizing an ample and experimental female sexuality and defying sexual limits.

www.sandratorralba.com

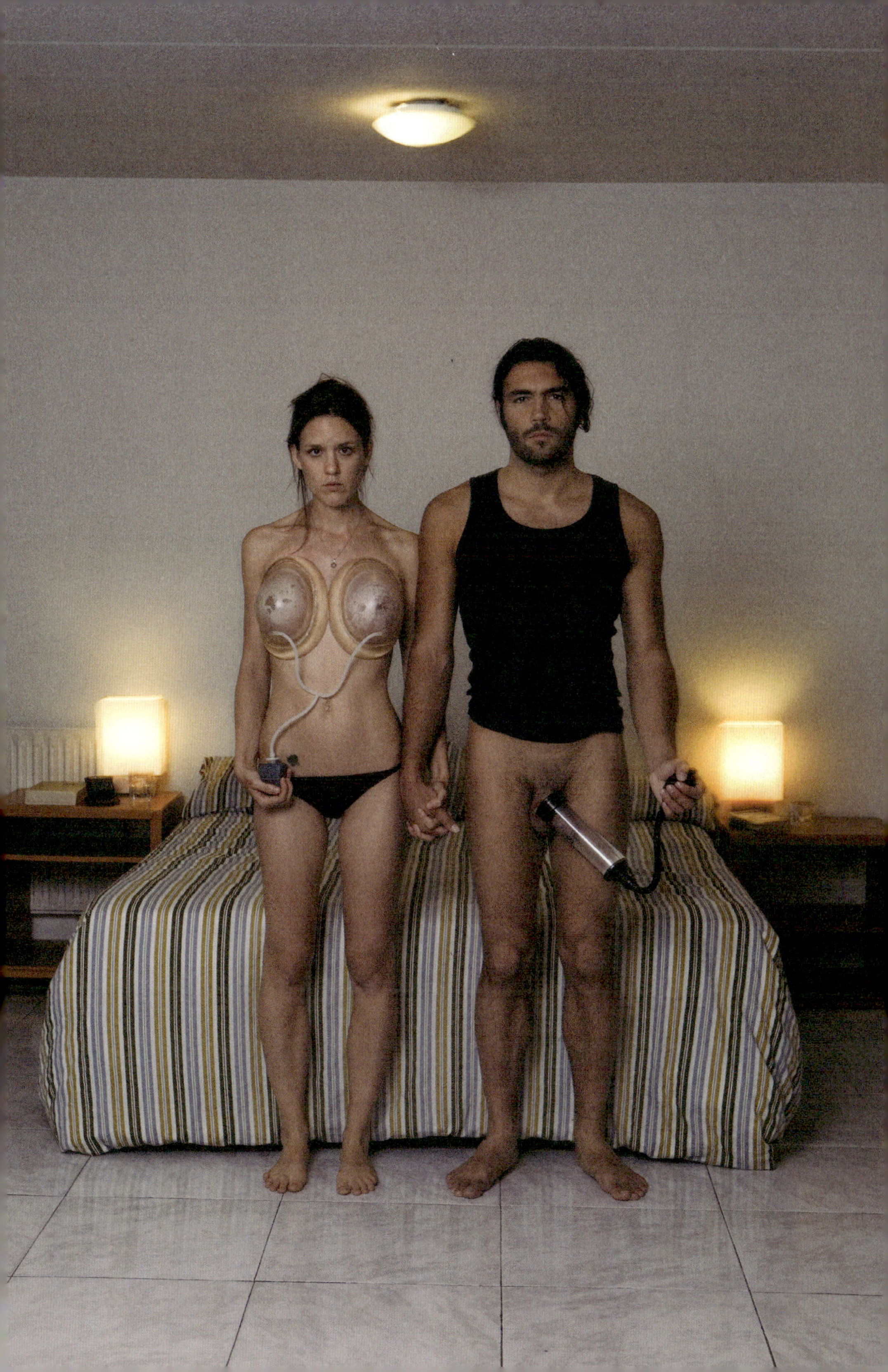

**JUAN PEDRO
TREJO
LEJIDO**

**ALMARIO
SILENCIOSO**
PHOTO
SILENT SOUL

2009

1965
ESPAÑA
SPAIN

Su obra se ha expuesto en diversas muestras en Madrid, en sedes como el Círculo de Bellas Artes, el Canal de Isabel II, la Casa de América, el Museo de la Ciudad, entre otras, y ha sido premiado en varios concursos y certámenes entre los que destacan el primer lugar en el XIII Premio Unicaja de Fotografía 09, y seleccionado en el Certamen de Fotografía Rafael Botí, 07, y en el Photographic Portrait Prize 07 de la National Portrait Gallery de Londres.

Almario silencioso: con esta obra el artista trabaja la idea del tiempo atrapado en el cuerpo de lo observado. Aunque un espectador imagine creer que en sus fotografías se puede apreciar el retrato de un niño próximo al principio de su vida, la realidad que propone habla de un momento único a partir del cual el tiempo deja de discurrir para el sujeto y continúa para todos los demás. La muerte que subyace en las ausentes miradas de sus retratos es verdad. Cada disparo es vida interrumpida para ser eterna e infinita como sólo lo puede ser aquella que nadie puede arrebatar porque ya no existe.

His work has been exhibited in several shows in Madrid, in venues such as the Círculo de las Bellas Artes, the Canal de Isabel II, the Casa de América, the Museo de la Ciudad, among others, and it has been shortlisted or awarded a number of contests and competitions, among which should be highlighted the first prize at the XIII Premio Unicaja de Fotografía 09, the Certamen de Fotografía Rafael Botí 07, where he was shortlisted, or the Photographic Portrait Prize 07 of the National Portrait Gallery in London, where he was also shortlisted.

Silent Soul. In this piece, the artist works with the notion of time trapped inside the body of what is observed. Although spectators might believe they can see a child similar to themselves at the start of their lives in the photographs, the reality proposed by the artist speaks of a unique time, after which time ceases to flow for the subject while it continues for everyone else. The death that lies beneath the absent look in the eyes of those he photographs is real. Each shot is life interrupted to become eternal and infinite, as it can only be when no one can take it away, because it no longer exists.

www.pbase.com/pedrotrejo

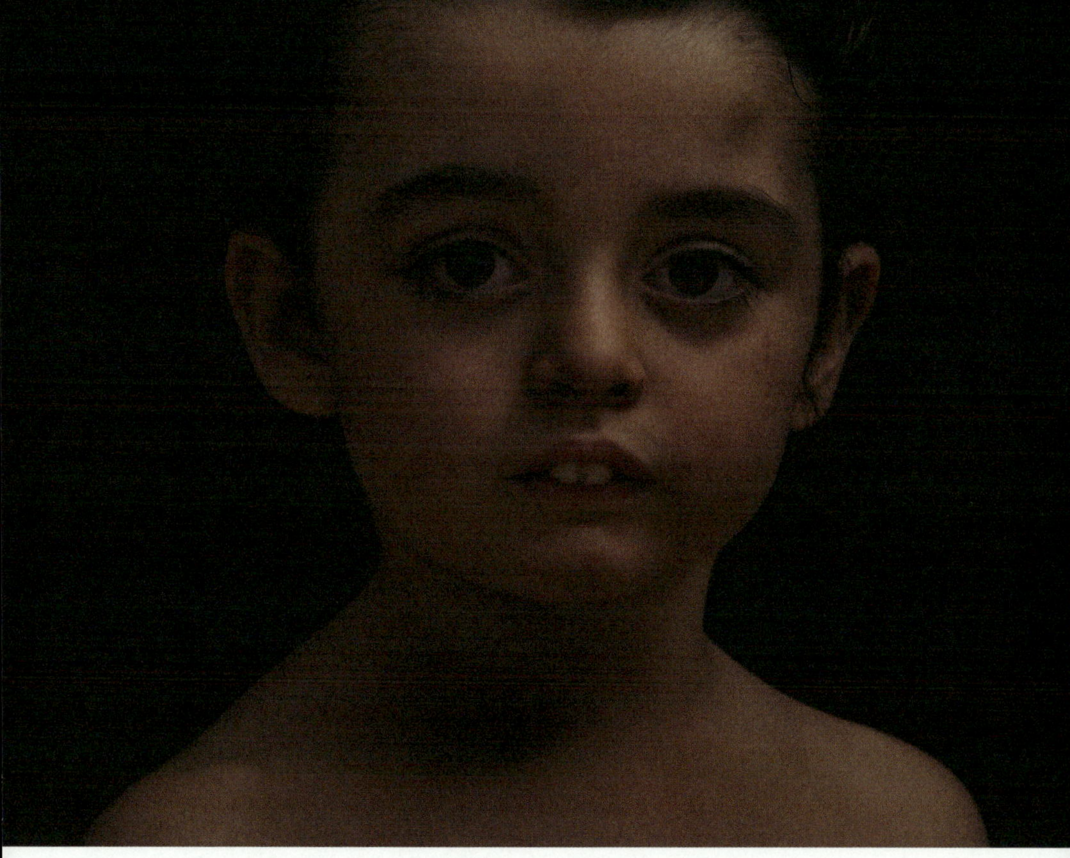

JUAN PEDRO TREJO LEJIDO

**PAUL
VALLEJOS
CORAL**

**UN VIAJE POR
EL CORAZÓN DE
LA AMAZONÍA**
A JOURNEY
THROUGH THE
HEART OF
THE AMAZON

2006

1975
PERÚ

En su trayectoria como reportero fotográfico ha colaborado con periódicos y revistas en Perú y en España, entre ellos, *República, Caretas, Liberación, El Comercio, Agencia France Press*, etc. Actualmente trabaja en el diario *Perú 21*. Por su trabajo como fotógrafo ha recibido diferentes galardones, entre ellos el primer premio del concurso fotográfico de la Fundación Telefónica.

La obra *Un viaje por el corazón de la Amazonía*, 2006, está ubicada en la selva del Perú, agreste, inmensa, en la que los ríos son los caminos. La gente utiliza las embarcaciones para ir a las ciudades vecinas, transportar su carga e, incluso, para entregarse al sencillo placer de viajar de un lugar a otro. Las imágenes retratan pasajes de una de aquellas travesías por los caminos acuáticos del Amazonas. Se trata del viaje entre las ciudades de Ucayali e Iquitos. Dos días y medio a bordo del Henry V, una vieja barcaza de casi 100 metros de longitud, acompañado por todo tipo de gentes, desde habitantes locales, turistas nacionales o visitantes extranjeros.

His career as a photojournalist has seen him collaborate with many newspapers and magazines in Peru and in Spain, among them *República, Caretas, Liberación, El Comercio*, Agence France Press, etc. Currently, he works for the newspaper *Perú 21*. His work as a photographer has merited him several awards, among them the first prize in the photography competition by Fundación Telefónica.

A Journey through the Heart of the Amazon, 2006, is located in the wild, enormous, Peruvian forest, where rivers are traveling paths. People use boats to reach neighboring cities, to transport their loads, and even to enjoy the simple pleasure of going from one place to the other. The images portray the passengers in one of those journeys through the waterways of the Amazon. It is the stretch between the cities of Ucayali and Iquitos. Two days aboard the Henry V, an old vessel almost 100 meters long, together with all kinds of people, from locals to domestic tourists and foreign travelers.

www.paucoral.blogspot.com

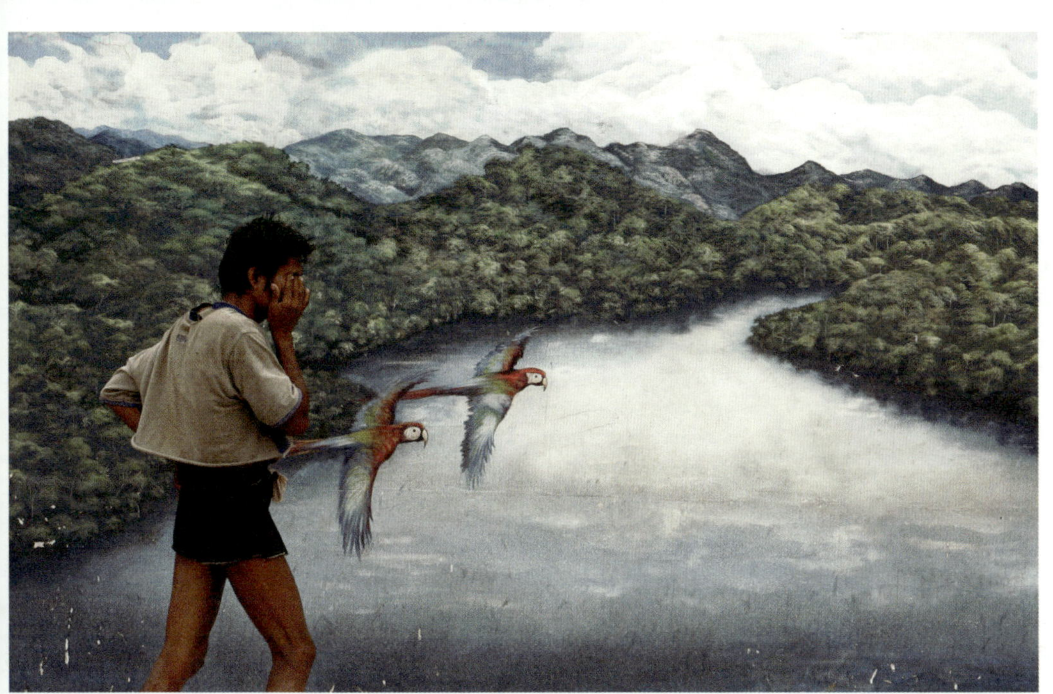

PAUL VALLEJOS CORAL

#105

**BRETT
VAN ORT**

PAISAJE
DE MINAS
MINESCAPE

2009

1973
ESTADOS UNIDOS
VIVE EN
REINO UNIDO
UNITED STATES
RESIDES IN THE
UNITED KINGDOM

Se ha formado como artista graduándose en el curso de Fotografía Documental y Fotoperiodismo, en el London College of Communication. En la actualidad trabaja como fotógrafo freelance para varias publicaciones online, como *More Intelligent, Life.com* o *The New York Times.com*. Su obra se ha expuesto en exposiciones colectivas en Reino Unido.

Paisaje de minas, 2009. Todos los paisajes representados en la serie son las antiguas líneas de combate de la guerra de Bosnia. Algunos de estos campos están considerados "la caja fuerte". Los sobrevivientes de la contienda dicen que los lugares más seguros eran los caminos o las carreteras. El artista contrapone las *land mines* y los paisajes hermosos creando un sentimiento de inquietud. En una imagen atrae al espectador por la belleza de un paisaje para, en la imagen siguiente, hacer que la vista de un campo minado le produzca un rechazo.

Trained as an artist by completing the course in Documentary Photography and Photojournalism from the London College of Communication. Presently, he works as a freelance photographer for several online publications, such as *More Intelligent, Life.com*, or *The New York Times.com*. His work has been displayed in group exhibitions in the United Kingdom.

Minescape, 2009. All landscapes portrayed in this series are ancient combat lines from the war in Bosnia. Some of these camps are considered to be "the safe box." Survivors from the conflict claim that the safest places were roads or pathways. The artist contrasts landmines and beautiful landscapes, creating a feeling of unease. One image draws the spectator because of the beauty of a landscape, only for the following image to provide a view of a minefield, which provokes his/her rejection.

www.brettvanort.com

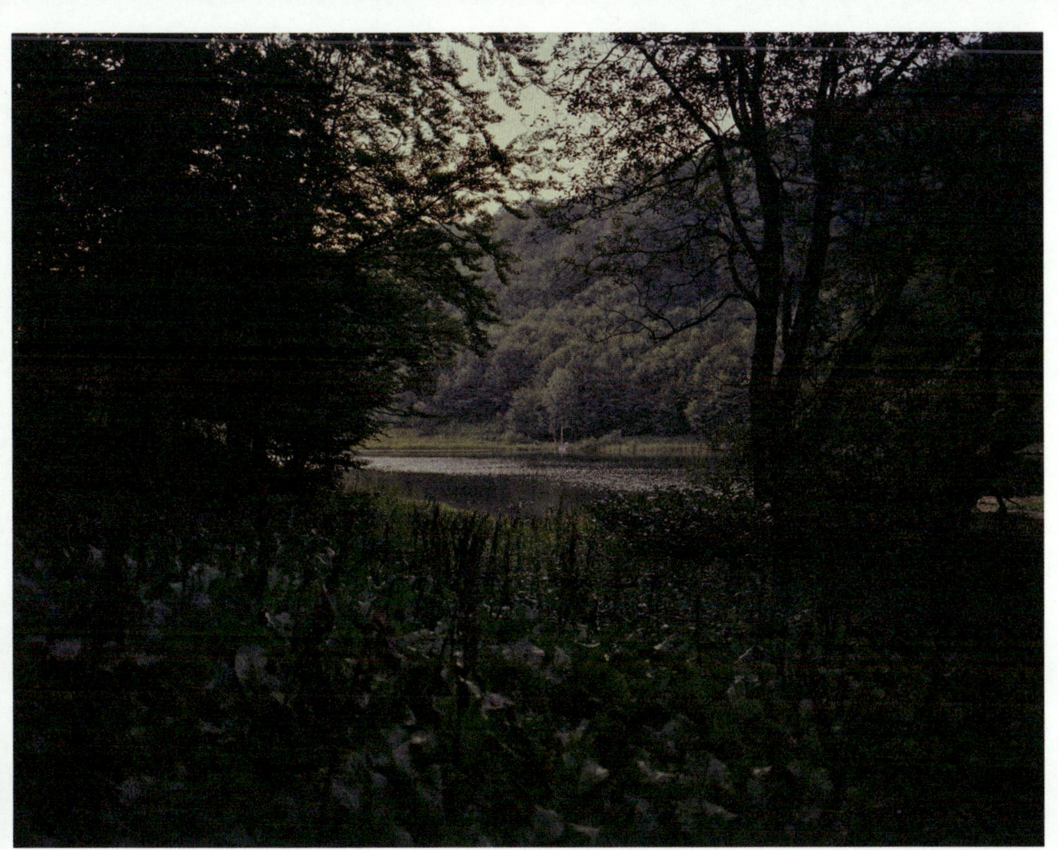

 BRETT VAN ORT

**ARELI
VARGAS
COLMENERO**

**AXIOMAS
INEVITABLES**
INEVITABLE
AXIOMS

2009

1978
MÉXICO
MEXICO

Licenciada en Artes Plásticas por la Universidad de Guanajuato en México, en la actualidad estudia un doctorado en Artes Visuales e Intermedia, en la Universidad Politécnica de Valencia, España. Profesionalmente ha sido galardonada con numerosos premios, entre los que destaca el Premio de Fotografía Luz de Plata, la Mención Honorífica en la Séptima Bienal Puebla de Los Ángeles, 2009, o el haber ganado el Gran Premio de la Bienal Internacional SIART, Bolivia, 2007.

En su obra *Axiomas inevitables*, del 2009, la artista se apropia de unas cartas escritas por personas que se han suicidado, y que aparecen recogidas en un estudio sobre el fenómeno «Índices y causas del suicidio en Guanajuato». A partir de este material, Areli Vargas re-construye espacios físicos imaginarios cargados de la personalidad de estas identidades desconocidas. El trabajo aúna sus preocupaciones personales sobre el comportamiento humano, los roles de personalidad y cuestionamientos de su tiempo y espacio.

Graduated in Plastic Arts from the Universidad de Guanajuato in Mexico, she is currently completing a doctorate in Visual Arts and Intermedia at the Universidad Politéctica de Valencia in Spain. In professional terms, she has been awarded several prizes, including the Premio de Fotografía Luz de Plata, the Honorific Mention at the VII Bienal Puebla de los Ángeles in 2009, and the Grand Prize at the Bienal Internacional SIART, Bolivia, 2007.

In her 2009 work, *Inevitable Axioms*, the artist appropriates letters written by people who have committed suicide, which were recorded in a study about such phenomenon entitled *índices y causas del suicidio en Guanajuato*. Using this material as her starting point, Areli Vargas reconstructs imaginary physical spaces charged with the personality of these unknown identities. The work adds her personal worries about human behavior, the roles of personality and issues about its time and space.

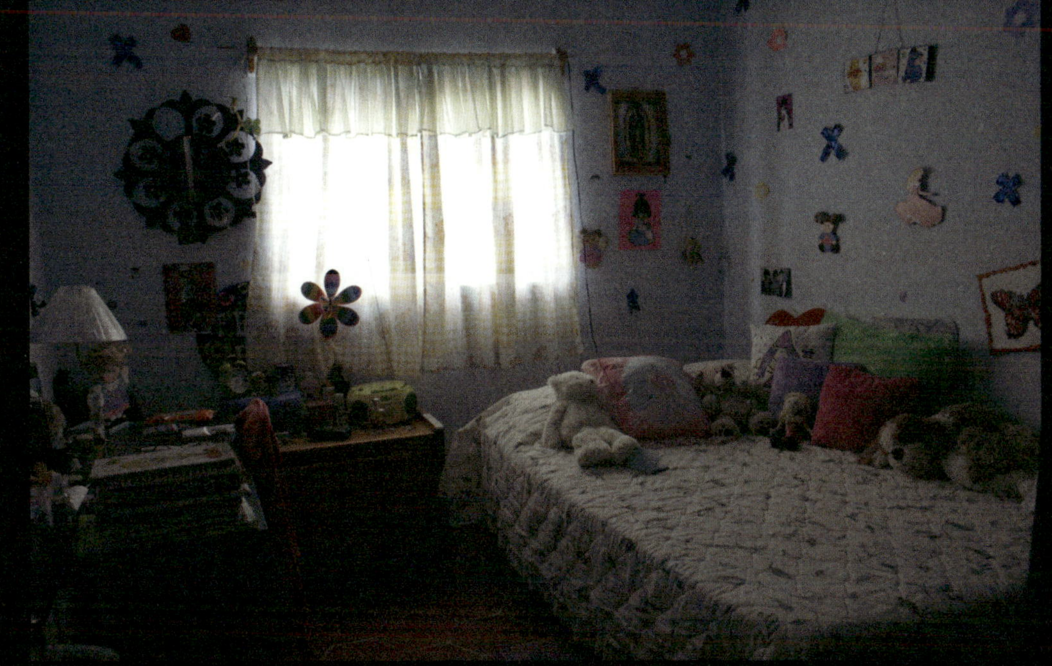

Archivo: AI0000000-09- mujeres suicidas guanajuatenses

Caso: MAD00009   Expediente: 37599   Sexo: Femenino

Edad: 15 años   Estado Civil: Soltera   Ocupación: Estudiante

Escolaridad: Nivel medio Religión: Católica Lugar de Origen: León

Método utilizado para el acto suicida: Ahorcamiento

Nota póstuma:

MAMI Y PAPI NO TENGO MUCHO TIEMPO PARA ESCRIBEIRLES ESTA CAETA PERO
SOLO LES QUIERO DECIR QUE LOS AMOOOOOOO Y FUERON LOS MEJORES PPAAS
DEL MUNDO ENSERIO MIL GRACIAS POR SERS COMO FUERON LOS AMO Y NUNCA
SE LES OLVIDE Q TENIAMN UNA HIJA ENFER,MA AUNQUE LA UBIERAN OBLIGADO
A IR AL PSICOLOGO NMO HUBIERA CZKABIADO NADA MIL GRACIAS POR DARME
TODO LO QUE ME DIERON POR HACER DE LOS 15 AÑOS Q VIVI LO MEJOR DEL
MUNDO LOS ADORA NUNCA ME OLVIDEN Y PORFAVOS JAMAS SE CULPEN DE LO
QIE PSOOOOOOOO LOS ADORA PARA SIEMPRE SU MADECITA CUIDENME A MI
PITOCHES O.k?

Transcripción de original para expediente fotográfico No.5709-9

**GRANDES
ÉXITOS**
GREAT HITS

2009

1976
ESPAÑA
SPAIN

Se licenció en Historia del Arte y actualmente es miembro de Blank Paper, escuela en la cual es profesor y director. Ha recibido numerosas becas como FotoPres'05 Extremaunción y FotoPres'09. Además ha sido galardonado con el Premio deFotografía ARCO'07, Premio Unicaja 2006 y Premio Jóvenes Creadores 2005. También ha expuesto en São Paulo, Madrid o Barcelona.

Grandes éxitos, 2009, son fotografías de la atmósfera refinada y decadente de las salas de fiesta que tuvieron su época dorada en los años sesenta. Plasma el intento reiterado de proyectar el mismo ambiente de distinción que tenía en el pasado, con la misma decoración recargada, los camareros con camisa blanca, pajarita negra y con un público que se disfraza para intentar ser distinguido. Como dice el propio autor: «Quiero revelar estas actitudes paradigmáticas del desgaste social en un escenario que también se desmorona.»

Graduated in History of Art and presently member of the Blank Paper school, of which he is Headmaster and teacher. He has been awarded several scholarships, such as FotoPres'05 Extremaunción and FotoPres'09. Additionally, he has been awarded the Photography Prize ARCO'07, the Premio Unicaja 2006 and the Premio Jóvenes Creadores 2005. He has also exhibited in São Paulo, Madrid and Barcelona.

Great Hits, 2009, is constituted by photographs of the refined and decadent atmosphere of the ballrooms, whose golden age came about in the seventies. It portrays the recurrent effort to project the same sense of importance that it enjoyed in the past, with the same ornate decoration, waiters in white shirts and black bow tie, and with an audience dressed in costumes, trying to seem distinguished. In the words of the artist: "I want to reveal those paradigmatic attitudes of social erosion in a stage that is also crumbling."

www.blankpaper.es

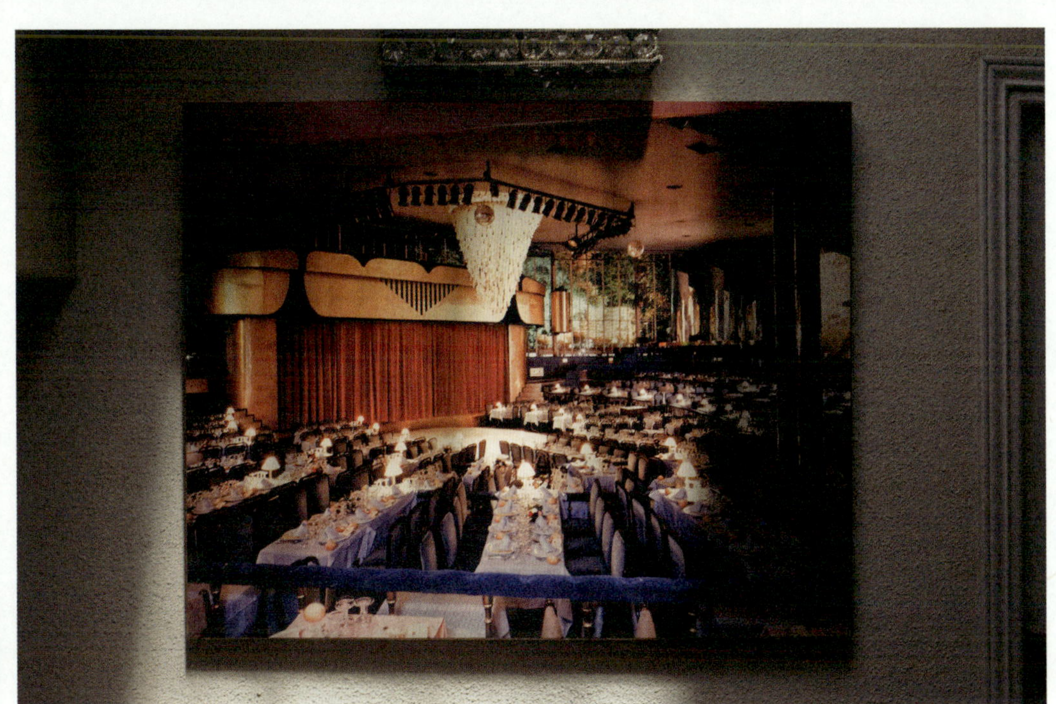

    FOSI VEGUE

108

**CURTIS
WEHRFRITZ**

FLUIDRIVE
FLUIDRIVE

2009

1961
CANADÁ
CANADA

Su trabajo se ha expuesto en muestras individuales y colectivas en galerías de Canadá, y se ha presentado en importantes foros como The Contact Photography Exhibit en el London Photographic Awards. Su película «Four Days» fue premiada en el Toronto Film Festival y distribuida internacionalmente. La fotografía le sirve como un escenario desde donde puede contar pequeñas historias.

En *Fluidrive* el artista trabaja con pequeños himnos que son revisados desde la lírica de su prosa o su música. Un proscenio barroco se convierte en el marco de un pequeño y moderno daguerrotipo que reinterpreta cada himno. Su intención no es profundizar en la historia de esta técnica, sino que lo utiliza por su capacidad de apresar la experiencia en el momento de hacer la fotografía.

His work has been displayed in solo and group exhibitions in galleries in Canada, and he has been included in important forums such as the Contact Photography Exhibit at the London Photographic Awards. His film, *Four Days*, was awarded at the Toronto Film Festival and it has been distributed internationally. Photography serves as a stage wherefrom to tell small tales.

In *Fluidrive*, the artist works with small anthems, which are revised either in the lyricism of their words or their musical arrangement. A Baroque proscenium becomes the frame of a modern Daguerreotype that reinterprets each anthem. The intention is not so much to delve into the history of the Daguerreotype, but to use this format to take advantage of its ability to capture the experience of the moment when the photograph is taken.

www.fluidrive.ca

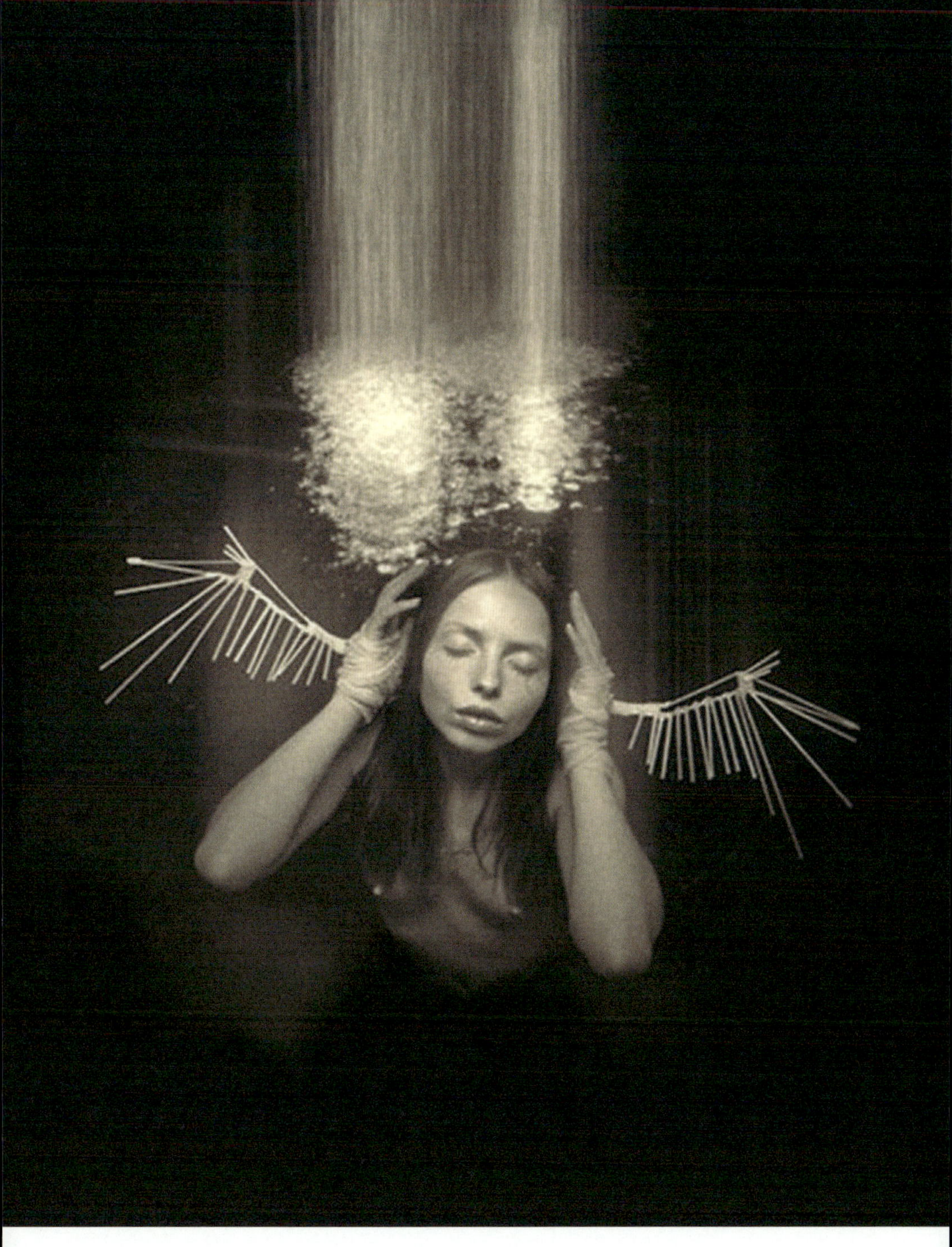

CURTIS WEHRFRITZ

109

**VANESSA
WINSHIP**

DULCE NADA
SWEET
NOTHINGS

2008

1960
REINO UNIDO
UNITED KINGDOM

Licenciada en Film, Video and Photographic Arts por la University of Westminster, una selección de sus premios y concursos incluye el World Press Awards, The National Portrait Gallery en Londres, y el Sony World Photography Iris D'Or pPhotographer of the Year. Su obra se ha expuesto en Londres y en Rotterdam, y en la actualidad la representa la agencia VU.

Dulce nada, **2008: La artista vivió en Turquía durante varios años y una de las imágenes que recuerda de esa época son las escolares, vestidas con sus uniformes azules, los mismos en todas las ciudades y pueblos. Esos uniformes con sus lazos y bordados con los símbolos del estado turco. Y sin embargo las niñas que los llevan son sólo eso, niñas. En las zonas fronterizas de Irak, Irán, Siria y Armenia, una región conocida eufemísticamente como la zona de la emergencia, en la cual muchos miles han perdido ya sus vidas, los uniformes escolares eran los mismos. En esta serie de retratos se ha fijado en esos uniformes, pero también en las expresiones de las muchachas, jóvenes serenas en ese momento «justo antes». Un momento de falsa posibilidad.**

Graduated in Film, Video and Photographic Art from the University of Westminster, a selection of the prizes and contests she has won includes the Word Press Awards, the National Portrait Gallery in London and the Sony World Photography Iris D'Or photographer of the year. Her work has been exhibited in London and Rotterdam, and presently she represents the agency VU.

Sweet Nothings, 2008. The artist has been living in Turkey for some years and one of the images that reminds her of that time are schoolgirls in their blue uniforms, all the same across cities and towns. These uniforms, with their ribbons and embroidering depicting the symbols of the Turkish state, and still, the children who wear it are only that — children. On the regions by the borders with Irak, Iran, Siria and Armenia, a region euphemistically known as the emergency area, where thousands have lost their lives, school uniforms are the same. This series of portraits has taken note of those uniforms, but also of the expression in the girls, young sirens who are in that moment "just prior." A moment of fake possibility.

www.vanessawinship.com

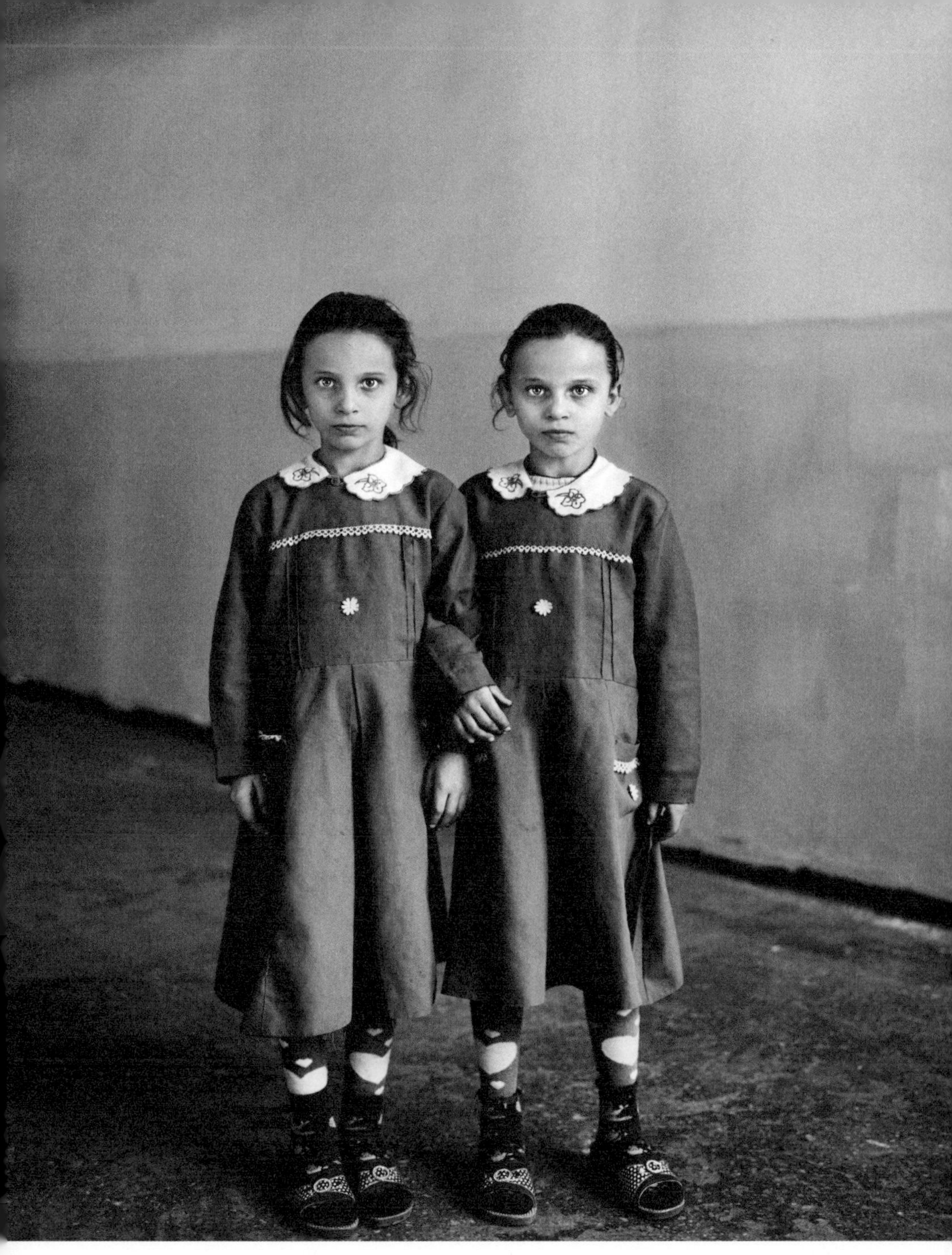

VANESSA WINSHIP

**NICOLÁS
WORMULL**

**ROBINSON
CRUSOE**
ROBINSON
CRUSOE

2008

1977
CHILE

Realizó su formación fotográfica en Suecia y profesionalmente colabora con diversas revistas y diarios suecos y chilenos de renombre. Ha expuesto individual y colectivamente en Estocolmo, Santiago de Chile, Valparaíso y Roma. Y ha sido galardonado en varias ocasiones en el Salón de Prensa de Fotógrafos y Camarógrafos de Chile.

Su trabajo *Robinson Crusoe*, 2008, reflexiona sobre el aislamiento y la soledad en relación al mundo contemporáneo en las ciudades. Wormull recoge imágenes de la isla Robinson Crusoe, a 670 km de las costas chilenas que fue un tiempo refugio de piratas y en la que, en la actualidad, sus pocos habitantes viven aislados del mundo exterior. La pesca es la principal fuente de ingresos y con la diáspora de la juventud se piensa que dentro de unas pocas décadas la isla podría volver a quedar deshabitada. La serie se ha convertido inesperadamente en un testimonio, después de los tsunamis que han arrasado la isla recientemente.

Completed his training as a photographer in Sweden and collaborates professionally with various recognized magazines and newspapers from Sweden and Chile. He has held solo and group exhibitions in Stockholm, Santiago de Chile, Valparaíso and Rome. He has been awarded on several occasions at the Salón de Prensa de fotógrafos y camarógrafos in Chile.

His work, *Robinson Crusoe*, 2008, reflects about isolation and solitude in relation to contemporary life in cities. Wormull gathers images from the island Robinson Crusoe, 670 kilometers away from the Chilean coastline, which, once upon a time, was a refuge for pirates, and where, presently, only a few people live, isolated from the outside world. Fishing constitutes the main source of income, and the Diaspora of young people has given rise to the thought that, in a few decades, the island might once again be uninhabited. The series has unexpectedly become a testimonial, following the Tsunamis which have razed the island recently.

www.nicolaswormull.com

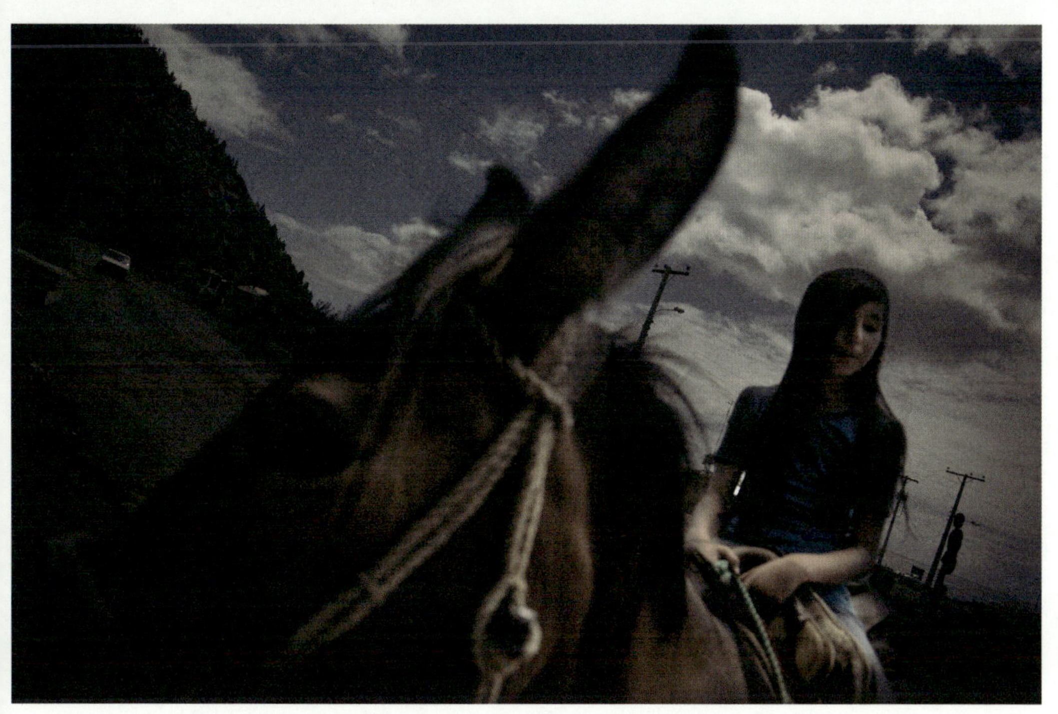

NICOLÁS WORMULL

Ignacio Andreu

Editor creativo, ACTAR, Barcelona. Es licenciado por la Universidad de San Francisco en Comunicación: Teoría y Crítica y en Nuevos Medios de Comunicación. Ha sido el director asistente de diversos filmes, así como editor audiovisual y editor gráfico para diferentes empresas y proyectos. Fue editor creativo en *C International Photo Magazine* y actualmente es el editor creativo de una nueva línea editorial de Fotografía/Arte Contemporáneo de la editorial ACTAR.
Creative Director, ACTAR, Barcelona. Graduated from the University of San Francisco in Communication: Media Critical Studies: Theory and Criticism. Has been Assistant Director to various films, as well as Audiovisual Editor and Graphic Editor for different companies and projects. He was Creative Editor at *C International Photo Magazine* and, presently, he is Creative Editor of a new editorial line in photography / contemporary art at the publishing house ACTAR.
www.actar.es

Bruno Assami

Director de Asuntos Institucionales, Instituto Tomie Ohtake, São Paulo. Ha trabajado como Asesor de la Directora del Paço das Artes y Director Ejecutivo de la Associação dos Designers Gráficos, antes de incorporarse como el Director de Asuntos Institucionales del Instituto Tomie Ohtake en 2002, donde se hace cargo de las relaciones institucionales, así como el planteamiento de la programación de exposiciones, talleres, seminarios.
Director of Institutional Affairs, Instituto Tomie Ohtake, Sao Paulo. Has worked as Advisor to the Director at the Paço das Artes and Executive Director of the Associação dos Designers Gráficos, before joining, as Director of Institutional Affairs, the Instituto Tomie Ohtake in 2002, where he is in charge of institutional relations, and of the outlining of the program of exhibitions, workshops, seminars.
www.institutotomieohtake.org.br

Stacey Baker

Editora de Fotografía, *The New York Times Magazine*. Ha sido editora de fotografía de las revistas *Play Magazine* y *Key Magazine*, y ocupó el cargo de Directora de Fotografía de *More Magazine*. Actualmente es Editora de Fotografía para el *New York Times Magazine*, que anualmente es reconocido por Photo District News, American Photography y la Society of Publication Designers. Recientemente fue invitada como jurado de American Photography 25.
Deputy Photo Editor, *The New York Times Magazine*. She has been Deputy Photo Editor at *Play Magazine* and *Key Magazine*, and she also acted as Director of Photography at *More Magazine*. Presently, she is Deputy Photo Editor for the *New York Times Magazine*, which is recognized yearly by Photo District News, American Photography and the Society of Publication Designers. Recently, she was invited as a juror for American Photography 25.
www.nytimes.com

**Iatã
Cannabrava**

Coordinador del Foro Latino Americano de Fotografía de São
Paulo. Es fotógrafo y fundador del Estudio Madalena, una empresa
que organiza desde 1989 exposiciones y eventos fotográficos,
entre ellos: Paraty em Foco, Festival Internacional de Fotografía
y Encontro de Coletivos Fotográficos Ibero-Americanos y el
Fórum Latino-Americano de Fotografía de São Paulo. Su trabajo
fotográfico explora las periferias de las grandes urbes en America
Latina, como se puede ver en su reciente monografía editada en
2009, *Uma Outra Cidade*.
Coordinator, Foro Latino Americano de Fotografía de São Paulo.
Photographer and founding member of Estudio Madalena,
a company that since 1989 organizes exhibitions and photography
events, among them: Paraty em Foco Festival Internacional de
Fotografía and Encontro de coletivos fotográficos Ibero-Americanos,
and the Fórum Latino-Americano de Fotografia de São Paulo. His
photography explores the periphery of the great cities in Latin
America, which can be seen in his recent monograph, edited in
2009: *Uma Outra Cidade*.
www.estudiomadalena.com.br
www.iatacannabrava.fot.br

**Francisco
Carpio**

Crítico y comisario independiente, España. Ha sido Director
de Exposiciones del Museo Esteban Vicente y ha comisariado
diversos proyectos para este centro así como para la Sociedad
Estatal de Conmemoraciones Culturales, el Museo Reina Sofía
o el MEIAC, entre otros. En la actualidad es colaborador habitual
y crítico de arte para *ABC Cultural, Art.es* y *La Clave*. Además ha
escrito numerosos ensayos para distintas publicaciones editadas
por instituciones museísticas.
Art critic and independent curator. Has been Head of Exhibitions
at the Museo Estaban Vicente and has curated several projects for
this center as well as for the Sociedad Estatal de Conmemoraciones
Culturales, the Museo Reina Sofía and the MEIAC, among others.
Presently, he is a regular contributor and art critic for *ABC Cultural*,
Art.es and *La Clave*. Additionally, he has written a number of essays
for various publications produced by museum institutions.

**Alejandro
Castellanos**

Director, Centro de la Imagen, México DF. Castellanos
ha sido investigador y subdirector del Centro Nacional de
Investigación, Documentación e Información de Artes Plásticas
—Cenidiap— y fue reconocido con el Premio de Investigación
Artística del Instituto Nacional de Bellas Artes en 1993. Ha
coordinado diversas exposiciones y encuentros de
fotografía y es autor de ensayos, artículos y entrevistas.
Es director del Centro de la Imagen de México desde 2002,
institución que fue creada en 1994 por el Consejo Nacional
para la Cultura y las Artes.
Director, Centro de la Imagen, Mexico City. Castellanos has
worked as Researcher and Sub-Director at the Centro Nacional de
Investigación, Documentación e Información de Artes Plásticas —
Cenidiap — and his work was recognized when he was awarded
the Premio de Investigación Artística del Instituto Nacional de
Bellas Artes, in 1993. He has coordinated various exhibitions
and photography conventions and has authored essays, articles and
interviews published in Mexico and abroad. He is the Director of the
Centro de la Imagen since 2002, an institution which was created in
1994 by the Consejo Nacional para la Cultura y las Artes.
www.centrodelaimagen.conaculta.gob.mx

**Ulises
Castellanos**

Fotoperiodista y Editor de Fotografía del diario *Excelsior*, México.
Licenciado en Ciencias de Comunicación por la UNAM, ha
trabajado como Editor de Fotografía para *Proceso, El Centro*
y actualmente para el *Excelsior*. Sus fotografías han sido publicadas
en diversas revistas y diarios, entre ellos *El País Semanal* y *Paris
Match*. Es autor del libro *Manual de fotoperiodismo; retos
y soluciones* y ha impartido cursos en la Universidad Iberoamericana,
el Tecnológico de Monterrey y el Centro de la Imagen.
Photojournalist and Picture Editor for *Excelsior*, Mexico City. Graduated
in Communication Sciences from the UNAM, he has worked as Deputy
Photography Editor at *Proceso, El Centro* and, presently, *Excelsior*.
His photographs have been published in various magazines and
newspapers, among them *El País Semanal* and *Paris Match*. He
authored the book *Manual de fotoperiodismo; Retos y Soluciones* and
he has taught courses at the Universidad Iberoamericana, the
Tecnológico de Monterrey and at the Centro de la Imagen.
www.excelsior.com.mx
www.ulisescastellanos.com

Alejandro Castellote

Comisario independiente, España. Fue responsable de la programación de fotografía en el Círculo de Bellas Artes de 1985 a 1996, donde organizó el Festival FOCO —Fotografía Contemporánea en Madrid. Fue el director artístico de PHotoEspaña y Getxophoto en sus tres primeras ediciones y es el comisario invitado de la Bienal Photoquai de París. Ha realizado numerosos proyectos expositivos, entre ellos *Mapas abiertos: Fotografía latinoamericana 1991-2002*. En la actualidad es comisario independiente y profesor en el Máster de Fotografía de la escuela EFTI en Madrid.

Independent Curator, Spain. Responsible for the photography program at the Círculo de Bellas Artes from 1985 to 1996, where he organized the Festival FOCO - Fotografía Contemporánea in Madrid. He was Artistic Director of PHotoEspaña and Getxphoto in its three first editions, and he is Guest Curator at the Bienal Photoquai in Paris. He has produced numerous exhibition projects, among them *Mapas abiertos: Fotografía latinoamericana 1991-2002*. Presently, he is an independent curator and professor at the Master in Photography of the EFTI school in Madrid.

Rosina Cazali

Comisaria independiente, Guatemala. Es crítica y comisario de arte. Ha realizado numerosos proyectos expositivos y fue la directora artística de la 7a. Bienal de Panamá. De 2003 a 2006 fue directora del Centro Cultural de España en Guatemala. Dio inicio al festival de la fotografía Foto 30 de Guatemala en 2003. Fue ensayista para el libro *No sabe, no contesta. Prácticas fotográficas contemporáneas desde América Latina*. Ha sido invitada a diversos encuentros sobre el arte contemporáneo y es columnista para la sección cultural de *El Periódico*.

Independent curator, Guatemala. Art critic and curator. Has carried out numerous exhibition projects and was Artistic Director of the VII Bienal de Panamá. Was Director of the Centro Cultural de España in Guatemala from 2003 to 2006. She started the photography festival Foto 30 in Guatemala in 2003. She contributed as an essayist in the book *No sabe, no contesta. Prácticas fotográficas contemporáneas desde América Latina*. She has been invited to several conventions about contemporary art and she writes a column for the cultural section of the newspaper *El Periódico*.

Rita Fabiana

Responsable de proyectos, Fundaçao Calouste Gubelkian, Lisboa. Es Licenciada en Historia de Arte por la Université Paris 1 Panthéon-Sorbonne y tiene un Posgrado en Comisariado y Producción de Exposiciones. Desde 2000 trabaja con la Fundaçao Calouste Gubelkian, donde se dedica al arte contemporáneo y coordina el área de artes plásticas para la fundación.
Project Director, Fundaçao Calouste Gubelkian, Lisbon. She graduated in History of Art from the Université Paris 1 Pantheón-Sorbonne: Accueil and attained a Postgraduate degree in Curatorship and Production of Exhibitions. She works with the Fundaçao Calouste Gubelkian since 2000, producing contemporary art exhibitions and coordinating the series of plastic arts for the Foundation.
www.gulbenkian.pt

Valia Garzón Díaz

Comisaria independiente, Guatemala. Nacida en Cuba, actualmente reside en Guatemala. Realizó diversos proyectos expositivos para la Casa de las Américas de La Habana hasta 1997, año que fue nombrada curadora de la Fototeca de Guatemala. Desde el 2003 es comisaria independiente y el pasado año fundó Consultores de Arte, una empresa que asesora a coleccionistas privados en la región y que organiza la primera subasta de fotografía contemporánea que se realiza en Centroamérica.
Independent Curator, Guatemala. Born in Cuba, presently resides in Guatemala. She completed several exhibition projects for Casa de las Américas in Havana up until 1997, when she was appointed curator of the Photography Library of Guatemala. She has been an independent curator since 2003, and last year she established Consultores de Arte, a company that advises private collectors in the region and that organizes the first contemporary photography auction to take place in Central America.

Gigi Giannuzzi

Editor, Trolley Books, Londres. En 2001 Giannuzzi creó Trolley Books y tres años después abrió Trolley Gallery en Londres, que trabaja con renombrados fotógrafos, entre ellos: Paolo Pellegrin, Adam Broomberg & Oliver Chanarin, Laureana Toledo, Thomas Dworzak, Nina Bergman, Alex Majoli, Nick Waplington y Philip Jones Griffith. La editorial ha sido premiada por el International Center of Photography (ICP), Rencontres D'Arles, American Photography Awards, PDN y Photo-Eye.
Editor, Trolley Books, London. Giannuzzi established Trolley Books in 2001, and three years later opened the Trolley Gallery in London. Trolley works with renowned photographers, among them: Paolo Pellegrin, Adam Broomberg & Oliver Chanarin, Laureana Toledo, Thomas Dworzak, Nina Bergman, Alex Majoli, Nick Waplington and Philip Jones Griffith. The publishing house has been recognized with awards from the International Center of Photography (ICP), Rencontres D'Arles, American Photography Awards, PDN and Photo-Eye.
www.trolleybooks.com

Manuel E. González

Co-director y comisario, Ellipse Foundation, Portugal/Holanda. Ha sido vicepresidente y director ejecutivo del Programa de Arte del Chase Manhattan Bank (1988-2001) y ejecutivo global de Arte del JP Morgan Chase (2001-2004). Actualmente es el co-director y comisario de Ellipse Foundation, donde ha dirigido el diseño del espacio y la adquisición de más de mil obras de arte. Es miembro del Patronato del New Museum y fue reconocido por su trayectoria por The Zenith New York Downtown Arts Leadership Award.

Co-director and curator, Ellipse Foundation, Portugal / The Netherlands. Gonzalez was the Vice President and Executive director of the Art Program at Chase Manhattan Bank (1988-2001) and the Global Art Executive at JP Morgan Chase (2001-2004) and is currently the Co-director and curator of the Ellipse Foundation, where he has overseen the design of the exhibition space and acquisition of over 1000 works. Gonzalez lectures widely, is member of the Board of Trustees at the New Museum and was awarded and was awarded The Zenith New York Downtown Arts Leadership Award for Lifetime Achievement.
www.ellipsefoundation.com

Inka Graeve Ingelmann

Jefa del departamento de fotografía y nuevos medios, Pinakothek der Moderne, Múnich. Como comisaria especializada en fotografía, ha trabajado en el Metropolitan Museum of Art, Berlinische Galerie, Museum Folkwang Essen, Sprengel Museum Hannover y la Fundación La Caixa en Barcelona. Desde 2002 es jefa de la reciente colección de fotografía y nuevos medios en la Pinakothek der Moderne de Munich, donde ha presentado muestras de Zoe Leonard, Eva Leitolf, Fiona Tan, Wolfgang Tillmans, Tracey Moffatt y Sam Taylor-Wood.

Head of the Department Photography and New Media, Pinakothek der Moderne, Munich. As a curator specializing in photography, she has worked at the Metropolitan Museum of Art, Berlinische Galerie, Museum Folkwang Essen, Sprengel Museum Hannover and the Fundacio la Caixa in Barcelona. She has been Head of the Department Photography and New Media at the Pinakothek der Moderne in Munich since 2002, where she has presented shows by Zoe Leonard, Eva Leitolf, Fiona Tan, Wolfgang Tillmans, Tracey Moffatt and Sam Taylor-Wood, among others.
www.pinakothek.de

Tomasz Gutkowski

Director, Photomonth, Cracovia. Es Director del Photomonth y Presidente de la Fundación para las Artes Visuales, una organización sin fines de lucro que, además de organizar el Festival, gestiona la ZPAF i S-ka Gallery, publica libros de arte y realiza diversas exposiciones. Gutkowski imparte cursos en la Jagiellonian University y en la Academy of Photography in Warsaw.
Director, Photomonth, Krakow. Director of Photomonth and President of the Foundation for the Visual Arts, a non-profit organization that, as well as organizing the festival, manages the ZPAF i S-ka Gallery, publishes art books and organizes various exhibitions. Gutkowski teaches courses at the Jagiellonian University and at the Academy of Photography in Warsaw.
www.photomonth.com

Markus Hartmann

Director de publicaciones internacionales, Hatje Cantz, Ostfildern. Tras haber asistido a varios fotógrafos profesionales, Hartmann realizó una maestría en Impresión y Empresa Editorial por la Stuttgart Media University y colaboró con diversos publicistas y diseñadores americanos. Desde 2000 ocupa el cargo de Director de Publicaciones Internacionales para Hatje Cantz, donde cada año dirige la edición de más de 40 libros de fotografía y arte.
International Publishing Director, Hatje Cantz, Ostfildern. Having worked as assistant to various professional photographers, Hartmann completed a Masters degree in Printing and Publishing Business at the Stuttgart Media University and collaborated with several American advertisers and designers. He has been International Publishing Director at Hatje Cantz since 2000, where he directs the publication of over 40 photography and art books every year.
www.hatjecantz.de

Marloes Krijnen

Directora, Foam_Fotografiemuseum, Ámsterdam. Fue directora de World Press Photo durante diez años y posteriormente fundó y dirigió Transworld, una agencia que representa a un grupo de fotógrafos internacionales. En el 2001 fundó el Foam_Fotografiemuseum en Ámsterdam, donde actualmente es directora del museo y editora de su celebrada revista. Krijnen ha participado en numerosos jurados internacionales, entre ellos el ICP Infinity Awards.
Director, Foam_Fotografiemuseum, Amsterdam. She was Director of World Press Photo for ten years and, subsequently established and directed Transworld, an agency that represents a group of international photographers. In 2001 she established the Foam_Fotografiemuseum in Amsterdam, where she currently works as Director of the museum and Editor of its celebrated magazine. Krijnen has been part of many international juries, among them the ICP Infinity Awards.
www.foam.nl

Dewi Lewis

Director, Dewi Lewis Publishing, Stockport. Es director fundador de Cornerhouse, un centro de cine y artes visuales en Manchester y Cornerhouse Books, una editorial y distribuidora. En 1994 fundó su propia empresa y ha editado libros con numerosos fotógrafos renombrados, entre ellos: William Klein, Martin Parr, Simon Norfolk, Paolo Pellegrin, Tom Wood, Bruce Gilden y Frank Horvat. Es miembro del Publishers Award for Photography y fue el primero en recibir el The Royal Photographic Society Award for Outstanding Services to Photography en 2009.

Director, Dewi Lewis Publishing, Stockport. Founding Director of Cornerhouse, a cinema and visual arts centre in Manchester, and Cornerhouse Books, a publisher and distributor. He established his own company in 1994 and has published books with numerous renowned photographers, among them: William Klein, Martin Parr, Simon Norfolk, Paolo Pellegrin, Tom Wood, Bruce Gilden, Frank Horvat, etc. He is a member of the Publishers Award for Photography and was the recipient of The Royal Photographic Society Award for Outstanding Services to Photography in 2009.
dewilewispublishing.com

Alessandra Mauro

Directora editorial, Contrasto, Milán. Formada como periodista, actualmente trabaja como directora editorial de Contrasto en Roma y como directora artística de FORMA -Centro Internazionale di Fotografía en Milán. También imparte cursos sobre la teoría e historia de la fotografía en Suor Orsola Benicansa en la Universidad de Nápoles.

Editorial Director, Contrasto, Milan. Trained as a journalist, she presently works as Editorial Director of Contrasto in Rome, and as Artistic Director of FORMA — Centro Internazionale di Fotografia in Milan. She also teaches courses about photography theory and history at Suor Orsola Benicansa, at the University of Naples.
www.contrasto.it

Juan Antonio Molina

Crítico de arte y comisario independiente, México. Licenciado en Historia del Arte por la Universidad de La Habana, ha sido comisario de la Fototeca Nacional de Cuba, miembro del equipo de curadores de la V Bienal de La Habana, coordinador de la XIII Bienal de Fotografía de DF y editor de *Fisura*, revista de literatura y arte. Recientemente ha presentado en el Centro de la Imagen en México DF *Presencia flagrante: Marcos López y Rubén Ortiz Torres* y *Herejías: Iconografías de Pedro Meyer.*

Art Critic and Independent Curator, Mexico. Graduated in History of Art from the Universidad de La Habana, he has been a curator at the Fototeca Nacional de Cuba, member of the team of curators for the V Bienal de La Habana, coordinator of the XIII Bienal de Fotografía in Mexico City and editor of *Fisura. Revista de literatura y arte.* Recently, he presented *Presencia flagrante: Marcos López y Rubén Ortiz Torres* y *Herejías: Iconografías de Pedro Meyer, at the Centro de la Imagen in Mexico City.*

**Joaquim
Paiva**

Coleccionista y comisario de fotografía, Brasil. Paiva empezó
a coleccionar fotografías en 1978 y desde 1993 organiza muestras
de su colección. Recientemente una selección de imágenes fue
expuesta en el Centro Cultural Conde Duque de Madrid en el
marco de ARCO. Es uno de los fundadores de Notorio —Encuentro
Internacional de Fotografía, que se celebra cada dos años desde
2003 en Río de Janeiro. Ha participado en visionados de porfolios en
São Paulo, Brasilia, Río de Janeiro, Buenos Aires y Madrid.
Photography collector and curator, Brazil. Paiva began collecting
photographs in 1978, and since 1993 he organizes shows of his
collection. Recently, a selection of images was exhibited at the
Centro Cultural Conde Duque in Madrid, on the occasion of ARCO.
He is one of the founders of Notorio — Encuentro Internacional de
Fotografía, which is celebrated every other year since 2003 in Rio de
Janeiro. He has been part of portfolio viewings in Sao Paulo, Brasilia,
Rio de Janeiro, Buenos Aires and Madrid.

**Sandra
Philips**

Comisaria Jefa de Fotografía, San Francisco Museum of Modern
Art. Desde 1987 es comisaria de fotografía en el MoMA de San
Francisco, donde ha organizando numerosas exposiciones entre las
que destacan la primera revisión del importante fotógrafo japonés
de la posguerra Daido Moriyama, así como la primera exposición
completa de las fotografías, copias y escritos de Diane Arbus. Es
una autora prolífica y sus textos han sido editados en catálogos
y revistas. A lo largo de su carrera ha impartido cursos sobre la
historia de la fotografía en diversas instituciones y universidades.
Senior Curator of Photography, San Francisco Museum of
Modern Art. She works as Curator of Photography at the MoMA
San Francisco, where she has organized numerous exhibitions,
among them, the first revision of the important Japanese post-war
photographer Daido Moriyama, as well as the first full exhibition of
the photographs, prints and writings of Diane Arbus. She is a prolific
author and her texts have been edited in catalogues and magazines.
Throughout her career she has delivered courses about the history
of photography in various institutions and universities.
www.sfmoma.org

Marta
Ponsa

Directora de proyectos artísticos, Jeu de Paume, París. Es licenciada en Historia del Arte por la Universitat de Barcelona. Durante ocho años trabajó en el departamento de exposiciones de la Fundación La Caixa, donde coordinó catálogos, producciones audiovisuales y exposiciones de fotografía y artes visuales. Desde 2007 es responsable de los proyectos artísticos y acción cultural en el Jeu de Paume de París. Es comisaria de diversas exposiciones, recientemente, *Paris capitale photographique 1920-1940* (Jeu de Paume, 2009).

Director of Projects, Jeu de Paume, Paris. She graduated in History of Art from the Universitat de Barcelona. For eight years she worked at the Exhibitions Department of the Fundación "la Caixa", where she coordinated catalogues, audiovisual productions and photography and visual arts exhibitions. She has been Director of Artistic Projects and Cultural Action at the Jeu de Paume in Paris since 2007. She is the curator of various exhibitions, most recently, *Paris capitale photographique 1920-1940* (Jeu de Paume, 2009).
www.jeudepaume.org

Daniel
Power

Director, PowerHouse, Nueva York. Fundó PowerHouse Books en 1995, una editorial reconocida internacionalmente por su catálogo especializado en arte, fotografía documental, cultura popular y moda. En 2006 lanzaron PowerHouse Arena, un espacio para exposiciones, presentaciones, instalaciones y performances con una librería situada en Brooklyn. Power co-fundó el The New York Photo Festival en 2008.

Director, powerHouse, New York. Established powerhouse Books in 1995, a publishing house internationally recognized for its program, specialized in art, documentary photography, popular culture and fashion. In 2006 it launched PowerHouse Arena, a space for exhibitions, presentations, installations and performances, with a library located in Brooklyn. Power co-founded The New York Photo Festival in 2008.
www.powerhousebooks.com

James Reid

Editor de fotografía, *Wallpaper**, Londres. Durante más de diez años ha sido editor de fotografía de *Wallpaper**, donde ha trabajado con artistas renombrados, así como fotógrafos emergentes. Es autor del blog sobre fotografía *Field of Vision* y ha sido asesor de fotografía para las revistas *A Magazine*, *Kilimanjaro* y *Le Quai*. Fue comisario de *The New Landscape*, una exposición de paisajistas emergentes en 2006. Actualmente prepara otra muestra colectiva para el 2010. Ha sido visionador de porfolios en Les Recontres d'Arles y el Festival International de Mode et de Photographie d'Hyères.

Photography Editor, *Wallpaper**, London. For more than 10 years he has been Photography Editor at *Wallpaper**, where he has worked with renowned artists, as well as up-and-coming photographers. He is the author of the photography blog, *Field of Vision*, and he has worked as Photography Assistant for the magazines *A Magazine*, *Kilimanjaro* and *Le Quai*. He curated *The New Landscape*, an exhibition of emerging landscapists, in 2006 and presently he is preparing another group exhibition for 2010. He has acted as portfolio viewer at Les Recontres d'Arles and the Festival International de Mode et de Photographie d'Hyères.

www.wallpaper.com

Brett Rogers

Directora, The Photographer's Gallery, Londres. Lleva casi treinta años promoviendo la fotografía y las artes visuales en Inglaterra y Australia, su país de origen. Antes de ser nombrada directora de The Photographer's Gallery en 2005, fue directora adjunta y responsable de exposiciones del Departamento de Artes Plásticas del British Council. Algunos de sus proyectos recientes incluyen: *Look at me: Fashion and Photography in Britain 1960-1997, Reality Check: British Photography and New Media 2002-2004* y *Common Ground: Aspects of contemporary Muslim experience 2002-2005*.

Director, The Photographer's Gallery, London. Has been promoting photography and visual arts in England and Australia, his native country, for almost thirty years. Before being appointed Director at The Photographer's Gallery in 2005, she was Deputy Director and Head of Exhibitions of the Department of Plastic Arts at the British Council. Some of her recent projects as a curator include: *Look at me: Fashion and Photography in Britain 1960-1997, Reality Check. British Photography and New Media 2002-2004* and *Common Ground. Aspects of contemporary Muslim experience 2002-2005*.

www.photonet.org.uk

Adriana Rosenberg

Directora Fundación Proa, Buenos Aires. Actualmente preside y dirige la Fundación Proa desde 1996 hasta la actualidad. Como Presidenta de la Fundación se encarga de diseñar el programa de exhibiciones, las actividades culturales y el fondo editorial. También escribe artículos sobre arte para publicaciones y presentaciones. Fue comisaria por parte de Argentina en la 4ª Bienal del Mercosur en Porto Alegre en 2003. Posteriormente fue designada comisaria por la Cancillería Argentina para la 51° Exposición de Arte Internacional de la Bienal de Venecia.
Director, Fundación Proa, Buenos Aires. She has presided and directed the Fundación Proa since 1996, to the present day. As President of the Foundation she is in charge of designing the program of exhibitions, the cultural activities and the publishing list. She also writes articles about art for publications and presentations. She acted as curator for Argentina in the IV Bienal Mercosur in Porto Alegre, 2003. Subsequently, she was appointed as curator by the Argentine Chancellery for the 51st International Art Exhibition of the Bienal de Valencia.
www.proa.org

Agnès Sire

Directora, Fondation Henri Cartier-Bresson, París. Tras haber finalizado sus estudios de Filosofía en la Sorbona, trabajó durante más de veinte años como Directora Artística de Magnum Photos, donde colaboró en diversos proyectos como comisaria y autora. Sire ha sido Directora de la Fondation Henri Cartier-Bresson en París desde su apertura en 2003, donde se ha presentado *Documentary and Anti-Graphic Photographs, The Scrapbook d'Henri Cartier-Bresson, Saul Leiter*, y más recientemente *Henry Cartier-Bresson / Walker Evans: Photographing America*.
Director, Fondation Henri Cartier-Bresson, Paris. Having completed her studies in Philosophy from the Sorbonne, she worked for over twenty years as Artistic Director at Magnum Photos, where she collaborated in diverse projects as curator and author. Sire has been Director of the Fondation Henri Cartier-Bresson in Paris since its opening in 2003, where she has presented *Documentary and Anti-Graphic Photographs, The Scrapbook d' Henri Cartier-Bresson, Saul Leiter*, and, more recently, *Henry Cartier-Bresson / Walker Evans: Photographing America*.
www.henricartierbresson.org

**Wim
van Sinderen**

Comisario, The Hague Museum of Photography, La Haya.
Trabajó como crítico de arte y editor de fotografía antes de ser
nombrado en 1992 comisario del Kunsthal de Rotterdam. Desde
2002 es el Comisario Jefe de La Hague Museum of Photography
y la colección de fotografía Gemeentemuseum Den Haag.
Ha comisariado numerosas muestras monográficas, desde
fotógrafos históricos como Erwin Blumenfeld, Manuel Álvarez
Bravo y Leonard Freed, hasta figuras contemporáneas como
puede ser Michael Najjar, Loretta Lux, Desiree Dolron, Paolo
Ventura, Jasper de Beijer y Erwin Olaf.
Curator, The Hague Museum of Photography. Worked as art critic
and Photography Editor before being appointed in 1992 as curator
at the Kunsthal in Rotterdam. He has been Chief Curator at The
Hague Museum of Photography and the Gemeentemuseum Den
Haag photography collection since 2002. He has curated numerous
monographic exhibitions, from historical photographers, such as
Erwin Blumenfeld, Manuel Alvarez Bravo and Leonard Freed, to
contemporary names such as Michael Najjar, Loretta Lux, Desiree
Dolron, Paolo Ventura, Jasper de Beijer and Erwin Olaf.
www.fotomuseumdenhaag.nl

**Carlos
Urroz**

Asesor de Artes Plásticas, Comunidad de Madrid. Fue director
adjunto de ARCO de 1994 a 1997 y director de la Galería Helga
de Alvear hasta 2005, año en que fundó Urroz Projects —UP—,
una empresa de asesoría, gestión y comunicación cultural. Ha sido
miembro fundador de la Fundación ICO, Asesor de la SEACEX
—Sociedad Estatal para la Acción Cultural Exterior— y desde 2007
ocupa el cargo de asesor de artes plásticas de la Viceconsejería
de Cultura y Deportes de la Comunidad de Madrid.
Visual Arts Consultant, Comunidad de Madrid. Was Adjunct Director
of ARCO from 1994 to 1997 and Director of the Galería Helg de
Alvear up until 2005, when he established Urroz Projects — UP —
an advisory, management and cultural communication company.
He has been founding member of the Fundación ICO, Advisor to the
SEACEX — Sociedad Estatal para la Acción Cultural Exterior, and,
since 2007 he acts as Visual Arts Consultant to the Viceconsejería
de Cultura y Deportes of the Comunidad de Madrid.
www.urrozproyectos.com

Miguel von Haffe

Director, CGAC - Centro Galego de Arte Contemporáneo, Santiago de Compostela. Es comisario y crítico de arte. Empezó su actividad profesional en la Fundación Serralves, fue director de la Fundación Cupertino de Miranda en Vila Nova de Famalicão, responsable de Artes Plásticas e Arquitectura de Porto 2001- Capital Europea da Cultura y actualmente es director del Centro Galego de Arte Contemporáneo. Ha realizado exposiciones para diversas instituciones y eventos, entre ellos la Bienal de Pontevedra y la 25 Bienal de São Paulo.
Director, CGAC - Centro Galego de Arte Contemporáneo, Santiago de Compostela. He is a curator and art critic. Started his career at the Fundación Serralves, was Director of the Fundación Cupertino de Miranda in Vila Nova de Famalicão, Head of Plastic Arts and Architecture in Porto 2001 — European City of Culture, and presently is Director of the Centro Galego de Arte Contemporáneo. He has carried out exhibitions for various institutions and events, among them the Bienal de Pontevedra and the 25 Bienal de São Paulo.
www.cgac.org

María Wills Londoño

Investigadora y comisaria de arte, Colombia. Ha sido Directora de la Fundación para las colecciones de arte del Banco de la República de Colombia (2005-2007), coordinadora del plan de promoción artística del Ministerio de Relaciones Exteriores colombiano (2007-2008) y coordinadora de Exposiciones en los Museos de Arte del Banco de la República (2008-2009). Actualmente prepara una curaduría sobre la colección de fotografía del Banco de la República y una investigación sobre el fotógrafo Colombiano Fernell Franco con el Centro de Estudios Latinoamericanos Rockefeller de la Universidad de Harvard.
Researcher and art curator. Has worked as Director of the Foundation for art collections of the Banco de la República de Colombia (2005-2007), Coordinator of the plan to promote art abroad by the Ministry of Foreign Affairs (2007-2008) and Coordinator of Exhibitions at the Art Museums of the Banco de la República (2008-2009). Presently, she is working on a curatorship of the photography collection of the Banco de la República and on a research project about Colombian photographer Fernell Franco, to be carried out together with Harvard University's David Rockefeller Center for Latin American Studies.

Dani Yako

Editor Gráfico, *Clarín*, Buenos Aires. Como fotoperiodista ha trabajado con diversos diarios, revistas y agencias, entre ellos: Associated Press, France Presse, *New York Times*, *Time*, *El Periódico de Cataluña* y *Der Spiegel*. Es autor de Extinción, un libro sobre la crisis laboral en Argentina. Ha sido editor en la agencia de foto DyN y desde 1996 es editor de fotografía del diario *Clarín*.
Graphic Editor, *Clarín*, Buenos Aires. He has worked as photojournalist for several newspapers, magazines and agencies, among them: Associated Press, France Presse, *New York Times*, *Time*, *El Periódico de Cataluña*, and Der Spiegel. He authored Extinción, a book about the labor crisis in Argentina. He has worked as Editor at the photo agency DyN and, since 1996, he acts as Picture Editor at the daily newspaper *Clarín*.

PHEBook

Coordinación / Coordinator
Doménico Chiappe

Diseño gráfico / Graphic Design
Pablo Rubio y Gema Navarro
erretres.com

Maquetación
Carlos TMori

Corrección / Proofreading
Braulio García Jaén

Traducción / Translators
Montague Kobbe

Fotomecánica / Photomechanics
Cromotex

Impresión / Printer
Brizzolis

© de esta edición / this edition:
La Fábrica, 2010
© de los textos / the texts: sus autores /
their authors
© de las imágenes / images: sus autores /
their authors

ISBN
978-84-92841-54-7

Depósito legal / Legal Deposit
M-27480-2010

LA FABRICA EDITORIAL

Editor / Publisher
Alberto Anaut

Directora editorial / Editorial Director
Camino Brasa

**Director de Desarrollo /
Development Director**
Fernando Paz

Producción / Producer
Paloma Castellanos

Organización / Organiser
Rosa Ureta

La Fábrica Editorial
Verónica, 13
28014 Madrid
Tel + 34 91 360 1320
Fax+34 91 360 1322

e-mail: edicion@lafabrica.com
www.lafabricaeditorial.com